새로운 내러티브 탐구방법으로 바라본

북한여성의 남한 적응기

새로운 내러티브 탐구방법으로 바라본

북한여성의
남한 적응기

| 강병의 지음

들어가는 말

수천 년 유구한 역사와 문화를 자랑하는 한 민족 한 겨레가 남북으로 분단된 지 어느덧 70여 년이란 세월이 흐르고 있다. 이에 저자는 전 세계 유일한 분단국가인 대한민국이 "우리의 소원은 통일"이라는 노랫말처럼 민족의 숙원인 남북통일이 하루라도 빨리 이루어지길 염원하는 간절한 마음을 담아 이 책을 쓰게 되었다.

저자가 북한과 북한이탈주민에 관심을 갖게 된 시작은 1988년 공직에 첫발을 내딛은 이후였다. 남북 접경지역의 지방자치단체에 30여 년간 행정공무원으로 재직하면서 북한이탈주민 지원 등 북한과 관련된 행정업무를 수행하면서 깨닫게 된 그들의 숨겨진 슬픈 사연을 알게 되면서 북한과 북한이탈주민에 대한 높아진 관심을 학문적으로 연구하고 싶은 열정이 생기기 시작했다.

이러한 열정은 남북통일을 위해 조그마한 역할이라도 기꺼이 수행해야 한다는 의무감이기도 했다. 이에 북한에 대해서 체계적으로 알기 위해 대학원에 진학하여 북한학에 대한 학문적 연구를 더하면서 전문지식을 습득하였다. 이러한 배움의 과정을 거쳐 축적된 지식을 바탕으로 평소 관심을 가지고 연구하고 싶었던 북한여성의 북한에서의 생활, 죽음의 사선을 넘는 북한탈출, 남한에 입국하여 적응하는 과정을 시간과 공간의 흐름에 따라 연구한 그 결과를 정리하여 책으로 발간하였다.

이 책은 이미 우리 곁에 와 있는 통일과 직접적인 연관이 있는 북한여성에 관한 이야기다. 책 속에는 북한여성과의 대화를 통해 알게 된 북한여성의 눈물과 고통으로 점철된 생애 드라마를 생생하게 담고 있다. 북한에서 목숨 걸고 탈출하여 남한에 와서 겪고 있는 여러 어려움과 고통, 북한의 정치, 경제, 사회, 문화, 교육 등 북한의 실상에 대한 그동안 숨겨진 이야기를 세상 밖으로 드러내서 세상 사람들에게 알리고 소통하고자 한다.

이러한 소통을 통해 북한이탈주민의 삶을 이해하고 그들을 친척, 친구, 가족처럼 따뜻하게 사랑으로 보듬어 주어야 하는 이유에 대해

독자들과 공감하길 바란다. 또한 미래의 통일을 위해서 그들에 대한 사회적 인식개선과 공감대를 형성하는 데 조금이라도 기여하게 되기를 희망한다. 이것이 곧 통일을 앞당기는 데 중요한 초석이 될 것을 기대해 본다.

출판을 위해 힘써 주신 한국학술정보(주) 채종준 대표이사님, 조가연 선생님과 모든 분들께 감사의 마음을 전한다. 그리고 이 책이 나오기까지 격려해 준 가족들에게 사랑하는 마음과 고마움을 전한다.

2017년 2월
강병의

❑ Contents

제5장 결 론

■■■■ 제1장

서 론

1994년 김일성 사망 이후, 1995년부터 시작된 사상 유례없는 자연재해로 인하여 생활필수품과 식량의 부족 등으로 인간으로서 살아가기 힘든 상황이 이어짐에 따라 북한이탈주민이 증가하게 되었다. 2000년 이전에는 배고픔을 견디지 못한 북한주민들이 생존을 위하여 인접국인 중국이나 제3국을 경유하여 다시 한국으로 입국하였으나, 2000년 이후에는 체제불만, 자유를 갈망하고 보다 나은 삶을 위해 목숨을 걸고 북한을 탈출하여 한국에 입국하기 시작했다.

- 본문 중에서

제1절 연구목적

한국은 지난 1950년 6·25전쟁 이후 남과 북으로 분단된 지 어느 덧 60여 년이란 세월이 흘렀다. 1990년을 전후하여 소련과 동유럽의 사회주의 국가들이 붕괴됨으로써 북한은 국제적 고립과 체제위기의 상황에 놓일 수밖에 없었다. 또한 1994년 김일성 사망 이후, 1995년부터 시작된 사상 유례없는 자연재해[1]로 인하여 생활필수품과 식량의 부족 등으로 인간으로서 살아가기 힘든 상황이 이어짐에 따라 북한이탈주민이 증가하게 되었다.

2000년 이전에는 배고픔을 견디지 못한 북한주민들이 생존을 위하여 인접국인 중국이나 제3국을 경유하여 다시 한국으로 입국하였으나, 2000년 이후에는 체제불만, 자유를 갈망하고 보다 나은 삶을 위해 목숨을 걸고 북한을 탈출하여 한국에 입국하기 시작했다. 이렇게 한국에 입국한 북한이탈주민의 수는 1998년 이전에는 947명이었으나 그 이후부터 급증하여 2014년 12월 말 현재 27,518명[2]으로 증

---

1) 통계청(2010) 자료에 의하면 고난의 행군시기(1996~2000년)에 336,000명이 사망했다고 한다.
2) 통일부: http://www.unikorea.go.kr, 검색일: 2015. 5. 1.

가하여 남한 전체인구의 0.05%[3])를 차지하고 있다. 또한 2004년 5월 24일 미국난민위원회(USCR)에 의한 '2004 세계난민연구' 보고서에 따르면 10만여 명의 탈북자가 중국에 체류하고 있다[4])고 한다.

이와 같이 북한이탈주민의 수가 급격히 증가함에 따라 한국정부에서는 이들이 한국 입국 후 한국사회에 적응할 수 있도록 하나원에서 12주간 한국사회 적응교육을 실시하고, 정착금과 주거지원금, 직업훈련, 취업지원제도, 남북하나재단 운영 등의 다양한 정책과 제도적 지원을 적극적으로 추진해 왔다.

하지만 이러한 제도적 지원에도 불구하고 북한이탈주민들이 한국사회에 적응하고 생활하는 데 상당한 어려움[5])을 겪고 있다.

구체적으로 살펴보면 탈북을 위한 브로커 비용을 갚기 위해 빈곤

---

3) 2014년 12월 말 현재 대한민국 전체 인구수는 51,327,916명(남: 25,669,296명, 여: 25,658,620명), 행정자치부 주민등록 인구통계.

4) 김현철(2004), 「중국내 북한이탈주민 현황과 난민자격문제」, 경기대학교 정치전문대학원 석사학위 논문, p.7에서 재인용.

5) 구체적인 사례를 살펴보면 현재 ○○시에 거주하고 있는 2008년에 탈북한 A씨(30대 여성)경우에는 북한을 탈출하여 중국에서 8년 동안 체류하다가 2년 전에 브로커를 통하여 한국에 입국하였다. 한국에 입국한 후 컴퓨터 학원에서 열심히 학습하여 컴퓨터활용 자격증을 취득하였으며, 능숙한 중국어와 컴퓨터 자격증으로 한국과 중국을 대상으로 사업을 하고 있는 ○○인터넷쇼핑몰 회사에 취업을 하였다고 하였다. 취업한 후 처음에는 능숙한 중국어와 컴퓨터 업무처리 능력을 인정받았다. 그러나 어느 날 한 소비자가 구입한 상품을 교환해 달라는 일이 발생하게 되었는데 이 과정에서 교환해 달라는 소비자와 A씨와의 전화통화 과정에서 A씨의 북한 특유의 말씨로 인하여 소비자는 '보이스피싱'으로 오해를 하여 상품교환이 아닌 환불을 요구하는 일이 발생하게 되었다. 이러한 일이 자주 발생하게 되자 어느 날 회사 사장이 A씨를 불러 일도 잘하고 해서 정규직원으로 채용하여 같이 일하려고 했는데 북한 말씨 때문에 소비자에게 '보이스피싱' 회사로 오해를 사서 회사 매출이 감소할 수 있으니까 앞으로는 상품교환, 환불 상담을 직접 하지 말고 인터넷상에 거래장부 정리와 중국 거래 시 역할만 하라는 지시를 했다고 하였다. 결국 A씨는 정규직으로 일할 수 있는 기회를 잃게 되었고, 시급 계산으로 1시간당 6,000원을 받고 아르바이트 형식으로 급여를 받고 일하고 있다고 말했다. A씨의 경우 모든 근무능력을 갖추고 있음에도 불구하고 정규직이 아닌 아르바이트로 낮은 급여를 받으면서 일을 해야만 하는 안타까운 사연을 듣게 되었다. 단지 북한말 특유의 언어 차이로 한국사회에 적응하는 데 어려운 사회적 차별을 겪고 있다. 이러한 사회적 차별현상은 대한민국 방송에서도 개그콘서트 프로그램 중 조선족이나 북한사람을 캐릭터로 삼아 '보이스피싱'을 주제로 한 방송의 영향도 있었을 것으로 사료된다. 북한 말씨로 전화통화 한다는 것 자체가 그 회사를 믿지 못하고 '보이스피싱' 회사로 오해하는 사회적 편견과 차별로 인하여 결국 A씨는 한국사회 적응에 매우 어려운 처지에 놓이게 되었다.

굴레에서 벗어나지 못하는 사례(조선일보, 2015. 3. 9자), 탈북자의 경우 식당도 잘 받아주지 않아 조선족이라 속이는 사례(조선일보, 2015. 3. 10자), 탈북자 2명에게 북한에 두고 온 자녀를 탈북시켜 주겠다고 속여 960만 원을 받아 챙겨 구속 기소된 사례(KBS, 2015. 8. 25. 17: 26) 등을 보아 북한이탈주민들은 탈북과정과 한국사회 적응하기까지 순탄치 않은 현실에 직면해 있음을 알 수 있다.

이에 본 연구자는 공직 업무상 관내 북한이탈주민들을 접하며 그들의 한국사회 적응과정에 다양한 사례가 존재한다는 것을 알 수 있었다.

다가오는 통일시대[6]를 대비하여 한국사회에 거주하고 있는 북한이탈주민과 우리가 상생을 이루지 않고는 향후 진정한 통일을 기대하기 어렵다는 점에서 북한이탈주민의 진정한 한국사회 적응을 위한 학문적 논의가 더욱더 필요한 시점이다.

북한이탈주민에 대한 선행연구를 살펴보면 1990년대 중반 이전까지의 연구 경향은 냉전체제의 영향을 받아 국가안보 문제와 정부의 정책차원에 집중되었다. 그러나 1990년대 중반 이후에 이루어진 연구내용은 주제별로 크게 두 가지로 분류할 수 있다. 첫째, 북한이탈주민의 남한사회 적응에 관한 연구(이용화, 2009; 이재민, 2009; 편송경, 2009; 유시은, 2010; 강유경, 2011; 김광웅, 2011; 김경미,

---

6) "1989년 그날 베를린 장벽이 무너지는 것을 보며 갑자기 두려워졌습니다. 나를 그토록 따돌리고 괴롭히던 (동독)사람들과 다시 한 나라 국민으로 만나야 한다는 생각 때문이었죠. 통일의 첫 느낌이요? 두려움이었어요." 26년 전 그날을 회고하는 흰 머리 무용수의 목소리가 떨렸다. 최근 서울 독일문화원에서 강연한 옛 동독 출신 현대무용가 페터 코이프(57세, 남)가 회고한 말이다. ...... "한국에선 탈북자 정착이 사회문제가 되고 있다"는 기자의 말에 코이프는 "북에서 온 이들을 별 다르게 보지 말고 보듬으라"는 취지로 얘기했다. "단 사흘! 동독을 탈출해 서독 국민으로 자리 잡는 데 충분한 시간이었습니다. 정보기관에서 혹시 내가 스파이가 아닌지 조사하는 데 사흘이면 끝났거든요. 정착금을 넉넉히 받았고, 살고 싶은 도시도 맘대로 정할 수 있었어요. 아무도 '동독 출신'이라고 눈여겨보지도 않았고, 차별받은 적도 없습니다." (西獨 정착하는 데 사흘이면 충분하다, 조선일보, 2015.11.14.)

2012; 박정순, 2014; 김영호, 2014) 등과 둘째, 북한이탈주민의 제도적지원에 관한 연구로는(김경미, 2002; 임정규, 2004; 김성구, 2008; 이양호, 2009; 최상운, 2010; 김선화, 2011; 임태오, 2012; 남택화, 2013; 안상윤, 2013) 등이 있다.

이 연구들은 그동안 양적·질적으로 큰 발전을 이루었지만 선험적 연구에 의존한 문헌적·서술적 접근과 단순 질문지 및 소수의 면접방식 등을 기반으로 하기 때문에 일정부분 중복된 연구결과물의 생산에 머물렀던 한계가 있었다. 이들 조사 자료와 통계지표의 세부항목 작성에 연구자들 간의 교류와 연계가 쉽지 않은 것도 한 이유로 지목된다. 그리고 북한이탈주민의 한국사회 적응문제에 개인적 특성을 배제하고 총론 수준의 연구에 치우친 경향이 높다. 또한 대부분의 연구가 제도·정책적 측면에 초점이 맞춰져 북한이탈주민의 삶의 전 과정을 파악함에 있어 시간과 공간의 흐름을 전제하지 않고 조작적으로 한정지으려는 경향을 보였다. 즉 이 연구들은 다수의 북한이탈주민들을 대상으로 조작적인 설문조사 형태의 양적연구를 기반으로 하여 심층적 접근이 어려운 한계가 존재하며, 북한이탈주민의 한국사회 적응은 단편적인 사건이 아니라 시간과 공간의 흐름 속에서 한 개인의 삶이 진행되는 궤적(軌跡)이라는 점이 간과되었다.

이러한 기존연구의 단점을 보완하기 위해 본 연구는 한국사회에서 성공적으로 적응하여 살고 있는 한 명의 북한이탈여성을 연구 참여자로 선정하였다. 그리고 연구 참여자에게 내러티브 탐구방법으로 심층 인터뷰를 진행함으로써 북한과 한국사회에서의 생활상을 분석하여 한국사회 적응과정에서의 복잡성을 구체적이고 심층적으로 파악하고자 하였다.

따라서 본 연구는 한 명의 북한이탈여성의 생애사를 구체적으로 분석하여 북한의 생활, 탈북과정, 한국사회 적응과정을 통하여 북한의 실상을 알리고 한국사회 적응을 어렵게 하는 문제점을 찾아내는 것에 그 목적이 있다.

한 명의 사례로 북한이탈주민 전체의 한국사회 적응과정을 논의하는 것은 무리가 있으나 한 개인의 심층 인터뷰를 기반으로 얻게 된 이 연구가 지니는 의의는 다음과 같다.

첫째, 한 명의 북한이탈여성의 북한에서의 생활, 탈북과정, 한국에서의 생활에 대한 전 생애사를 시간과 공간의 흐름에 따라 연구하여 대한민국 국민들에게 북한과 북한이탈주민의 실상을 알리고 북한이탈주민의 한국사회 적응을 어렵게 하는 문제점들을 구체적으로 찾아낼 수 있다.

둘째, 연구 참여자는 북한이탈주민의 고충을 상담하는 상담소를 직접 운영하면서 수천 명(연구 참여자의 말에 의하면 약 8,000여 명 정도 상담을 하였다고 함)의 북한이탈주민의 이야기를 들어 왔고, 현재에도 ○○정부기관에서 북한이탈주민의 고충을 상담하는 전문상담원으로 재직 중이다.

연구자 또한 공무원으로서 재직 시 관내에 거주하고 있는 수백 명의 북한이탈주민들과 각종 행사 등을 통하여 자연스럽게 만남과 대화를 해온 경험이 있다.

따라서 이 연구는 한 명의 북한이탈여성의 한국사회 적응에 관한 연구일 뿐만 아니라 수천 명의 북한이탈주민들과 상담을 해왔던 연구 참여자와의 인터뷰로 수천 명의 북한이탈주민들이 한국사회에서 적응하는 데 고충과 문제점들을 대변한 것이나 다름이 없다. 연구자 또한 그동안 수많은 북한이탈주민 관련 업무추진 시 북한이탈주민과 자연스럽게 소통하면서 알게 되었던 사례들을 연구에 적용할 수 있었다. 이와 같이 본 연구는 다른 연구와는 달리 북한이탈주민들과의 오랜 현장경험을 가지고 있는 연구자의 관점으로 심도 있는 사례들을 포함할 수 있었다.

셋째, 본 연구가 정책제안 또는 제언을 제시하지 않았으나, 향후 유의미한 제안과 제언을 제시하는 촉발연구서로써 의의를 가진다고 할 수 있다. 즉 지금까지 북한이탈주민 적응문제에 대한 접근은 1) 법률과 제도개선에 대한 제도적 접근, 2) 양적 연구나 질적 연구를 통해서 다수의 북한이탈주민들을 대상으로 해서 일반화에 치중한 그런 식의 연구가 대다수였다. 그러나 이 연구는 한 명에 대한 집중적이고 심층, 정성적 접근을 통해서 문제점을 도출해냄으로써 타 연구와 비교할 때 방법론적인 독창성과 차별성을 가진다고 할 수 있다.

넷째, 이 연구에서 인터뷰 장소는 사무실, 커피숍 등이 아닌 연구 참여자가 가고 싶어 했던 여행지로 결정하였다. 인터뷰가 여행지로의 이동 중이거나 여행지 도착 후 이루어짐으로써 연구 참여자가 인위적인 환경이 아닌 편안한 심리상태에서 인터뷰를 할 수 있었고, 향후 내러티브 연구 인터뷰의 새로운 모델을 세울 수 있었다.

다섯째, 향후 북한이탈주민 관련 연구에 있어서 생생한 1차 자료로 활용될 가치가 높다.

여섯째, 연구를 통해 밝혀진 문제점들은 향후 북한이탈주민의 한국사회 적응을 위한 정책 또는 제도개선의 중요한 근거자료로 활용되는 데 기여하게 될 것이다.

제2절 기존 연구의 검토

그동안 북한이탈주민에 대한 연구는 1990년대 초반부터 진행되었다. 초기에는 주로 북한이탈주민 발생현상에 대한 연구가 대부분이었다. 2000년대 이후부터 북한이탈주민이 한국 입국 후 남한사회 정착과 적응을 돕기 위한 제도적 방안을 강구하는 등 다양한 분야로 연구가 진행되어 왔다. 특히 2000년 이후 연구들은 양적 연구 등을 통해 이루어져 왔고 북한이탈주민이 한국 입국 후에 남한사회 정착과 적응에 관한 실태조사와 적응을 돕기 위한 제도적 방안을 강구하는 내용들이 대부분이다. 이러한 기존의 북한이탈주민에 대한 선행연구를 살펴보면 <표 1-1>, <표 1-2>, <표 1-3>, <표 1-4>, <표 1-5>와 같다.

<표 1-1> 국내 북한이탈주민 관련 선행 연구 현황 (2015. 11. 3. 기준)

주제어	학위논문(박사, 석사)	학술기사
북한이탈주민	401편(박사 55, 석사 346)	676편
새터민	153편(박사 17, 석사 136)	248편
북한이탈여성	29편(박사 7, 석사 22)	39편
북한이탈주민 내러티브 탐구	1편(석사 1)	3편

자료: 국회전자도서관 사이트에서 필자 재구성, http://dl.nanet.go.kr/ (검색일: 2015. 11. 3.)

<표 1-2> 국내 북한이탈주민 관련 선행 연구 (2015. 11. 3. 기준)

연구자	발표연도	발표 제목	발표 기관
최백만	2015	북한이탈주민의 가족체계별 성향에 따른 생활문화 적응실태 연구	서울벤처대학원대학교 박사학위 논문
이요한	2015	북한이탈주민의 비만 및 체중 증가 양상과 대사적 건강 영향	고려대학교 대학원 박사학위 논문
박주현	2015	북한이탈주민의 남한사회 적응을 위한 보안경찰의 지원방안에 관한 연구	한세대학교 대학원 박사학위 논문

<표 1-3> 국내 새터민 관련 선행 연구 (2015. 11. 3. 기준)

연구자	발표연도	발표 제목	발표 기관
강재희	2010	새터민 유아 3명의 유치원 적응과정과 놀이의 특징: 입국 초기 하나원 시기를 중심으로	이화여자대학교 대학원 박사학위 논문
허은영	2009	새터민 청소년을 위한 진로지도 프로그램 개발	한국기술교육대학교 테크노인력개발 전문대학원 박사학위 논문
정선주	2009	새터민의 적응유연성과 직업의식이 자기효능감과 직무만족에 미치는 영향	조선대학교 대학원 박사학위 논문
강숙정	2009	새터민의 심리적 적응을 위한 셀프파워 증진 프로그램 개발	홍익대학교 대학원 박사학위 논문

<표 1-4> 북한이탈여성 관련 선행 연구 (2015. 11. 3. 기준)

연구자	발표연도	발표 제목	발표 기관
정종희	2015	북한이탈여성의 건강추구 경험	조선대학교 대학원 박사학위 논문
이숙영	2014	북한이탈여성의 외상 후 성장에 관한 질적 연구: 중국 체류 시 결혼경험이 있는 사례를 중심으로	건국대학교 대학원 박사학위 논문
이덕정	2012	북한이탈 중년여성의 남한 정착과정에서의 평생학습 경험	숭실대학교 대학원 박사학위 논문
권미영	2012	북한이탈주민 여성의 구강건강상태와 삶의 질에 관한 연구	한양대학교 대학원 박사학위 논문

<표 1-5> 북한이탈주민 관련 내러티브 선행 연구 (2015. 11. 3. 기준)

연구자	발표연도	발표 제목	발표 기관
홍현	2015	북한이탈대학생의 진로 코칭 참여 경험에 대한 내러티브 탐구	연세대학교 교육대학원 석사학위 논문

기존의 북한이탈주민에 관한 선행연구는 남한사회 적응에 관한 연구, 제도적지원에 관한 연구로 크게 두 가지로 분류할 수 있다.

첫째, 북한이탈주민의 남한사회 적응에 관한 연구(이용화, 2009; 편송경, 2009; 유시은, 2010; 강유경, 2011; 성하현, 2012; 김중태, 2014; 박정순, 2014) 등을 살펴보고자 한다.

박정순은 「북한이탈주민의 가정폭력 및 사회적 차별경험이 심리·사회적응에 미치는 영향」에 관하여 연구하였다. 연구방법은 설문조사를 통한 양적 연구와 심층면접을 통한 질적 연구를 혼용하여 연구하였다. 양적 연구방법으로는 1990년도에 한국에 입국한 북한이탈주민 중에서 서울시에 거주하고 있는 19세부터 65세까지 성인 400명을 대상으로 설문조사를 실시하였고, 질적 연구방법으로는 참여자 선정을 2000년 이후 한국에 입국한 북한이탈주민들 중에서 연령이 30대에서 50대까지 중국에서 인신매매를 경험하였거나, 한국에 입국하여 가정폭력이나 성폭력을 경험한 남성 4명, 여성 3명을 선정하여 북한이탈주민 7명에 대하여 2차에 걸쳐 심층 면접을 실시하였다. 연구결과 북한이탈주민의 가정폭력예방과 성폭력예방을 위하여 사전에 교육을 실시하고, 한국사람들의 북한이탈주민에 대한 인식을 개선하는 북한이탈주민들을 위한 인권법을 만들어야 한다는 제안은 다른 연구와 차이가 있다는 데 의의가 있다고 할 수 있다. 그러나 이 연구는 연구대상을 서울시에 거주하는 북한이탈주민 400명을 대상으로 하였기 때문에 연구결과를 일반화하는 데에는 한계를 가지고 있다.[7]

강유경은 「북한이탈주민의 사회적응에 영향을 미치는 요인 분석: 인천지역을 중심으로」 한 연구를 하였다. 연구 대상자 선정은 2005년도부터 한국에 입국하여 거주하고 있는 북한이탈주민들 중에서 인천광역시에서 2년 이상 거주하고 있는 성인 89명을 대상으로 이들이 남한사회에 잘 적응할 수 있는 방법을 제시하고자 양적 연구인 설문조사를 실시하여 분석하였다. 연구결과 북한이탈주민의 남한사회 적응을 위한 방안으로, 북한이탈주민들로만 자원봉사자를 조직하여 자원봉사 활동사업을 활발히 전개하고, 취업을 활성화시키기 위하여 다양한 방법을 강구하고, 북한이탈주민의 인력풀 제도를 구축하여 적재적소에 인재를 활용토록 하고, 인천지역 주민들의 인식을 개선할 필요가 있다고 제시하였다.[8]

유시은은 한국에 입국한 북한이탈주민들 중에서 연구 대상자 선정을 하나원 교육을 수료한 2001년도 3월까지 총 553명 중 200명을 대상으로 하였다. 2001년과 2004년, 2007년도까지 3차에 걸쳐 패널조사에 참여한 106명을 대상으로 「북한이탈주민의 경제적 적응에 영향을 미치는 요인」을 분석하였다. 분석결과 인적자본요인과 건강 및 심리적, 인구사회학적 요인 등이 유의미한 것으로 나타났다. 이

---

7) 박정순(2014), 「북한이탈주민의 가정폭력 및 사회적 차별경험이 심리·사회적응에 미치는 영향」, 서울기독대학교 일반대학원 박사학위 논문.
8) 강유경(2011), 「북한이탈주민의 사회적응에 영향을 미치는 요인 분석-인천지역을 중심으로-」, 성공회대학교 시민사회복지대학원 석사학위 논문.

연구결과는 북한이탈주민의 건강관리에 관한 시스템 구축과 긍정적 미래비전 등 북한이탈주민의 교육지원 프로그램과 지원전략을 제시하였다. 이 연구는 다른 양적 연구보다 2001년부터 2004년과 2007년까지 3차에 걸쳐 패널조사를 통하여 자료 분석을 하였다는 점에서 의의가 있다고 할 수 있다.[9]

이외에도 <표 1-6>과 같이 북한이탈주민의 남한사회 적응에 관한 다수의 선행 연구들이 있다.

<표 1-6> 북한이탈주민의 남한사회 적응에 관한 선행 연구

연구자 (발표연도)	연구제목	비고
김중태 (2014)	북한이탈주민의 직장생활과 적응 장애요인에 관한 연구: 남한출신 관리자와 북한출신 근로자의 상호인식을 중심으로	박사 논문
김경미 (2012)	북한이탈주민의 남한사회에서 적응경험	박사 논문
임소희 (2013)	북한이탈주민의 남한사회적응 예측모형: 심리적 외상-회복력 통합모델을 중심으로	박사 논문

둘째, 북한이탈주민의 제도적지원에 관한 연구(김경미, 2002; 김수진, 2005; 김성구, 2008; 최상운, 2010; 김선화, 2011; 임태오, 2012; 남택화, 2013; 안상윤, 2013) 등을 분석해 보았다.

안상윤은 한국사회에 적응하고 있는 전국의 북한이탈주민 220명을 표본으로 설정하여 설문조사와 질적 연구방법을 혼용하기 위해 심층면접을 실시하였고, 북한이탈주민들이 한국에 어떻게 적응하는지 정착지원제도와 거버넌스, 행복지수 등을 통하여 정착지원에 관

---

9) 유시은(2010), 「북한이탈주민의 경제적 적응 영향 요인 분석: 7년 패널조사를 중심으로(2001~2007년)」, 연세대학교 대학원 박사학위 논문.

한 발전방안을 연구하였다. 연구결과 "지방자치단체의 권한과 역할을 강화"해야 하고, 민간단체에 대한 지원을 강화시켜야 하며, 북한이탈주민을 위한 공공정책은 북한이탈주민 한 명의 문제가 아니라 한국사회의 전반적인 문제로 인식하고 미래의 남북통일을 위한 제도로서 사전에 준비가 되어야 한다고 강조하였다.[10]

김선화는 북한이탈주민과 관련한 연구 중 그동안 잘 연구되지 않았던 다양한 취업지원정책 중 일부인 정책 장려금에 관한 정책을 구체적으로 분석하였다. 본 연구는 2005년도부터 2010년도까지 취업지원 정책이 변화된 시점부터 종료될 때까지 경제적 적응성과가 어느 정도였는지를 분석하였다. 연구방법은 혼합연구방법인 양적, 질적 연구를 사용하였으며, 북한이탈주민들 중 2005년에 입국한 1,383명 중 만 18세 이상부터 60세까지 1,214명을 대상으로 양적 연구를 실시하여 설문조사 결과를 분석하였다. 또한 2005년부터 입국한 북한이탈주민들 중에서 남한에서 취업한 20명을 대상으로 그룹 인터뷰를 하여 질적 연구 결과를 분석하였다. 연구결과 개선방안을 살펴보면, 취업 장려금 혜택을 활성화시킬 수 있는 방안이 필요하며, 또한 취업 장려금 혜택을 받을 수 있는 혜택조건을 세분화하는 연구도 필요하다. 아울러 북한이탈주민들 중에 직업능력개발이 필요한 대상자에게 적용되는 직업훈련[11] 제도를 개선하여 인적자본을 확보하고

---

10) 안상윤(2013), 「북한이탈주민의 정착지원정책 연구」, 전남대학교 대학원 박사학위논문.

11) ○○시에 거주하고 있는 2011년에 입국한 북한이탈주민 B씨(30대, 여)의 경우 일부 북한이탈주민은 6개월 동안 컴퓨터 학원에서 시간만 채우고 있다고 하였다. 현재의 지원제도가 직업훈련 이수시간이 최하 500시간 이상이 되어야 수당을 지급하게 되어 있다. ○○시에 거주하고 있는 B씨의 경우 컴퓨터 학원에서 470시간 만에 컴퓨터 자격증을 취득하였으나, 500시간을 채우지 못했기 때문에 직업훈련 장려금을 지급받지 못했다고 하였다. 같이 학원에 다니는 다른 북한이탈주민들 중 일부는 500시간의 훈련시간을 채우기 위해 학원에서 제대로 교육을 받지 않고 시간만 채우고 있는 것을 볼 때 대한민국 국민이 내고 있는 세금이 제대로 사용되지

관리하는 정책개선도 필요하다는 개선방향을 제시하였다.[12]

이러한 연구 이외에도 <표 1-7>과 같이 북한이탈주민의 제도적 지원에 관한 다수의 선행 연구들이 있다.

<표 1-7> 북한이탈주민의 제도적 지원에 관한 선행 연구

연구자 (발표연도)	연구제목	비고
최상운 (2010)	북한이탈주민의 주거지원 정책 개선방안 연구	박사 논문
남택화 (2013)	북한이탈주민의 정착지원의 문제점과 개선방안	석사 논문
임태오 (2012)	북한이탈주민 지원정책의 개선방안 연구	석사 논문
김성구 (2008)	국내·외 북한이탈주민의 실상과 정착지원에 관한 연구	석사 논문

셋째, 북한이탈주민에 대한 내러티브 연구(홍현, 2015; 김현경, 2012; 김현아, 2010; 이민영, 2005) 등을 살펴보았다.

홍현은 북한을 탈출한 대학생들만을 대상으로 국가에서 필요한 인적자원을 육성시키기 위한 코칭 접근 가능성에 대해 연구하였다. 연구 참여자 선정은 프로코치에게 장래진로와 연계한 1:1 코칭을 5회에 걸쳐 했던 북한이탈대학생들 중에서 4명만을 참여자로 선정하였다. 연구결과를 살펴보면 첫째, "북한이탈대학생에게 일에 대한

않고 있다고 생각한다고 B씨는 말했다. 500시간 이상이라는 것은 자격증을 취득하기 위한 최소의 시간이다. 500시간 이전에 자격증을 취득해도 수당을 지급해야 열심히 수업을 들을 것이다. 500시간 이전에 자격증을 취득한 사람은 시간만 채울 수밖에 없는 여건이라고 하였다. 이렇게 시간만 채우는 그 사람들은 이런 제도가 없다면 차라리 아르바이트를 하든 다른 생산적인 일에 종사할 텐데 아까운 시간만 낭비하는 결과를 초래하고 있다고 하였다. 이렇게 직업훈련이 현실과 괴리감이 있게 운영되고 있다고 말해 주었다.

12) 김선화(2011), 「북한이탈주민 취업지원 정책 연구: 정착장려금 제도를 중심으로」, 서울여자대학교 대학원 박사학위 논문.

의미 생성과 변화 추이에 대해서" 북한은 일에 대한 의미 자체가 무의미하며, 일을 선택할 수 없는 여건이라는 인식이 강하고, 남한사회에서 일을 하고 있다는 의미는 본인이 하고 싶어 하는 일을 선택할 수 있다는 장점을 인식하고 있다. 둘째, "진로 코칭 전, 후의 전환적 경험은 자기 주도성이 강화되는 경험을 했고, 진로 영역 외에 어려움이 해결되는 경험을 했다." 셋째, "코치는 들어주는 존재로 남았는데, 코치가 가만히 들어주는 것, 눈높이를 맞춰주는 것만으로도 큰 변화를 경험"했다는 것으로 나타났다.[13]

김현경은 한국에 입국하여 3년에서부터 6년 동안 서울과 인천지역에만 거주하고 있는 20대에서부터 40대까지의 북한이탈주민 10명(남 5, 여 5)을 선정하여, 북한이탈주민의 사회적지지 체계로서의 인터넷 활용에 관하여 내러티브 방법을 활용하였다. 연구결과를 살펴보면, 북한이탈주민들도 인터넷 네트워크를 잘 이용하면 본인이 얻고자 하는 정보를 쉽게 얻을 수 있고, 시간과 비용의 낭비를 줄일 수 있고, "얻게 된 정보의 질도 우수한 편이라는 점, 그리고 인터넷 네트워크를 통해 다른 사람들과 소통함으로써 정서적 지원과 물질적 지원을 얻을 수 있다." 그러나 이 연구는 평소 인터넷을 활용하는 북한이탈주민만을 대상으로 내러티브 탐구를 하였기 때문에 전체 북한이탈주민들을 대상으로 일반화하기에는 한계가 있다.[14]

김현아는 "새터민의 남한 사이버 교육경험에 관한 질적 연구"를 하였다. 연구 참여자 선정은 한국에 입국한 후 3년에서부터 8년 정

---

13) 홍현(2015), 「북한이탈대학생의 진로 코칭 참여 경험에 대한 내러티브 탐구」, 연세대학교 교육대학원 석사학위 논문.

14) 김현경(2012), 「북한이탈주민의 사회적지지 체계로서의 인터넷 활용에 관한 질적 연구」, 『사이버 커뮤니케이션학보』, 29(1): 49~86에 상세함.

도 거주하고 있는 새터민 대학생 10명을 선정하였다. 이들은 남한 거주기간이 평균 5년 정도이고, 연령은 평균 41세 정도이다. 대상자 10명 중에 사이버대학교를 졸업한 2명을 제외한 8명은 사이버대학교 및 디지털대학교에 재학 중인 대학생들이다. 연구 참여자들과 면담한 장소는 연구실, 커피숍 등에서 1:1 면담을 통하여 내러티브를 진행하였다. 연구결과를 살펴보면 8개 범주와 24개 하위영역, 82개 개념이 도출되었고, 새터민들에게 사이버대학의 학습은 여러 가지 긍정적이고 부수적인 효과가 있는 것으로 나타났다. 이 연구는 사이버 학습 경험이 있는 성인 새터민 10명을 대상으로 연구를 하였기 때문에 새터민 청소년 학습자에게 일반화하는 데는 한계가 있다고 할 수 있다.[15]

이민영은 "남북한 이문화 부부의 가족과정 경험에 관한 질적 연구"를 하였다. 이 연구를 위하여 연구 참여자 선정기준을 남한과 북한에서 생활을 했던 성인으로서 결혼한 지 2년 이상 된 사람들 중에서 결혼생활을 지속하고 있는 북녀남남(北女南男) 2쌍, 남녀북남(南女北男) 3쌍 등 총 5쌍(10명)의 부부를 대상자로 선정하였다. 연구자는 북한과 남한의 다른 환경에서 생활한 성인들이 결혼하여 부부관계와 가족관계 형성에 있어서 겪어야만 했던 어려운 부부간, 가족 간의 갈등과정을 내러티브를 통하여 구체적으로 이해하고자 하였다. 연구방법은 내러티브 방법을 이용하였고, 연구결과 그들이 겪었던 부부간, 가족 간 경험에 관한 그들만의 내러티브는 사회적 편견 등으로 잘 알려지지 않았다. 남과 북의 이문화 부부관련 이야기를 통

---

15) 김현아(2010), 「새터민의 남한 사이버 교육경험에 관한 질적 연구」, 『아시아교육연구』, 11(2): 57~92.

하여 알게 된 그동안 알려지지 않았던 그들의 삶의 모습을 이해할 수 있다. 이러한 연구는 남한에 거주하고 있는 그들에게 교훈이 될 수 있다. 아울러 전문프로그램과 상담 및 사회적 변화를 유도하는 활동도 가능하다는 가능성을 제시하고 있다.[16]

이처럼 북한이탈주민에 대한 내러티브 연구는 다른 교육, 보건, 복지 분야에 비하여 매우 미흡하다고 할 수 있다.

다른 분야의 내러티브 연구 사례를 살펴보면 내러티브 탐구를 통한 두 남성 노인의 삶과 죽음에 관한 연구(안영미, 2008)와 체육인 한상준의 생애사 연구(김재룡, 2009) 등, 다양한 분야에서 연구(양영자, 2012; 김용욱·박형진, 2012; 김수동, 2012; 노상우·고현수·권희숙, 2010 등)가 이루어져 왔다.

김재룡은 한상준 교수를 연구 참여자로 선정하여 그에 대한 생애사를 연구하였다. 자료 수집을 살펴보면, 연구 참여자인 "한상준 교수의 연보는 1938. 9. 9. 춘천시 조양동에서 출생, 1958년 춘천고등학교 졸업, 서울대학교 사범대학 체육교육과 입학, 1964년 서울사범대 체육과 졸업, 진명여자고등학교 부임, 1978년 단국대학교 대학원 졸업, 강원대학교 학생생활연구소장, 1983년 대한민국체육상, 1993년 강원대학교 사범대학장, 2004년 정년퇴임"을 하였다. 연구 참여자는 강원대학교 교직원으로 근무하였던 1978년 9월에 처음으로 연구 참여자와 같이 근무하게 되면서부터 2004년 연구 참여자의 정년퇴임 시까지 그동안 한국사회 근·현대사를 살아온 체육교수 연구 참여자를 연구대상으로 선정하여 연구 참여자의 생애사 연구에 적

---

16) 이민영(2004), 「남북한 이문화 부부의 가족과정 경험에 관한 질적 연구: 내러티브 탐구방법을 활용하여」, 이화여자대학교 대학원 박사학위 논문.

합한 질적 연구방법 중 내러티브 탐구방법으로 연구하였다. 연구를 위한 면담장소는 주로 자택을 이용하여 인터뷰를 진행하였다. 연구 결과 연구 참여자는 일제 강점기인 "1938년 춘천시 조양동"에서 태어나서 강원대학교 대학교수로 재직하다가 그 이후 퇴임하고 제2의 인생을 출발한 연구 참여자의 삶에 대해 내러티브로 생생하게 드러낸 생애사에 대한 연구이다.[17]

이러한 연구 이외에도 <표 1-8>과 같이 다수의 내러티브 선행 연구들이 있다.

<표 1-8> 다른 분야 내러티브에 관한 선행 연구

연구자 (발표연도)	연구제목	비고
정경숙 (2015)	경기민요 명창 묵계월의 생애사 연구	박사 논문
류소영 (2014)	빈곤한 어머니의 양육경험에 관한 내러티브 탐구	박사 논문
송유진 (2014)	보육교사교육원에서의 교수경험에 대한 내러티브 탐구	박사 논문
민서정 (2013)	연애결혼 이민자 여성의 양육경험에 관한 내러티브 탐구	박사 논문

이상에서 살펴본 바와 같이 북한이탈주민에 대한 연구는 다양한 관점에서 논의되었다. 또한 대상을 어떻게 선정하고 접근하는지에 따라서 다양한 결과가 도출되었다. 그러나 기존의 선행연구에서는 첫째, 북한이탈주민의 삶의 전 과정을 파악함에 있어 시간과 공간의 흐름을 전제하지 않고 조작적으로 한정지으려는 경향이 있었다. 둘

---

17) 김재룡(2009), 「체육인 한상준의 생애사」, 강원대학교 대학원 박사학위 논문.

째, 북한이탈주민의 한국사회 적응에 관한 사항은 단편적인 사건이 아니라 한 개인의 삶에서 시간과 공간의 흐름 속에서 진행되는 활동이라는 점을 간과했다. 셋째, 북한이탈주민이 한국사회 적응하기 위하여 살아가면서 개입되는 모든 장면에서 사회적응의 복잡성을 정확하고 분명하게 파악하지 못하였다. 북한과 남한사회의 복잡한 부분들이 얽혀 있는 사회적 특성을 반영하지 못했다.

따라서 본 연구에서는 한 명의 북한이탈여성의 생애사를 통하여 북한에서의 생활과 남한에서의 생활에 대한 전 과정을 시간과 공간의 흐름에 따라 연구할 수 있는 장점을 가지고 있는 내러티브 탐구 방법을 활용하여 한국사회 적응을 위한 전 과정을 구체적으로 밝히기 위한 연구를 하였다.

제3절 연구범위 및 방법

1. 연구범위

연구범위는 북한을 탈출한 북한이탈주민들 중에서 한국에 입국하여 거주하고 있는 북한이탈주민들로 연구대상자를 국한(局限)하였으며, 중국이나 제3국에 머물러 있는 북한이탈주민들은 연구 대상에서 제외하였다. 그 이유는 그들을 연구 대상에 포함시켰을 경우 연구의 범위가 너무 방대(尨大)하므로 효과적인 연구를 진행하기가 어려울 것으로 판단되기 때문이다.

본 연구에서는 북한을 탈출한 후 한국에 입국하여 10년 이상 거주하면서 한국사회에 성공적으로 적응한 60대의 북한이탈여성인 천연화(가명)를 연구 참여자로 선정하였다. 연구 참여자 선정기준은 한국에 입국한 북한이탈주민들 중 대표성을 띤다고 판단된 한 명의 북한이탈여성을 연구 참여자로 선정하여 심층, 정성적 접근을 통하여 내러티브 탐구방법으로 연구하였다.

2. 연구방법

연구방법은 문헌 연구, 양적 연구, 질적 연구방법[18] 중에서 본 연구의 목적에 가장 적합하다고 판단되는 질적 연구방법인 내러티브 탐구방법을 활용하였다. 내러티브 탐구 방법에 앞서 문헌 연구를 통하여 북한이탈주민의 개념을 정립하고 선행연구를 통하여 연구의 내용을 분석함으로써 본 연구와의 차이점을 발견하고자 하였다.

그동안 국내에서 북한이탈주민에 관하여 <표 1-9>와 같은 많은 연구가 진행되어 왔다.

<표 1-9> 국내 북한이탈주민 관련 선행 연구 현황 (2015. 11. 3. 기준)

주제어	학위논문(박사, 석사)	학술기사
북한이탈주민	401편(박사 55, 석사 346)	676편
새터민	153편(박사 17, 석사 136)	248편
북한이탈여성	29편(박사 7, 석사 22)	39편
북한이탈주민 내러티브 탐구	1편(석사 1)	3편

자료: 국회전자도서관 사이트에서 필자 재구성, http://dl.nanet.go.kr/ (검색일: 2015. 11. 3.)

북한이탈주민에 관한 선행연구 내용을 살펴보면 1990년대 중반까지는 대부분 국가안보와 관련된 정부의 정책 차원에서 집중되었

---

18) 질적 연구방법은 연구 대상이 행위하고 생각하는 일상생활에 연구자가 직접 참여하거나 그 일상의 생활세계를 직접 관찰하면서, 연구대상이 갖고 있는 경험 세계와 가치관을 이해하는 것이다. 따라서 질적 연구는 개인과 그들의 삶을 조건 지우는 생활세계에 대한 관심에서 출발한다. 즉, 연구자들은 새롭게 생겨나는 언어, 개인이 자신의 경험에 부여하고 있는 의미, 감성과 동기, 상징과 의미체계, 공감과 감정이입 등과 개인의 모든 주관적 차원을 포함한 생활세계에 초점을 두고 있다(Strauss and Corbin, 1990). 질적 연구가 사용되는 분야는 심리학, 사회학, 문화인류학, 교육학, 사회복지학, 경영학 등과 같은 인문사회과학을 비롯하여 간호학, 의학 등에서도 중요성이 커지고 있다. 조성남 외(2011),『질적 연구방법과 실제』, 서울: 그린, pp.13~19; 우베 플릭 지음, 임은미 외 옮김(2013),『질적 연구방법』, 파주: 한울, pp.21~24에 상세함.

다.[19] 1990년대 중반 이후 북한이탈주민이 급속히 증가함에 따라 북한이탈주민 관련 연구들도 증가하였다. 대다수 연구자들의 주요 연구 내용들을 살펴보면 북한이탈주민의 사회적응 실태와 현황, 문제점과 대책, 지원제도와 법규 개선, 인권개선, 지역협력체계 구축, 교육과 직업훈련, 여가활동, 신체적·정신적 건강, 사회복지, 가족의 적응과 해체 문제 등에 관한 연구가 이루어져 왔다.[20] 선행연구 검토결과 한 명의 북한이탈여성만을 대상으로 내러티브 탐구방법으로 연구된 것은 전무하다는 것을 알게 되었다.

이에 본 연구자는 한 명의 북한이탈여성을 대상으로 내러티브 탐구방법을 활용하여 연구하였다. 북한이탈주민에 관한 기존의 선행연구에서 연구되지 않았던 북한이탈여성을 통하여 북한의 실상과 탈북과정에서 나타나는 현상들 그리고 한국사회 적응과정에서 나타난 북한이탈주민의 생활을 구체적으로 이해하고 적응과정에서 나타난 문제점을 드러내고자 하였다. 기존연구에서는 단편적인 부분의 결과를 도출하여 이러한 문제점들을 도출해냈다.

그러나 본 연구는 이와 달리 내러티브 탐구방법을 활용하여 이 연구만의 독특한 방법으로 한 명의 북한이탈여성의 한국사회 적응과정에 나타난 문제점들을 도출하여 향후 북한이탈주민에 대한 정책 및 제도개선에 반영할 수 있는 근거 자료로의 토대를 만들고자 하였다.

이러한 이유에서 본 연구자는 다양한 연구방법 중에서 내러티브 탐구방법을 선택하였으며, 내러티브의 정의를 살펴보면 "내러티브

---

19) 김광웅(2011),「북한이탈주민의 사회적 배제와 사회성에 관한 연구」, 명지대학교 대학원 박사학위 논문, p.2.
20) 최상운(2010),「북한이탈주민의 주거지원정책 개선방안 연구」, 경기대학교 정치전문대학원 박사학위 논문, pp.6~7.

탐구는 알버타 대학의 진 클랜디닌(Jean Clandinin) 교수와 토론토 대학 오이지(OISE: Ontario Institute for Studies in Education)의 마이클 코넬리(Michael Connelly) 교수가 지난 20여 년간 교사 연구를 수행하면서 개발하고 발전시킨 연구방법"21)이며, "클랜디닌과 코넬리(Clandinin & Connelly)는 인간은 '이야기하기'와 '다시 이야기하기' 즉 내러티브를 통해 자신의 경험에 대한 의미를 만들어간다고 주장하면서, 지식을 구체적이고 내러티브적이며 관계적인 것으로 개념화하고 있다."22) 따라서 내러티브 탐구를 정의하면 다음과 같다.

> "경험을 이해하기 위한 하나의 방법이며, 한 장소 또는 일련의 장소에서 환경과의 상호작용하에 계속적으로 일어나는 연구자와 참여자 간의 협력이다. 연구자는 이러한 관계망 속으로 들어가서, 이와 똑같은 영감(spirit)을 가지고 탐구를 진행시켜 나간다. 그리고 여전히 사람들의 개인적이고 사회적인 삶을 구성하는 경험의 이야기들은 살아내고 이야기하고, 다시 살아내고(reliving) 다시 이야기하는(retelling) 가운데 탐구를 마무리 짓는다. 간단히 말해 내러티브 탐구는 이야기로 살아내는 삶의 이야기들이다."23)

염지숙에 의하면 "사람들은 누구나 이야기로 엮을 수 있는 삶을 살아가며 그러한 삶을 이야기하는 반면, 내러티브 연구자들은 그러한 삶을 기술하고 그렇게 기술된 것들을 수집해서 이야기하며, 경험에 대한 내러티브를 써내려 간다. 우리가 우리 삶에 대한 이야기를 하고 그것을 '다시 이야기'할 때 그러한 이야기 조각들이 서로 연결되어, 넓은 의미에서 우리의 삶을 조망하는 내러티브가 된다."24)

---

21) 염지숙(2003), 「교육연구에서 내러티브 탐구(narrative inquiry)의 개념, 절차, 그리고 딜레마」, 『교육인류학 연구』, 6(1): 121.

22) 염지숙(2003), 위의 글, p.122.

23) Clandinin & Connelly, 2000; 염지숙(2003), 위의 글, p.122에서 재인용.

클랜디닌과 코넬리(Clandinin & Connelly, 2000)의 3차원 공간 접근은 세 가지 요소, 즉 상호작용(개인적, 사회적), 연속성(과거, 현재, 미래) 그리고 상황(물리적 공간 또는 화자의 공간)으로 자료를 분석하는 것이다. "이러한 3차원적 공간에서 경험을 이야기하고 연구할 때 자신이 누구인지를 알 수 있게 된다고 하였으며, 따라서 내러티브 탐구의 3차원적 공간을 연구방법의 틀로 제시하였다."[25]

내러티브 탐구방법의 장점은 <표 1-10>과 같이 양적 연구에서 연구할 수 없는 독특한 특징을 가지고 있기 때문이다.

<표 1-10> 양적 연구방법과 내러티브 탐구방법의 차이점 비교

구분	양적 연구방법	내러티브 탐구방법
특징	- 현장의 사소하거나 예외적인 특성을 배제하고 일반적인 경향성을 확률의 논리 속에서 규명하려는 입장으로 설득에 치중 - 연구하고자 하는 연구대상의 속성을 가능한 양적으로 표현하고 독립변수와 종속변수와의 관계를 통계분석을 통하여 밝히는 연구 - 객관적, 통제적, 가설 검증적, 기술적인 면을 강조	- 내러티브 탐구는 인간의 경험에 초점을 두고 있으며, 총체적인 질을 가지고 있기 때문에 많은 학문분야(신학, 문학, 의학, 사회학, 심리학, 역사, 미술, 교육학, 철학, 언어학, 간호학, 인류학 등)에서 중요한 위치를 차지 - 시간과 공간과 개인의 체험을 근거로 하고 있으므로 개인의 관점, 특성과 관련이 있다. 즉 맥락과 관계없는 보편적인 결과와 일반화된 설명을 추구하는 사회과학의 주류에서는 이러한 개인적 관점을 경계하는 반면, 내러티브 분석에서는 주관성을 높이 평가하는 특징을 가짐 - 내러티브 탐구는 사회 현상에 대한 설명을 제공하는 데 유용한 연구방법이다. 그러므로 사람이 이야기하면서 사용하는 단어나 용어를 통하여 이러한 용어가 역사적이고 문화적인 상황에서 어떻게 나타나는지를 분석하는 것이 중요

24) 염지숙(2003), 위의 글, p.123.

25) 민서정(2013), 「연애결혼 이민자 여성의 양육경험에 관한 내러티브 탐구」, 숙명여자대학교 대학원 박사학위 논문, p.30.

구분	양적 연구방법	내러티브 탐구방법
장점	- 계량적 통계분석을 통한 연구결과의 객관성을 확보하고 일반화할 수 있음 - 이론적으로 도출된 기대나 예측들에 대한 검증도 할 수 있음 - 가설검증과 법칙의 발견에 유리	- 구체적인 인터뷰로 타당성 있는 실질적이고 풍부하며 심도 있는 연구결과를 제시할 수 있고, 다양한 정보를 얻을 수 있음 - 장기적으로 사회적 과정을 시간과 공간의 흐름에 따라 사회적 상황에서의 인간행위를 심층 이해할 수 있음 - 방법론적 유연성, 신축성, 개방성으로 현지 이해의 깊이가 크며, 시각이 잘못되었다 해도 처음부터 다시 시작할 수 있는 융통성이 있고, 신분보장이나 비밀유지가 필요할 경우 유용
단점	- 인간의 정신적, 주관적 영역과 같이 계량화하기 어려운 분야는 연구가 곤란 - 연구결과가 구체적이지 못하기 때문에 결과의 수치화 과정에서 행위의 의도나 의미를 사장시킬 수 있고, 피상적 연구결과를 제시할 수 있음 - 모든 결과를 계량화하는 시도로 인하여 연구자가 조작적으로 정의할 수 있거나 측정이 가능한 자료로 한정하여 보려는 경향 때문에 결과가 피상적이고 제한적이기 쉬움	- 연구자의 주관적인 판단으로 인한 연구결과의 객관성 결여로 일반화하기에는 한계가 있음 - 극소수의 사례에 국한되기 때문에 대표성이 떨어짐 - 신뢰성에 있어서 내러티브의 현지 연구는 단독으로 실시하여 주관성이 양적연구보다는 강하므로 정확성에 문제가 있음

자료: 조성남 외(2011), 『질적 연구방법과 실제』, 서울: 그린; 임은미 외(2009), 『질적 연구방법』, 파주: 한울; 조흥식 외(2015), 『질적 연구방법론: 다섯 가지 접근』, 서울: 학지사 자료 등을 참고하여 필자 재구성

위의 내용에서 알 수 있듯이 내러티브 탐구방법은 개인이 살아온 이야기들에 표현된 경험들을 가지고 시작했으며 한 명의 북한이탈 여성이 살아온 이야기를 분석하고 이해하기 위한 방법에 적합한 연구방법이라고 할 수 있다. 즉 "내러티브는 우리 삶의 경험 이야기이다. 우리의 삶이 단편적이지 않고 연속적인 것처럼, 내러티브도 조

각조각으로 구분할 수 없는 것이다. 때로는 일반화를 시키려고 한다거나, 주제를 추출해내려고 할 때 경험의 풍부함과 내러티브의 특성을 잃게 되는 수가 있음을 주지해야 한다."[26] 또한 "사람들은 자기 자신이나 자신의 삶에 대해 이론으로 파악하고 있는 것보다 많은 것을 알고 있으며 표현할 수 있어서 이런 종류의 지식은 이론수준에서가 아니라 내러티브로 표현되는 수준에서 이용가능 하다는 것이다."[27] 아울러 "내러티브로서의 표현과 구술된 경험 사이에 상관관계가 있다고 가정할 수 있다는 것이다."[28] "경험이 과거로 거슬러 올라가 진술될 때(행위이든 자연현상이든) 생애사에 있었던 사건은 말하는 사람이 행위자로서 경험한 것처럼 보고되는 것이 원칙이다."[29]

자료수집 기간은 2012년 3월부터 2015년 4월까지이며 내러티브 탐구방법을 활용하기 위해 연구 참여자인 천연화를 선정하여 안정적인 한국사회 적응을 하기까지 어떠한 경험을 하였는지 심층 인터뷰를 통하여 한 명의 북한이탈여성의 북한에서의 생활, 북한탈출과정과 한국사회 적응하기까지 전 과정을 녹취하여 전사한 현장텍스트를 연구 텍스트로 재구성하였다.

이러한 연구결과를 토대로 한 명의 북한이탈여성이 북한생활과 탈출과정, 한국사회 적응하기까지의 생활을 구체적으로 이해하고 연구결과에서 나타난 문제점들은 향후 정책 또는 제도개선에 근거자료로 활용되기를 바란다. 또한 대한민국 국민들이 북한이탈주민에

---

26) 염지숙(2003), 「교육 연구에서 내러티브 탐구의 개념, 절차, 그리고 딜레마」, 『교육인류학연구』, 6(1): 130.

27) Hermanns(1995), 185; 임은미 외(2009), 『질적 연구방법』, 파주: 한울, p.188에서 재인용.

28) 임은미 외(2009), 위의 글, p.188.

29) Schtuze, 1976: 197; 임은미 외(2009), 『질적 연구방법』, 서울: 한울, p.188에서 재인용.

대한 이해와 애정을 가지고 함께 미래의 남북통일(통합)을 위해 조금이나마 기여하였으면 한다.

3. 연구의 구성

본 연구는 다음과 같이 구성하였다.

제1장 서론에서는 1. 연구목적, 2. 기존 연구의 검토, 3. 연구범위 및 방법에 대하여 구성하였다. 제2장 북한이탈주민의 이론적 고찰에서는 1. 북한이탈주민의 정의 및 특이성, 2. 북한이탈주민의 현황 및 지원정책에 대하여 분석하였다.

제3장 연구절차 및 윤리적 고려에서는 1. 내러티브 탐구 절차, 2. 연구 신뢰성 및 윤리적 고려에 대하여 기술하였다. 제4장 연구결과의 분석으로는 연구 참여자의 1. 북한탈출 이전까지 북한에서의 경험, 2. 북한탈출 후 한국에 입국하여 겪었던 경험, 3. 한국사회에 성공적으로 적응하기까지의 경험에 대하여 인터뷰한 내용을 전사한 후 연구 텍스트로 재구성하였다. 제5장 결론에서는 1. 연구결과의 요약, 2. 제언 등 전반적인 내용을 정리하였다.

북한이탈주민의 이론적 고찰

북한의 사회주의 체제에서 남한의 자본주의 체제의 변화에서 오는 경제, 사회, 문화의 차이와 경제적 문제, 남한사람들의 사회적 차별과 편견 등으로 인하여 남한사회 적응에 있어서 여러 가지 어려움으로 인한 불안감이나 심리적 갈등을 겪고 있는 특이성을 가지고 있다고 할 수 있다.

- 본문 중에서

제1절 북한이탈주민의 정의 및 특이성

1. 북한이탈주민의 정의

과거에 북한이탈주민의 호칭은 새터민 및 북한이탈주민, 월남귀순자, 귀순북한동포, 월남귀순용사 등으로 혼용되어 사용되다가 이러한 다양한 호칭 때문에 혼란을 초래하기도 하였다.

지난 1997년에 제정된 「북한이탈주민의 보호 및 정착지원에 관한 법률」 제2조(정의)에 의하면 '북한이탈주민'이란 군사분계선 이북지역에 주소, 직계가족, 배우자, 직장 등을 두고 있는 사람으로서 북한을 벗어난 후 외국 국적을 취득하지 아니한 사람을 말한다고 규정하고 있다. 이에 본 연구에서는 '북한이탈주민'이라는 용어를 사용하고자 한다.

따라서 본 연구에서는 '북한이탈주민'의 정의를 「북한이탈주민의 보호 및 정착지원에 관한 법률」의 조문에 근거하여 북한을 벗어나서 한국에 입국하여 적응하고 있는 북한이탈주민들로만 국한(局限)하며, 중국이나 제3국 등에서 외국 국적을 취득하였거나, 하지 않은 채

체류하고 있는 북한이탈주민들은 제외하기로 하였다.

한편 북한을 탈출한 북한이탈주민들에 대한 호칭의 변화를 살펴보면 1962년 4월에 제정된 「국가유공자 및 월남귀순자 특별원호법」에서는 '월남귀순자'로 용어 정의를 하였고, 이 법은 「월남귀순용사 특별보상법」으로 1979년 1월에 제정되어 '월남귀순용사'로 용어 정의가 되었다. 또 다시 이 법은 「귀순북한동포보호법」으로 1993년 6월에 개정되어 조문에 '귀순북한동포' 용어로 정의가 되었고, 이 법률은 마침내 1997년 1월에 「북한이탈주민의 보호 및 정착지원에 관한 법률」로 제정되어 '북한이탈주민'이라는 용어로 정의되었다.

2. 북한이탈주민의 특이성

북한이탈주민은 북한에서 태어나고 생활하다가 체제불만, 인권침해, 극심한 식량난으로 인한 배고픔과 굶주림 등을 견디다 못해 새로운 삶을 위하여 목숨을 걸고 북한을 벗어나서 한국으로 입국하고 있다.

이러한 북한이탈주민의 특이성을 분석해보면 첫째, 북한의 사회주의 체제에서 남한의 자본주의 체제의 변화에서 오는 경제·사회·문화의 차이와 경제적 문제, 남한사람들의 사회적 차별과 편견 등으로 인하여 남한사회 적응에 있어서 여러 가지 어려움으로 인한 불안감이나 심리적 갈등을 겪고 있는 특이성을 가지고 있다고 할 수 있다.

둘째, 1990년 이전의 북한이탈주민의 탈북 동기는 체제의 불만이나 인권침해로 인하여 탈북을 하였으나, 최근에는 생존뿐만 아니라 인간으로서 보다 나은 행복한 삶을 살아가기 위해서 북한을 탈출하는 경우가 있어 탈북의 동기도 변화하고 있다고 할 수 있다.

셋째, 북한을 탈출하는 경로는 과거에서 군사분계선이나 동해상과 서해상으로 목숨을 걸고 탈출을 하였으나, 최근에는 대부분의 북한이탈주민은 브로커를 통하여 중국이나 제3국을 경유하여 한국으로 입국하고 있는 실정이므로 북한이탈주민의 탈출 경로와 방법이 다양하게 변화[30]하고 있다는 것을 알 수 있다.

넷째, 한국에 입국한 북한이탈주민은 2001년 이전까지는 남성 입국자가 많았으나, 2002년부터 여성 입국자가 증가하여 북한이탈여성에 대한 연구의 필요성과 중요성이 높아지고 있다.

---

30) 김성구(2008), 「국내·외 북한이탈주민 실상과 정착지원에 관한 연구」, 경희대학교 행정대학원 석사학위논문, pp.13~17에 상세함.

제2절 북한이탈주민의 현황 및 지원정책

1. 북한이탈주민의 현황

1) 연도별 입국 현황

한국에 입국한 북한이탈주민의 현황을 분석해보면 2015년 3월 말 기준 통일부 자료에 의하면 1998년 1월부터 2014년 12월 말까지 한국에 입국한 북한이탈주민의 수는 합계 27,518명으로 보고되었다.

연도별 입국현황은 <그림 2-1>과 같이 1998년 이전에는 북한이탈주민의 수는 합계 947명이었으나, 2001년 이후부터 2005년까지 매년 1,000명 이상이 한국으로 입국하였다. 그러나 2006년부터 2011년까지도 연간 2,000명 이상이 한국에 입국하였다. 그러나 김정일 사망 이후 2011년 12월 17일부터 김정은 정권 교체 후 공포통치가 시작되면서 2012년도에 한국에 입국한 북한이탈주민의 수는 1,502명으로 감소하였으며, 그 이후 2013년에는 1,514명, 2014년에는 1,396명으로 북한이탈주민의 한국 입국자 수가 2005년도 수준으로 급속히 감소된 것으로 보고되었다.

입국 현황에서 성별로 분석해보면, 2001년 이전에는 남성 입국자 수가 더 많은 것으로 나타났으나, 2002년부터는 여성 입국자가 증가하여 2014년 12월 말 기준 한국에 입국한 북한이탈주민 전체 27,518명 중 70%인 19,267명이 여성 입국자로 나타났다.[31]

2) 연령별 입국 현황

한국에 입국한 북한이탈주민 현황 중에서 연령대별로 분석해보면, 0~9세가 4.3%, 10대가 12%, 20대가 28%, 30대가 30%, 40대가 16.3%, 50대가 5.2%, 60대 이상이 4.2%로 나타났으며, 이 중에서 20~40대가 74.3%의 비율을 차지하고 있는 것으로 나타났으며 이를 정리하면 <그림 2-2>와 같다.

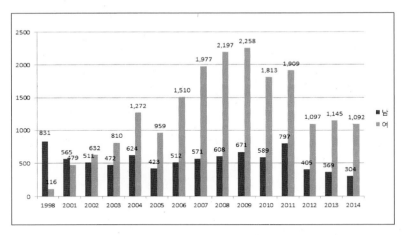

자료: 통일부 사이트에서 필자 재구성, http://www.unikorea.go.kr/ (검색일: 2015. 5. 15.)

<그림 2-1> 연도별 입국현황(1998년 1월~2014년 12월 말 입국자 기준) (단위: 명)

---

31) 통일부: www.unikorea.kr. (검색일: 2015. 5. 15).

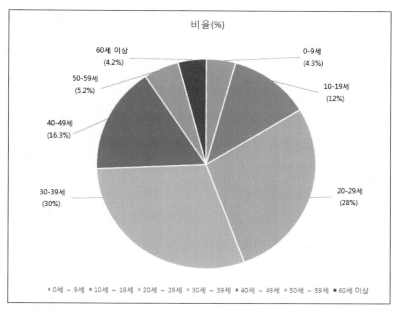

비율(%)

60세 이상
(4.2%)

0-9세
(4.3%)

50-59세
(5.2%)

10-19세
(12%)

40-49세
(16.3%)

30-39세
(30%)

20-29세
(28%)

■ 0세 ~ 9세 ■ 10세 ~ 19세 ■ 20세 ~ 29세 ■ 30세 ~ 39세 ■ 40세 ~ 49세 ■ 50세 ~ 59세 ■ 60세 이상

자료: 통일부 사이트에서 필자 재구성, http://www.unikorea.go.kr/ (검색일: 2015. 5. 15.)

<그림 2-2> 연령별 입국현황(1998년 1월~2014년 10월 말 입국자 기준)

3) 재북 직업별 현황

한국에 입국한 북한이탈주민이 북한에서 어떤 직업[32]에 종사하였
는지 <그림 2-3>에서 살펴보면, 관리직 1.6%, 군인 2.6%, 노동자
38.2%, 무직·부양 48%, 봉사분야 4%, 예술·체육 분야 0.8%, 전
문직 2.2%, 비대상(아동 등) 2.1%, 기타 0.5%를 차지하고 있다. 이
중에서 특이한 사항은 무직·부양이 48%로 가장 많고 그다음이 노

---

32) 남북하나재단에서 실시한 「2014년 북한이탈주민 실태조사 결과」에 의하면: 북한이탈주민이
한국에 입국하여 종사하고 있는 직업의 유형별 현황은 제조업 30.1%, 숙박 및 음식점업
15.3%, 소도매업·유통업 10.9%, 기타 43.7%로 분석되었다. 자세한 내용은 남북하나재단 「
2014년 북한이탈주민 실태조사 결과」, p.291에 상세함.

동자로 38.2%순이고 예술·체육 분야가 0.8%로 가장 낮게 나타났음을 알 수 있다.

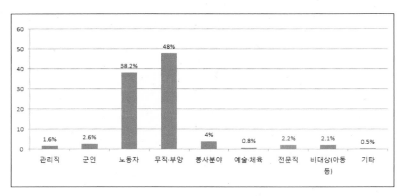

자료: 통일부 사이트에서 필자 재구성. http://www.unikorea.go.kr/ (검색일: 2015. 5. 15.)

<그림 2-3> 재북 직업별 현황(1998년 1월~2014년 10월 말 입국자 기준) (단위: %)

4) 재북 학력별 현황

한국에 입국한 북한이탈주민의 북한에서의 학력별 현황을 <그림 2-4>와 같이 살펴보면, 취학 전 아동 2.7%, 유치원 1.0%, 인민학교 6.7%, 고등중학교 70.1%, 전문대학 9.4%, 대학 이상 7.0%, 무학 2.9%, 기타 0.2%로 나타났다. 이 중에서 고등중학교 졸업자가 가장 높은 70.1%, 그다음으로 전문대학 졸업자가 9.4%이고, 가장 낮은 학력은 무학이 2.9%이고 유치원이 1%, 기타가 0.2%로 나타났다.

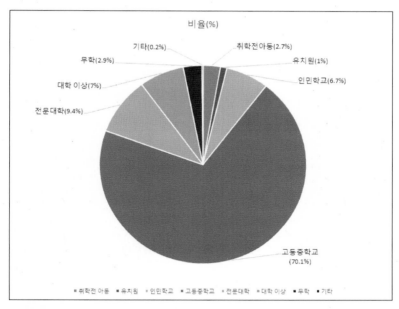

비율(%)

기타(0.2%)   취학전아동(2.7%)
무학(2.9%)   유치원(1%)
대학 이상(7%)   인민학교(6.7%)
전문대학(9.4%)

고등중학교
(70.1%)

■취학전 아동 ■유치원 ■인민학교 ■고등중학교 ■전문대학 ■대학 이상 ■무학 ■기타

자료: 통일부 사이트에서 필자 재구성. http://www.unikorea.go.kr/ (검색일: 2015. 5. 15.)

<그림 2-4> 재북 학력별 현황(1998년 1월~2014년 10월 말 입국자 기준)

5) 재북 지역별 현황

한국에 입국한 북한이탈주민의 북한에서 지역별 현황을 <그림 2-5>와 같이 살펴보면, 강원도 2.0%, 남포시 0.5%, 량강도 12.2%, 자강도 0.6%, 평안남도 3.5%, 평안북도 2.7%, 평양시 2.0%, 함경남도 9.0%, 함경북도 63.7%, 황해남도 1.5%, 황해북도 1.4%, 개성시 0.3%, 기타(불상) 0.6%로 나타났다. 이 중에서 가장 많은 비율을 차지한 지역별 순서를 분석해보면 함경북도가 63.7%로 가장 많고, 다음으로 량강도 12.2%, 함경남도 9.0% 순으로 나타났으며, 특이한 사항은 함경남·북도 지역 출신이 전체 72.7%를 차지하고 있는 것으로 나타나고 있다. 이러한 현상은 북한에서 두만강을 끼고 중국과 인접하고 있는 국경지역에 위치하고 있는 영향을 받은 것으로 분석된다.

한편 평양시와 황해남도 그리고 개성시는 다른 지역에 비해 특이하게 북한이탈주민 중 여성비율이 낮은 지역으로 나타났다.

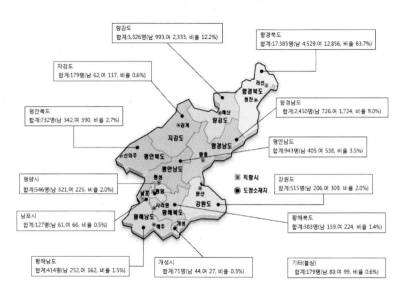

량강도
합계:3,326명(남 993,여 2,333, 비율 12.2%)

함경북도
합계:17,385명(남 4,529,여 12,856, 비율 63.7%)

자강도
합계:179명(남 62,여 117, 비율 0.6%)

함경남도
합계:2,450명(남 726,여 1,724, 비율 9.0%)

평안북도
합계:732명(남 342,여 390, 비율 2.7%)

평안남도
합계:943명(남 405,여 538, 비율 3.5%)

평양시
합계:546명(남 321,여 225, 비율 2.0%)

강원도
합계:515명(남 206,여 309, 비율 2.0%)

남포시
합계:127명(남 61,여 66, 비율 0.5%)

황해북도
합계:383명(남 159,여 224, 비율 1.4%)

황해남도
합계:414명(남 252,여 162, 비율 1.5%)

개성시
합계:71명(남 44,여 27, 비율 0.3%)

기타(불상)
합계:179명(남 80,여 99, 비율 0.6%)

전체 합계: 27,250명(남 8,180, 여 19,070, 비율 100%)

자료: 통일부 사이트에서 필자 재구성, http://www.unikorea.go.kr/ (검색일: 2015. 5. 15.)

<그림 2-5> 재북 지역별 현황(1998년 1월~2014년 10월 말 입국자 기준)

6) 국내 지역별 거주 현황

한국에 입국한 북한이탈주민의 지역별 거주 현황을 <그림 2-6>에서 살펴보면, 서울특별시 26.0%, 경기도 29.0%, 인천광역시 9.0%, 부산광역시 4.0%, 경상북도 4.0%, 경상남도 4.0%, 대구광역시 3.0%, 충청북도 4.0%, 충청남도·세종시 4.0%, 광주광역시 2.0%, 강원도 2.0%, 대전광역시 2.0%, 전라남도 2.0%, 전라북도 2.0%, 울산광역시 2.0%, 제주특별자치도 1.0%로 나타났다.

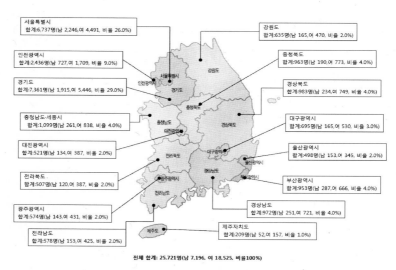

전체 합계: 25,721명(남 7,196, 여 18,525, 비율100%)

※ 사망·주민등록말소·이민자와 주소 미등록·보호시설수용자는 제외
자료: 통일부 사이트에서 필자 재구성, http://www.unikorea.go.kr/ (검색일: 2015. 5. 15.)

<그림 2-6> 국내 지역별 거주 현황(1998년 1월~2015년 3월 말 거주자 기준)

이와 같이 국내에 북한이탈주민이 가장 많이 거주하고 있는 지역은 경기도 29.0% 그다음이 서울특별시 26.0% 이어서 인천광역시

9.0% 순으로 거주하고 있으며 전체 북한이탈주민의 64%가 수도권에 집중적으로 거주하고 있는 것으로 나타났다. 이러한 수도권에 집중적으로 거주하게 된 원인은 영구임대아파트가 수도권 지역에 집중적으로 건설된 원인이 가장 크다고 할 수 있다. 또한 북한이탈주민이 가장 적게 거주하고 있는 지역은 제주특별자치도로 1.0%가 거주하는 것으로 나타났다.

한편 국내 지역별 거주현황에서 특이한 사항은 2014년 12월 말 기준 한국 입국자 수는 27,518명과 국내 지역별 거주자 수는 25,721명으로 2015년 3월 말 기준인데도 불구하고 1,797명이 감소한 것으로 나타난 것은 북한이탈주민이 국내에 거주하다가 사망·주민등록 말소·이민자와 주소 미등록·보호시설수용자는 제외되었기 때문에 감소된 것으로 나타났다.

7) 북한이탈주민 정착 현황

한국에 입국한 북한이탈주민의 정착 현황과 관련하여 <그림 2-7>에서 생계급여 수급률을 연도별로 분석해보면, 2007년 63.5%, 2008년 54.8%, 2009년 54.9%, 2010년 51.3%, 2011년 46.7%, 2012년 40.8%, 2013년 35%, 2014년 32.3%로 나타났다. 북한이탈주민에게 지원되는 생계급여 수급률이 가장 높았던 연도는 2007년도로 63.5%가 지원되었으나, 점차 감소되어 2014년도에는 32.3%로 지원된 것으로 나타나 2007년도보다 31.2%가 감소된 것으로 나타났다.

생계급여 수급률(%)

자료: 통일부 사이트에서 필자 재구성. http://www.unikorea.go.kr/ (검색일: 2015. 5. 15.)

<그림 2-7> 북한이탈주민 정착 현황(2007년 1월~2014년 9월 말 기준)

8) 북한이탈주민 경제활동 현황

한국에 입국한 북한이탈주민의 경제활동 현황을 <그림 2-8>에서 연도별로 살펴보면, 경제활동 참가율 현황은 2007년 47.9%, 2008년 49.6%, 2009년 48.6%, 2010년 42.6%, 2011년 56.5%, 2012년 54.1%, 2013년 56.9%, 2014년 56.6%로 나타났다. 가장 많이 경제활동에 참가한 연도는 2013년도에 56.9%가 경제활동에 참가했고, 가장 적게 경제활동에 참가한 연도는 2010년으로 42.6%가 경제활동에 참가한 것으로 나타났다.

한편 북한이탈주민의 고용률을 연도별로 분석해보면, 2007년 36.9%, 2008년 44.9%, 2009년 41.9%, 2010년 38.7%, 2011년 49.7%, 2012년 50%, 2013년 51.4%, 2014년 53.1%로 나타났다. 가

장 많은 고용률이 나타난 연도는 2014년도로 53.1%로 나타났으며, 고용률이 가장 적게 나타난 연도는 2007년도로 36.9%로 나타났다. 이 고용률을 분석한 결과 북한이탈주민의 고용률은 꾸준히 증가한 것으로 나타났다.

또한 북한이탈주민의 실업률을 연도별로 분석해보면, 2007년 22.9%, 2008년 9.5%, 2009년 13.7%, 2010년 9.2%, 2011년 12.1%, 2012년 7.5%, 2013년 9.7%, 2014년 6.2%로 나타났다. 가장 많은 실업률이 나타난 연도는 2007년도로 22.9%로 나타났으며, 실업률이 가장 적게 나타난 연도는 2014년도로 6.2%로 나타났다. 이 실업률을 분석한 결과 북한이탈주민의 실업률은 꾸준히 감소한 것으로 나타났다.

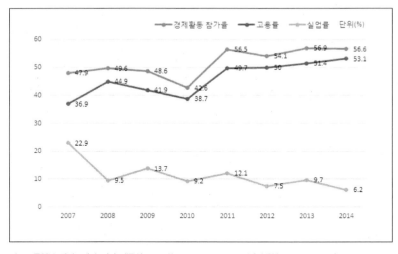

자료: 통일부 사이트에서 필자 재구성. http://www.unikorea.go.kr/ (검색일: 2015. 5. 15.)

<그림 2-8> 북한이탈주민 경제활동 현황(2007년 1월~2014년 9월 말 기준)

2. 북한이탈주민의 지원정책

1) 지원정책의 변천과정

한국에 입국한 북한이탈주민 정책지원의 주요 변화과정을 살펴보면, 지난 1962년 4월에 제정된 「국가유공자 및 월남귀순자 특별원호법」에는 귀순자에게 국가유공자와 동등한 지위를 부여하여 원호대상자로 우대하며, 최초로 체계적인 지원을 실시하게 되었다. 그 이후 1979년 1월에 개정된 「월남귀순용사 특별보상법」의 내용에는 정부에서 귀순자를 사선을 넘어 자유민주주의를 택한 '귀순용사'로 간주하며, 이전보다 더욱 체계화된 지원을 실시하는 근거를 마련하였다.

또한 1993년 6월에 제정된 「귀순북한동포보호법」의 내용에는 귀순자를 국가유공자에서 생활능력이 결여된 생활보호대상자로 전환하며, 정착금 하향조정 등 지원 규모를 대폭 축소시키는 근거를 마련하였다. 1997년 1월에 제정된 「북한이탈주민의 보호 및 정착지원에 관한 법률」의 내용에는 북한이탈주민의 정착지원에 대한 사항으로 1997년부터 2014년 12월 말 현재까지 변화된 내용을 살펴보면, 기존의 '귀순'의 개념을 '북한이탈'로 대체하여 자립·자활능력 배양에 중점을 두다가, 그 이후 북한이탈주민의 교육지원 연령범위 확대 등 생활안정 및 정착지원을 강화하였다.

한편, 북한이탈주민에 대한 정착금의 인센티브제, 임대주택 제공 확대, 정착도우미제도를 도입하고, 이혼특례 조항을 신설, 취업보호기간 확대, 해외 장기체류자 보호범위 확대 등 지원근거를 마련하였다. 북한이탈주민의 정착지원의 연도별 변화된 세부내용은 <그림 2-9>와 같다.

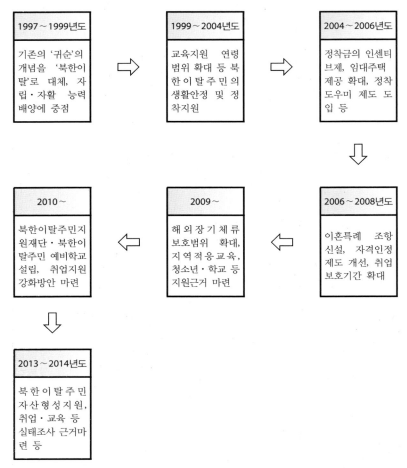

자료: 통일부 사이트에서 필자 재구성, http://www.unikorea.go.kr/ (검색일: 2015. 5. 15.)

<그림 2-9> 북한이탈주민의 정착지원의 주요 변화내용(2015년 5월 현재)

2) 북한이탈주민의 입국 및 정착과정

(1) 북한이탈주민의 정착지원제도

2015년 5월 현재 한국에 입국한 북한이탈주민의 정착지원제도 현황을 도표로 살펴보면 <그림 2-10>과 같다.

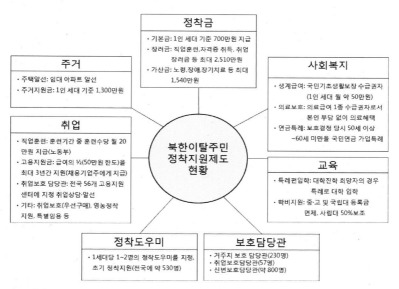

자료: 통일부 사이트에서 필자 재구성. http://www.unikorea.go.kr/ (검색일: 2015. 5. 15.)

<그림 2-10> 북한이탈주민 정착지원제도 현황

(2) 지원제도 유형

① 초기 정착금[33] 지급제도

한국에 입국한 북한이탈주민의 지원정책 중 2005년 5월 이후부터 2013년 4월 30일 이전 사회진출자의 직업훈련 장려금, 직업훈련 추가 장려금, 자격취득 장려금, 취업 장려금 지급기준을 살펴보면 <표 2-1>과 같다. 또한 2013년 4월 30일 이후 사회진출자의 직업훈련장려금, 직업훈련 추가 장려금, 자격취득 장려금, 취업 장려금 지급기준은 <표 2-2>와 같고, 2013년 4월 30일 이전·이후 사회진출자의 직업훈련 장려금, 직업훈련 추가 장려금, 자격취득 장려금, 취업 장려금 지급기준을 그림으로 나타내면 <그림 2-11>, <그림 2-12>와 같다. 또한 정착가산금 지급기준은 <표 2-3>, <그림 2-13>과 같다.

② 주거지원제도

통일부(2015) 자료에 의하면 하나원 퇴소 후 거주지 전입한 북한이탈주민에 대한 임대주택 알선제도에 대하여 살펴보면, 거주 지역 결정은 우선적으로 본인의 의사를 최대한 반영하되, 주택물량이 부족할 경우 차 순위 지역으로 배정을 하게 된다. 배정받은 주택은 그 이후 2년간 통일부장관의 허가 없이 알선된 주택의 소유권, 전세권 또는 임차권을 변경할 수 없도록 하여 주거분실을 방지하기 위한 제도이다.

한편 임대보증금 지급을 위한 주거지원금 지급에 대하여 살펴보

---

33) 통일부 자료에 의하면 초기 정착금 지급액은 2013년 이전: 총 600만 원(초기 정착금 300만 원은 일시불, 나머지 300만 원은 분기별 나눠서 지급함), 2013년 이후: 총 700만 원(초기 정착금 400만 원은 일시불, 나머지 300만 원은 분기별 나눠서 지급함), 더 자세한 내용은 통일부, 「2015 북한이탈주민 거주지 정착지원 매뉴얼」, p.23에 상세함.

면, 1인 세대 기준 주거지원금 1,300만 원을 지원하며, 임대보증금
으로 지급되고 남은 잔여금은 5년의 거주지보호기간이 지난 후 지
급함으로써 북한이탈주민의 주거지원에 대한 보호를 위한 제도를
실시하고 있다.

<표 2-1> 2005. 5. 이후～2013. 4. 30. 이전 사회진출자

(단위: 만 원)

구분	지급기준		금액
직업훈련 장려금	500시간 미만		미지급
	500시간		120
	500시간～1,220시간		120시간당 20(최대 240)
직업훈련 추가 장려금	1년 과정 우선 선정 직종		200
자격취득 장려금	1회 한함		200
취업 장려금	1년차	6개월 이상 1년 미만 신청 시 250 지급	550
	2년차		600
	3년차		650
총액(직업훈련 추가 장려금 제외)			2,240

자료: 통일부 사이트에서 필자 재구성. http://www.unikorea.go.kr/ (검색일: 2015. 5. 15.)

<표 2-2> 2013. 4. 30. 이후 사회진출자

(단위: 만 원)

구분	지급기준		금액	
직업훈련 장려금	500시간 미만		미지급	
	500시간		120	
	500시간～740시간		120시간당 20(최대 160)	
직업훈련 추가 장려금	1년 과정 우선 선정 직종		200	
자격취득 장려금	1회 한함		200	
취업 장려금	6개월	(수도권) 200	(지방) 250	
	1년차	(수도권) 450	(지방) 550	
	2년차	(수도권) 550	(지방) 650	
	3년차	(수도권) 650	(지방) 750	
총액(최고액, 직업훈련 추가 장려금 제외) 수도권 2,010, 지방 2,310				

※ 정착지원 법령의 개정(2014. 11. 29.)으로 2014. 11. 29. 이후 입국하여 보호대상자로 결정된 자에게는
　직업훈련장려금 및 자격 취득 장려금은 미적용
자료: 통일부 사이트에서 필자 재구성. http://www.unikorea.go.kr/ (검색일: 2015. 5. 15.)

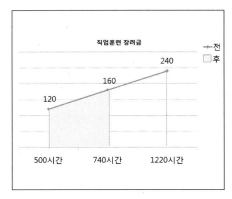

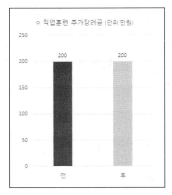

자료: 통일부 사이트에서 필자 재구성, http://www.unikorea.go.kr/ (검색일: 2015. 5. 15.)

<그림 2-11> 2013. 4. 30. 이전·이후 사회진출자 (단위: 만 원)

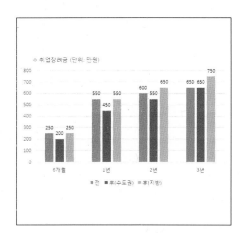

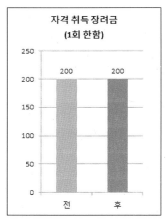

자료: 통일부 사이트에서 필자 재구성, http://www.unikorea.go.kr/ (검색일: 2015. 5. 15.)

<그림 2-12> 2013. 4. 30. 이전·이후 사회진출자 (단위: 만 원)

<표 2-3> 정착가산금 지급기준

(단위: 만 원)

구분	지급기준	지급 수준
연령 가산금	60세 이상	720
장애 가산금	장애 등급별	1,540(1급), 1,080(2~3급), 360(4~5급)
장기치료 가산금	중증질환으로 3개월 이상 입원	개월×80
한 부모 가정 아동보호 가산금	만 13세 미만 편부모 아동	360

자료: 통일부 사이트에서 필자 재구성, http://www.unikorea.go.kr/ (검색일: 2015. 5. 15.)

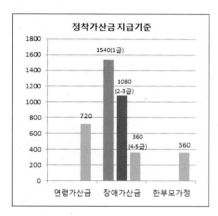

자료: 통일부 사이트에서 필자 재구성, http://www.unikorea.go.kr/ (검색일: 2015. 5. 15.)

<그림 2-13> 정착가산금 지급기준 (단위: 만 원)

③ 취업지원제도

통일부(2015) 자료에 의하면 정부는 북한이탈주민 취업을 지원하기 위하여 직업훈련 기회를 제공하고, 사업장을 알선하며, 지역별 취업사업을 실시하고, 북한이탈주민을 고용하는 사업주에게 <그림 2-14>와 같이 고용지원금을 지급하여 북한이탈주민의 취업률을 높이고자 하였다. 특히 고용노동부와 통일부는 2006년부터 북한이탈주민의 직업훈련과정을 쉽게 따라갈 수 있도록 예비반 성격의 '기초직업적응훈련' 과정을 하나원에 도입하여 운영함으로써 북한이탈주민의 취업지원에 도움을 주고자 하였다.

하나원은 사회에 진출하는 북한이탈주민의 자립·자활을 지원하기 위해서 2001년에 고용노동부·직업훈련기관·기업체가 협력하여 '맞춤형 직업훈련' 취업연계프로그램을 추진하였으며, 이 프로그램은 북한이탈주민의 특성에 맞추어 모집-훈련-채용의 일관성을 확보하고자 하는 시범사업으로 실시하였다. 이러한 사업들은 북한이탈주민의 자립·자활을 위해 정부와 민간의 선도적 협력 모델로서 의미가 있다고 할 것이다.

또한 고용노동부 산하 전국 56개 종합고용지원센터에 57명의 전문적인 취업상담 공무원이 북한이탈주민 취업보호담당관으로 지정되어 이들로 하여금 북한이탈주민의 진로지도를 지원하고 직업훈련기관을 알선하는 한편, 이들을 고용할 의사가 있는 사업장을 연결하는 업무를 담당하게 하였다.

한편, 정부는 북한이탈주민을 고용하는 사업주에게 임금의 2분의 1에 해당하는 금액을 지원해주는 고용지원금 제도를 시행하였으며, 이 제도는 2014년부터 고용지원금 지급기간을 3년에서 4년으로 연장하여 고용을 촉진시키고자 하였으나, 단 사업주가 고용지원금 혜택을 4년 반까지 받기 위해서는 북한이탈주민이 동일 사업장에서 계속 근무를 할 수 있게 하여야 한다.

④ 사회보장제도

통일부(2015) 자료에 의하면 정부는 북한이탈주민을 위한 사회보장제도에는 「국민기초생활보장법」에 따라 이들의 소득 인정액이 최저 생계비에 미달하는 경우에 '생계급여'를 지원하며, 「의료급여법」에 따라 생활이 어려운 북한이탈주민을 대상으로 의료혜택을 지원토록 하였다.

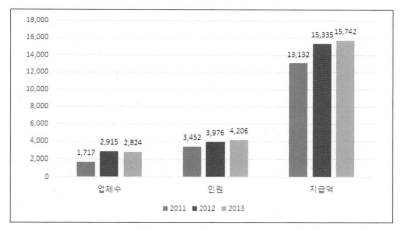

자료: 통일부 사이트에서 필자 재구성, http://www.unikorea.go.kr/ (검색일: 2015. 5. 15.)

<그림 2-14> 고용지원금 지급현황 (단위: 백만 원)

한편 생계급여의 경우, 북한이탈주민이 하나원을 수료하고 사회에 나온 뒤 6개월까지는 조건부과를 면제하여 수료한 자는 전원 6개월까지 <표 2-4>와 같이 생계급여 혜택을 받도록 지원하였다. 6개월이 경과한 이후에는 조건부 수급권자로 편성하고 자활사업에 참여하는 것을 조건으로 현금을 지급하였으나, 다만 세대구성원이 모

두 근로능력이 없다고 판단되는 경우에는 세대구성원의 수보다 1명을 더 추가하여 현금 급여액을 산정하여 지급토록 하였다. 또한 생활이 어려운 북한이탈주민과 그 가족은 「의료급여법」이 정하는 소득인정액 기준에 따라 1종 의료급여 수급권자로 지정되어 진찰과 치료를 비롯한 의료혜택을 지원하였다.

<표 2-4> 최저생계비 지급 기준

(단위: 원)

구분	보장기준	1인	2인	3인	4인	5인	6인	7인
근로 능력 북한이탈 주민	최저생계 비 기준	617,281	1,051,048	1,359,688	1,668,329	1,976,970	2,285,610	2,594,251
근로 무능력 북한이탈 주민	특례적용 소득 인정액 기준	1,051,048	1,359,688	1,668,329	1,976,970	2,285,610	2,594,251	2,098,361
현금급여 기준		499,288	850,140	1,099,784	1,349,428	1,599,072	1,848,716	2,098,361

※ 8인 이상 가구는 7인 가구 선정에서 6인 가구 선정기준을 뺀 차액을 가구원 수 1인 증가 시마다 가산
자료: 통일부 사이트에서 필자 재구성, http://www.unikorea.go.kr/ (검색일: 2015. 5. 15.)

⑤ 교육지원제도

통일부(2015) 자료에 의하면 정부는 북한이탈주민이 북한이나 제3국에서 이수하였던 학력을 인정받아 교육관계 법령이 정하는 바에 따라 대학에 진학하거나 사회활동 하는 데 지장이 없도록 지원을 하고 있다. 교육부는 지난 2008년 2월 「초중등교육법 시행령」을 개정하여 북한이탈주민을 위한 학력심의위원회의 근거 규정을 마련하였으며, 이에 따라 북한이탈주민이 고등중학교 이하 학력을 인정받고자 하는 경우 시·도교육청 산하 학력심의위원회 심의를 거쳐야 하고, 전문학교 이상은 교육부장관의 인정을 받도록 하였다. 이렇게

학력인정 절차가 이원화된 것을 초·중등교육 업무의 지방이양이라는 큰 흐름 속에서 북한에서 수학기관이 아니라 연령·수학능력을 종합적으로 고려하여 학력을 인정하기 위한 제도라고 할 수 있다.

북한이탈주민이 대학에 진학하는 경우에는 일반대학이나 교육대학은 만 35세 미만의 북한이탈주민으로서 거주지 보호기간 중이거나 고등학교 졸업 이상의 학력을 인정받는 날부터 5년 이내에 입학(편입학)하는 경우 학비지원을 국·공립대학교는 학교에서 전액 면제해주고, 사립대학교의 경우에는 학교에서 50%, 정부에서 50% 지원하여 학업에 도움을 주고자 하였다. 또한 산업대학과 전문대학, 기술대학, 사이버대학, 기능대학 및 그 이외에 「평생교육법」에 의한 평생교육시설, 「학점인정 등에 관한 법률」에 의한 교육훈련기관에 입학할 경우 연령과 관계없이 고등학교 졸업 이상의 학력을 인정받는 날로부터 5년 이내에 입학(편입학)하는 경우 학비지원이 가능하도록 하였다.

한편, 북한이탈주민의 국내 입국 인원이 증가하면서 가족동반 또는 단독으로 입국하는 북한이탈청소년의 숫자도 지속적으로 증가하여, 총 입국 인원 중 10대 청소년이 12% 정도를 차지하고 있으며, 이들 중 일부는 남·북한 간 이질화된 문화 및 탈북과정에서의 학업중단 등으로 학교생활에 적응하는 데 적잖은 어려움을 겪고 있기에, 이러한 북한이탈청소년들의 사회적응, 일반학교 편입지원을 위해 디딤돌학교 성격의 탈북청소년 특성화 학교인 한겨레 중고등학교 운영 지원과 그 밖에도 민간단체에서 운영하는 보호시설 및 대안학교도 다수 운영지원을 하고 있다.

⑥ 거주지 보호제도

통일부(2015) 자료에 의하면 정부는 하나원을 수료 후 거주지에 주택을 배정받아 편입한 북한이탈주민을 위해 정착도우미와 보호담당관 및 남북하나재단(북한이탈주민지원재단)과 각 지역협의회, 지역 민간단체로부터 다양한 유형의 지원을 하도록 하였다. 아울러 거주지에 편입되는 북한이탈주민에 대해 초기 집중교육(2주, 6시간 이상)과 '지역적응지원'을 통해 신속한 지역사회적응과 자립·자활기반 조성을 지원하였고, 2009년에는 6곳 시범실시에 이어 2015년에는 전국 29곳을 정식 운영하고 있다. 또한 지방자치단체의 참여와 민간단체의 역량 강화를 통해 북한이탈주민의 증가에 대비한 저비용 고효율의 정착지원체계를 구축하여 지역 적응교육을 실시하였다.

한편 거주지에 편입한 이후 초창기에 일상생활과 주변 환경에 적응하는 데 어려움을 겪는다는 점을 감안하여 민간 자원봉사자를 활용하여 지역사회의 정착을 지원하는 사업으로 실시하게 된 정착도우미 제도는 2005년 1월부터 시행하였으며, 이러한 정착도우미는 북한이탈주민이 거주지에 편입된 이후 1년 동안 지역사회를 안내하고 상담자 역할을 수행하도록 하였다.

보호담당관 제도는 보호담당관을 취업보호담당관[34] 외에 거주지 보호담당관과 신변보호담당관으로 분류하였으며, 거주지보호담당관의 역할은 각 지방자치단체별로 지정되어 거주지 편입과정에서부터 주민등록, 생계급여 지급, 의료급여 대상자 지정 등 사회보장제도의

---

34) ○○시에 거주하고 있는 2009년에 입국한 북한이탈주민 G씨(50대 여성)의 말에 의하면 한국에 와서 살면서 본인이 취업하는 데 취업보호담당관의 도움을 한 번도 받은 적이 없다고 하였다. 취업보호담당관제도가 있는지조차 몰랐다고 말하였다.

편입과 증명서 발급과 같은 각종 행정지원 업무를 담당하도록 지정하였으며, 신변보호담당관은 북한이탈주민의 거주지 관할 경찰서에서 지정하여 북한이탈주민의 신변을 보호하고 관련 상담업무를 수행하도록 하였으며, 2015년 1월 현재 전국적으로 800여 명의 경찰관이 신변보호담당관의 임무를 맡아 활동하고 있다.

또한 지역 내 보호담당관과 지역사회 복지관, 민간단체 등을 중심으로 구성된 지역협의회는 2015년 1월 기준 북한이탈주민이 밀집 거주하는 지역을 중심으로 101개의 지역협의회가 있으며, 각 지역협의회에서는 북한이탈주민의 정착과정에서 필요한 생활실태 자료를 파악하고 각종 애로사항 해결을 위해 협조체제를 구축하는 역할을 수행하도록 하였다. 아울러 북한이탈주민의 심층적 이해를 바탕으로 종합적 상담서비스를 제공하는 북한이탈주민 전문상담사를 육성하였으며, 이들을 2015년 1월 기준 92명을 현장에 배치하여 24시간 콜센터를 운영하는 등 북한이탈주민을 위하여 전문상담사 제도를 실시하고 있다.

■■■■ 제3장

연구절차 및 윤리적 고려

제1절 내러티브 탐구 절차

제2절 연구 신뢰성 및 윤리적 고려

저자는 1999년 10월에 업무와 관련하여 동해상으로 여객선을 이용하여 2박 3일의 금강산 견학을 다녀온 적이 있다. 그 이후 다시 2006년 2월에 2박 3일의 일정으로 관광버스를 이용하여 육로를 통하여 금강산 견학을 다녀왔다. 북한의 금강산 입구에 위치한 온정리 마을은 처음 견학을 다녀온 1999년 10월보다 많이 변해 있었고, 그 동안에 금강산 호텔 투숙이 가능하고 온천장에서 온천욕을 할 수 있을 정도로 변화되어 있었다.

지난 1999년 10월에 분단 이후 처음 보았던 북한 안내원들의 차가운 이미지와는 달리 금강산 관광이 시작된 지 7년이 지난 이후의 2006년 2월의 북한 안내원들의 상냥하고 부드럽게 대해주는 변화된 모습에 북한이 조금씩 변하기 시작하는 느낌을 받았다. 이와 같이 따뜻한 동포애를 진하게 느끼면서 하루빨리 남북이 통일이 되어 자유롭게 오고갈 수 있었으면 하는 통일에 대한 간절한 소망이 가슴 속에서 솟아올랐다.

- 본문 중에서

본 연구에서는 내러티브 탐구의 개발자인 클랜디닌과 코넬리 (Clandinin & Connelly)의 내러티브 탐구방법을 활용하여 본 연구와 연관시켜 연구과정과 연구 참여자 선정, 연구 참여자 소개, 자료수집 기간 및 방법, 연구 타당성과 신뢰성, 연구 참여자에 대한 윤리적 고려 등의 연구절차를 살펴보고자 한다.

제1절 내러티브 탐구 절차

클랜디닌과 코넬리(Clandinin & Connelly, 2000)는 내러티브 탐구를 통한 경험의 의미를 찾는 것은 하나의 연구방법이면서 동시에 과정이라고 말하고 있다. 내러티브 탐구의 진행과정은 <그림 3-1>과 같이 현장으로 들어가기(Being in the Field), 현장에서 현장 텍스트 구성하기(From Field to Field Text), 현장 텍스트 구성(Composing Field Text), 현장 텍스트에서 연구 텍스트 구성하기(From Field Text to Research Text), 연구 텍스트 구성(Composing Research Text) 단계로 설명하였다. 이 단계들은 명확히 구분되는 것은 아니며, 단계와 단계가 서로 겹치고 중복되기도 하고, 이 모든 과정은 왔다 갔다 하면서 연구가 진행될 수 있다.

1. 현장으로 들어가기(Being in the Field)

현장으로 들어가기 단계에서는 연구자가 연구의 동기를 생각하고, 연구 목적에 적합한 현장을 물색하고, 자료수집에 들어가기 전에 현장을 방문하여 관계자 및 연구의 참여자들과 만나면서 현장에 익숙해져야 한다. 내러티브 탐구에서 연구의 동기는 대부분 개인적인 관심이나 전문적인 지식에서 시작되므로, 연구자는 자신의 특정한 관심의 근원인 자서전적인 경험 이야기를 씀으로써 연구를 시작할 수 있다. 이러한 글쓰기는 대부분 '나의 경험이야기', '내러티브의 시작'으로 표현하며[35] 연구자와 연구 참여자의 관계에 있어 이 단계는 매우 중요한 의미를 가지는데, 그것은 연구자가 연구 참여자와 어떠한 관계를 유지할 것인가에 대한 협의, 연구목적에 대한 협의, 언제 연구현장을 떠날 것인가에 대한 협의 등을 중점적으로 해결해야 한다.[36]

본 연구자는 평소부터 북한에 대한 관심을 많이 가지고 있었다. 북한에 대해서 개인적으로 관심을 갖게 된 배경은 1988년 2월에 연구자가 공직사회에 첫발을 내딛은 이후부터 현재까지 민주평화통일업무 등 다양한 지방행정업무를 수행하던 중에 북한이탈주민들과 많은 대화를 나누면서부터였다. 또한 지난 1998년의 북한은 김대중정부의 햇볕정책 등에 힘입어 1998년 11월 18일부터 한국의 민간인들에게도 금강산 관광을 허용한 것은 남북이 분단된 지 약 50년 만에 이루어진 역사적인 사건이었다. 연구자는 그 이듬해인 1999년 10월에 업무와 관련하여 동해상으로 유람선을 이용하여 2박 3일의 금강산 견학을 다녀온 적이 있다. 그 이후 다시 2006년 2월에 공무원 전문통일교육과정 2박 3일의 일정으로 관광버스를 이용하여 육로를 통하여 금강산 견학을 다녀왔다. 북한의 금강산 입구에 위치한 온정

---

35) 염지숙(2003), 앞의 글, p.127.
36) 안영미(2008), 「내러티브 탐구를 통한 두 남성 노인의 삶과 죽음에 관한 이해」, 이화여자대학교 대학원 박사학위 논문, p.29.

리 마을은 처음 견학을 다녀온 1999년 10월보다 많이 변해 있었고, 그동안에 금강산 호텔 투숙이 가능하고 온천장에서 온천욕을 할 수 있을 정도로 변화되어 있었다. 지난 1999년 10월에 분단 이후 처음 보았던 북한 안내원들의 차가운 이미지와는 달리 금강산 관광이 시작된 지 7년이 지난 이후의 2006년 2월의 북한 안내원들의 상냥하고 부드럽게 대해주는 변화된 모습에 북한이 조금씩 변하기 시작하는 느낌을 받았다. 그들의 변화된 행동에서 따뜻한 동포애를 진하게 느끼면서 하루빨리 남북이 통일이 되어 자유롭게 오고갈 수 있었으면 하는 통일에 대한 간절한 소망이 가슴 속에서 솟아올랐다.

또한 2007년 8월에 독일 여행 시 지금은 무너진 베를린 장벽 바로 뒤에 있는 브란덴부르크 문을 관광했을 때 문득, 지난 1949년 독일은 동·서독으로 분리되었다가 1989년 11월 9일 마침내 베를린 장벽이 무너지고, 1990년 10월 3일에 독일은 동·서독이 통일되었던 기억들을 상기시키면서 대한민국도 하루빨리 남북통일이 되기를 기대하는 마음이 간절하게 들기도 하였다. 따라서 연구자는 북한, 독일의 방문과 북한이탈주민들에 대한 지방행정업무를 수행해온 경험을 계기로 북한에 대한 관심이 높아졌으며 남북통일을 위해 조그마한 역할이라도 하고 싶은 열정이 생기기 시작하였다.

이에 연구자가 깊이 있게 알지 못하고 있는 북한을 바로 알기 위하여 통일부 통일교육원의 전문교육 과정을 수료하였다. 이어서 대학원에 진학하여 북한에 관한 전문지식을 습득하고자 노력하여 왔다. 이러한 배움의 과정을 거쳐서 저자는 평소 관심을 가지고 연구하고 싶었던 북한이탈주민의 북한에서의 생활, 탈북과정, 한국사회에서 성공적으로 적응하기까지 시간과 공간의 흐름에 따라 어떠한 경험을 하였는지 연구목적에 적합한 연구 참여자를 찾기 시작했다.

1) 연구과정

연구자가 북한이탈주민에 관심을 갖고 "수도권 북한이탈주민의 남한사회 적응에 관한 연구"라는 주제로 연구를 시작하였다. 당초 연구의 방향은 수도권에 거주하고 있는 북한이탈주민을 대상으로 설문조사를 실시한 다음 통계분석을 통하여 설문결과를 논의하려고 계획하였다. 먼저 설문지 구성을 위하여 선행연구 및 관련 자료들을 분석하였다. 선행연구 및 관련 자료들을 분석하는 과정에서 객관적인 질문지로 설문에 답변을 하는 통계방식의 연구는 본 연구자가 의도한 바와 다르다고 판단되었다.

본 연구자는 연구 참여자의 북한에서의 생활과 탈북동기와 탈출 과정, 한국사회 적응과정과 북한의 실상에 대한 구체적인 인터뷰를 통하여 북한이탈주민을 깊이 있게 이해하고 적응을 어렵게 하는 문제점을 도출해내려고 하였다. 설문조사는 이러한 본 연구자의 의도와는 다른 조사방법임을 판단하고 본 연구의 목적을 위하여 가장 적합한 연구방법을 지도교수님과 상담 후 한 명의 북한이탈여성을 연구 참여자로 선정하기로 하였다. 연구 참여자를 대상으로 집중적인 인터뷰를 통하여 그 사람의 북한에서의 생활과 북한탈출 과정, 한국 사회 적응하기까지의 경험에 대하여 자서전이나 생애사를 연구한다는 생각으로 접근해서 연구할 수 있는 내러티브 탐구방법을 채택하기로 하였다. 내러티브 탐구방법에 대하여 부족한 지식을 보충하고자 관련 서적[37]과 기존의 선행연구 및 관련 자료들을 분석하여 연구방법을 습득하고 기존의 연구방법보다 좀 더 새로운 인터뷰 방법을 처음 시도하여 의도하였던 것보다 더 많은 정보들을 도출해내고자 하였다.

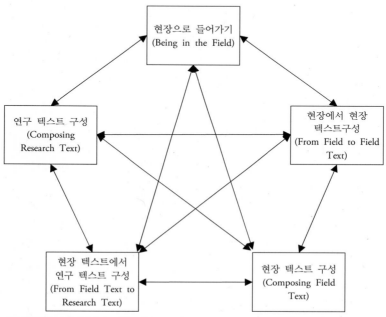

자료: 안영미(2008), 「내러티브 탐구를 통한 두 남성 노인의 삶과 죽음에 관한 이해」, 이화여자대학교 대학원 박사학위 논문, p.29

<그림 3-1> 내러티브 탐구 절차 모형

2) 연구 참여자 선정

이 연구에 참여할 수 있는 가장 적합한 북한이탈여성들 중 한 명

---

37) 김두섭 옮김(2013), 『질적 연구방법론』, 서울: 나남; 조성남, 이현주, 주영주, 김나영(2011), 『질적 연구방법과 실제』, 서울: 그린; 조홍식, 정선욱, 김진숙, 권지성(2015), 『질적 연구방법론-다섯 가지 접근-』, 서울: 학지사; 슬라보미르 라비치 지음, 권현민 옮김(2011), 『웨이백』, 서울: (주)스크린셀러 등.

을 연구 참여자로 선정하는 작업은 매우 어려운 일이었다.

본 연구 참여자는 자신이 북한에서부터 한국사회 적응하기까지의 경험을 솔직하게 이야기해주지 않으면 연구 자료를 수집할 수 없다는 것은 명백하다고 생각하였다. 이를 위해 연구 참여자를 선정하는 데 몇 가지 기준을 정했다.

첫째, 연구 참여자가 60대 북한이탈여성으로 북한에서부터 한국사회 적응하기까지의 경험이 풍부한 사람이어야 한다.

둘째, 한국에 입국하여 10년 이상 거주하면서 남한사회에 성공적으로 적응을 잘하고 있는 북한이탈여성이면서 장시간의 인터뷰에 응할 수 있는 시간적 여유가 있는 안정적인 전문 직업을 갖고 있는 사람이어야 한다.

셋째, 연구 참여자가 본 연구의 목적을 이해하고 필요성을 공감하며, 연구자와 연구 참여자 간의 신뢰관계 형성을 할 수 있는 사람이어야 한다.

이러한 연구 참여자로 적합한 사람을 찾는다는 것은 쉽지 않았으나 1년 전에 연구와 관련하여 지인의 소개로 알게 된 북한이탈여성에게 사전에 전화로 약속한 후 직접 만나서 연구 전반에 대해서 설명을 드렸다. 이 연구가 연구자만을 위한 연구가 아니라 북한을 탈출하여 한국에 입국한 모든 북한이탈주민들에게도 조금이나마 영향을 미칠 수 있다는 명분과 이러한 연구는 곧 다가올 미래의 남북통일에도 밑거름 역할을 할 수 있을 것이라고 충분한 명분을 만들어 협조를 구했다. 이러한 연구의 목적을 들은 연구 참여자로부터 흔쾌히 좋은 연구라며 적극 협조해주겠다는 승낙을 받은 후, 연구자는 연구 참여자로 협조해주신 데 대하여 감사의 뜻으로 연구자나 연구 참여자가 부담되지 않은 선에서 소정의 사례금을 드리기로 약속을 했다.

이렇게 연구 참여자를 선정한 후 그다음에는 어떻게 10시간 이상 장시간 집중적으로 인터뷰를 실시할까 고민하다가 기존의 연구자들은 내러티브 탐구를 위해 어느 장소를 선택하였는지 분석해보니, 기존의 연구자들은 대부분 인터뷰 장소를 자택, 사무실, 커피숍 등에서 이루진 것으로 나타났다.

연구자는 연구 참여자가 운영하는 북한이탈주민 ○○상담소를 찾아가서 커피 한잔 마시면서 사무실 분위기가 인터뷰 장소로 적합한지를 파악하였다. 사무실 분위기는 사람들이 왔다 갔다 하며, 가끔 전화가 오면 전화를 받고 설명해주는 등 주위가 산만하여 장시간 사무실 내에서 인터뷰를 하였을 시에는 집중도가 떨어질 것으로 예상되었다. 따라서 인터뷰 장소로는 적합하지 않다고 판단하여 사무실에서의 인터뷰는 포기하였다.

그다음은 또 다른 인터뷰 장소를 물색하던 중 커피숍에서의 인터뷰는 어떨까 하고 고민을 해보니 기존의 내러티브 탐구를 한 연구자들은 장시간이 아닌 짧은 시간에 인터뷰로 커피숍에서 인터뷰는 가능했을지도 모른다. 그러나 본 연구는 장시간의 인터뷰가 필요하기 때문에 한 커피숍에서 6시간 이상 장시간 앉아서 북한과 관련한 내용들에 대해 인터뷰를 한다는 것은 주위 사람들을 의식하게 되고 그러다 보니까 분위기가 경직되어 마음속에 있는 이야기를 편안하게 나눌 수 있는 분위기가 전혀 아니라고 판단되어 커피숍에서 인터뷰 방법은 포기하였다.

이렇게 집중적으로 주위의 방해 없이 장시간에 걸쳐 인터뷰를 할 수 있는 방법이 무엇이 있을까 고민하다가 문득 기발한 아이디어가 떠올랐다. 바로 연구자와 연구 참여자 단 둘이서만 여행하면서 인터 뷰를 진행하는 방법이 떠올랐다. 아직까지 그 어느 연구자도 이 방 법을 통해서 인터뷰를 한 사실이 밝혀진 바 없지만 본 연구자는 확 신이 서기 시작하였다. 연구 참여자에게 충분한 설명과 이해를 구하 고 3일간 여행을 하면서 하루에 8시간 이상 인터뷰를 하는 것으로 마음 결정을 했다. 하루에 8시간 이상 장시간을 어떻게 해야 지루하 지 않고 편안하게 북한에서부터 있었던 이야기를 할머니가 손자에 게 호랑이 담배 피우던 시절의 이야기를 술술 해 주듯이 할 수 있을 까를 고민하였다. 그 결과 편안한 분위기를 조성하는 것이 관건(關 鍵)이라는 생각을 했다.

연구자와 연구 참여자가 여행을 하면서 단 둘이 집중해서 인터뷰 를 하는 것은 쉽지는 않아 보였다. 연구자는 곰곰이 여러 가지 방법 들을 고민하다가 문득 남녀가 단 둘이 승용차로 3일간 장거리 여행 을 떠나는 모습을 상상해 보았다. 곧 영화 속 한 장면처럼 차 안에서 단 둘이 대화를 나누면서 이동 중에 창문 밖으로 보이는 멋진 경치 를 보면서 감탄사가 저절로 나오는 이런 모습들을 상상해 보았다. 이렇듯 연구자가 상상한 것을 현실적으로 이루기 위해 연구 참여자 와 함께 3일간의 자가용 여행을 떠나기로 마음을 정하였다.

장소는 연구 참여자가 한국에 입국하여 살면서 가보지 않았거나 가보고 싶은 장소로 결정한 후 자가용으로 장거리 여행 도중에 창문 밖으로 보이는 남한에서의 새로운 장면들을 보면 틀림없이 마음이 들뜨면서 지루하지 않고 설레는 마음으로 서로가 충분한 대화를 나 눌 수 있을 것이라고 판단하였다.

우선 3일간의 여행계획을 작성하였다. 주인공인 연구 참여자를 중심으로 영화 시나리오 작성하듯이 연구 참여자에게 3일간의 여행에 동참해줄 것과 남한에 와서 한 번도 가보지 않은 장소를 선정한 후, 아침 일찍 집에서 출발하여 저녁 늦게 집에 도착하는 일정으로 여행에 동참해줄 것을 요청하여 승낙을 받고 3일간의 여행을 떠나게 되었다. 승용차 안에서 인터뷰 내용을 스마트폰으로 녹취를 하기로 결정하였다.

여행 첫째 날, 아침에 연구 참여자의 아파트 주차장에서 만나 강화도를 여행하기로 하였다. 강화도로 이동하면서 북한에서 태어나면서부터의 이야기를 들으면서 강화도 내 동막해수욕장과 마니산 등 강화도 일대를 여행하였다. 여행 둘째 날에는 망향의 얼이 새겨진 파주 임진각 주변을 여행하기 위하여 자유로를 따라 이동하다가 통일전망대를 경유한 후, 임진각에 도착하여 임진강 건너 북녘 하늘을 보며 잠시 회상에 잠기는 분위기 속으로 접근하였다. 셋째 날에는 더 많은 인터뷰 시간을 확보하기 위하여 연구 참여자가 한 번도 가보지 않았다는 강원도 경포해변 일대의 동해 바다를 여행하기로 결정했다.

3) 연구 참여자로 갖고 있는 의미와 특징

(1) 연구 참여자로 선정된 이유와 갖고 있는 의미

이 연구 참여자로 선정된 이유와 갖고 있는 의미는 다음과 같다.

첫째, 연구 참여자는 본 연구의 목적을 충분히 이해하고 필요성을 공감하며, 연구자와 연구 참여자 간의 신뢰관계가 이미 형성되어 있었다. 둘째, 연구 참여자는 북한이탈주민의 70%가 여성인 점을 고려하여 60대 북한이탈여성을 선정하였다. 60대 여성을 선정한 이유는 연구에 참여할 시간적 여유가 있고, 한국사회에 안정적으로 적응하고 있는 사람이어야 하기 때문에 현재 북한이탈주민 상담소장으로 있는 연구 참여자를 선정하게 되었다.

셋째, 북한을 탈출하여 한국에 입국한 지 10년 이상의 정착기간을 거쳤기 때문에 북한이탈여성의 한국사회 적응에 관해서 다른 북한이탈주민보다 연구 참여자만의 노하우(Know-how)와 일정한 경험을 축적하고 있다. 그래서 연구 참여자가 한국사회에서 10년 이상의 적응기간을 두고 그동안 적응을 위해 어떠한 경험을 하였는지 적절한 정보를 얻을 수 있다고 판단되었다.

넷째, 한국에 입국하여 적응하고 또 다른 북한이탈주민들의 적응과정에 관하여 상담하는 그런 상담업종에 종사하고 있기 때문에 연구 참여자를 통해서 다른 북한이탈주민들의 전반적인 한국사회 적응과정에 대한 접근 관찰이 용이한 측면도 있다.

다섯째, 연구 참여자는 북한에서도 고등교육을 받았고, 학교 교육자로서 활동하였다. 남한에 와서도 다시 고등교육의 학문절차를 밟아서 ○○대학교에서 ○○박사 학위를 취득하였다. 현재 ○○사이버대학교 교수로 활동 중에 있고, 북한이탈주민 상담소장으로서의 전문직업을 가지고 있다.

따라서 연구 참여자가 북한이탈주민이면서 북한생활과 남한에 와서 적응했던 경험 등에 대한 설명을 고등교육을 받지 못한 북한이탈주민들에 비해서 좀 더 지적이면서도 조리 있게 설명을 할 수 있는 능력을 갖추고 있다는 것이다. 우리가 경험하지 않은 상황을 이해하기 쉽고 조리 있게 설명한다는 것은 인터뷰 자료로 활용하기에 대단히 중요한 의미를 가지고 있다.

(2) 연구 참여자의 일반적인 특징

연구 참여자의 일반적인 특징을 살펴보면, 올해 나이 60대인 천연화[38](가명)는 2남 4녀 중 장녀로 태어났다. 25세에 결혼하여 슬하에 2자매를 두고 있다. 자매들은 모두 출가했으며, 현재는 홀로 서울특별시 ○○지역에 거주하고 있다. 북한에서 직장생활과 군대 입대하여 군 생활을 하였으며, 인민학교(초등학교) 교사생활을 하다가 2004년도에 북한에서 탈출하여 한국에 입국한 북한이탈여성이다.

한국에 입국한 지 10년 이상 되었으며, 현재까지 한국에서 안정적으로 적응하여 행복한 삶을 살고 있다. 연구 참여자에게 인상 깊었던 것은 본 연구에 많은 관심을 가지고 있었으며, 자신과 같이 북한이탈주민을 위한 봉사하겠다는 의지가 강했다. 늘 자신을 위한 자기계발을 해오신 분이라고 생각되었고, 머지않은 미래에 남북통일이 꼭 이루어지기를 간절히 소망하고 있는 연구자와 공통된 마음으로 본 연구를 위해 진심으로 많은 협조를 해주신 분이라고 기억된다.

연구 참여자의 일반적인 특징을 정리하면 <표 3-1>과 같다.

<표 3-1> 연구 참여자의 일반적인 특징

성명 (가명)	성별	연령	출신지역	남한거주 기간	북한에서 직업	남한에서 직업	결혼 유무	비고
천연화	여	60대	함경남도	10년	교사	○○○ 상담소장	유	

---

38) 연구자가 연구 참여자를 천연화(가명)로 정한 것은, '최석준 가수가 불렀던 천년화(천년꽃)' 노래 가사 중에 "(...)하늘이 맺어주신 소중한 당신이기에, 백년이 지나고 천년이 지나도, 지지 않는 꽃처럼 남아주세요. 천년화로 피어 주세요(...)"의 노래 가사처럼 머지않은 미래에 남북통일 되어 실제로 남북여행을 할 수 있는 날이 오기를 희망하는 뜻에서 '천연화'로 정하였음.

2. 현장에서 현장 텍스트로(From Field to Field Text) 그리고 현장 텍스트 구성하기(Composing Field Text)

이 단계는 내러티브 탐구자가 현장으로 들어가서 자료 수집을 하며 현장 텍스트를 쓰는 일을 생각하는 단계이다.[39] 또한 "Clandinin & Connelly(2000)는 내러티브 탐구에서 말하는 자료는 기존에 있던 것을 찾아내거나 발견하는 것이 아니라 연구자와 연구 참여자가 연구 현장의 경험들을 보는 견해에 의해 새롭게 창조되는 것이므로 현장 텍스트가 된다고 하였다. 연구 인터뷰, 대화, 자서전적 글쓰기, 가정사, 사진, 삶의 경험들 이 모든 것이 귀중한 현장 텍스트가 된다"고 하였다.[40]

이러한 "현장 텍스트를 쓸 때, 연구자는 연구가 진행되는 동안 참여자가 무엇을 말하고 행동하는가 뿐 아니라, 연구에 참여하는 일에 대한 그들의 느낌이나 생각에도 관심을 가지고 기록해야 한다. 참여자의 연구 참여 경험 또는 연구 텍스트로 구성될 수 있기 때문이다. 따라서 연구자로서의 우리는 누구인가 그리고 참여자와 어떤 관계를 유지해왔는가 등이 현장 텍스트, 나아가 연구 텍스트를 구성하는 일에까지 영향을 미칠 것이다."[41]

1) 자료수집 기간

본 연구를 위한 자료수집 기간은 2012년 3월부터 2015년 4월까

---

39) 염지숙(2003), 「교육연구에서 내러티브 탐구(narrative inquiry)의 개념, 절차, 그리고 딜레마」, 『교육인류학 연구』, 6(1): 127.

40) Clandinin & Connelly(2000); 안영미(2008), 앞의 글, p.38에서 재인용.

41) 염지숙(2003), 위의 글, p.129.

지 글쓰기 이전 단계라고 할 수 있다. 이 시기에는 연구 주제와 관련된 문헌고찰을 위해 국회전자도서관이나 국립중앙전자도서관에서 제공되지 않는 자료를 확보하기 위해 직접 여의도 국회도서관과 서울 서초구에 위치한 국립중앙도서관을 방문하여 각종 자료들을 확보하였다. 또한 인터뷰를 위하여 연구 참여자를 만나서 북한에서 태어나서 현재까지의 경험에 대하여 이야기를 듣고 인터뷰 자료를 수집하였다.

2) 자료수집 방법

문헌 고찰은 정부기관의 문서, 국회도서관, 국립중앙도서관, 단행본, 전문서적, 학위논문, 학술지, 각종 언론보도 내용, 인터넷 검색 등을 통하여 자료를 수집하였으며, 인터뷰 자료는 연구 참여자의 동의하에 2015년 4월 3일부터 4월 5일까지 3일간의 여행을 하면서 이동 중에 스마트폰으로 대화내용을 모두 녹취하여 인터뷰 자료로 수집한 뒤 녹취된 전체 내용을 전사하여 자료를 확보하였다.

3. 현장 텍스트에서 연구 텍스트로(From Field Text to Research Text) 그리고 연구 텍스트 구성하기(Composing Research Text)

염지숙은 현장 텍스트는 데이터 또는 자료라고 부르는 것을 일컫는다고 했으며, 내러티브 탐구에서 현장 텍스트라는 용어를 사용하는 이유는 그러한 데이터 또는 자료는 "발견하거나 찾는 것이 아니라 현장 경험의 양상을 나타내기 위해 참여자와 연구자에 의해 창조

된 것"[42]이고, 이 자료는 곧 현장 텍스트로 사용되기 때문이라고 하였다.

염지숙·강현석·박세원·조덕주·조인숙(2015)에 의하면 -

"현장 텍스트는 항상 연구 관계 내에 내재되어 있다. 3차원의 관계적 내러티브 탐구 공간 안에서 주의 깊게 작업하면서, 우리는- 홀로 또는 참여자들과 함께- 현장 텍스트를 연구 텍스트로 만들기 시작한다. 우리가 현장 텍스트를 구성하는 것에서 연구 텍스트 구성하기로 이동할 때, 그 시간은 긴장과 불확실로 특정 지어진다. 탐구가 현장에서 참여자들과 함께 이루어지면서 해석이 항상 진행 중에 있을지라도, 어느 시점에서 참여자들과의 철저하고 긴밀한 관계를 갖는 것으로부터 현장 텍스트를 가지고 작업하기 시작한 것으로 이동한다. 전사본, 인공품들, 사진, 현장노트를 포함하여 모두 시간성, 사회성, 장소에 주목하면서 구성된 현장 텍스트의 양을 고려해 볼 때, 그 작업은 가히 위협적이다. 연구 텍스트의 초안을 작성하고 공동구성하면서 분석과 해석을 시작함으로써 내러티브 탐구자들은 참여자들과 관계를 지속할 수 있다."[43]

한편, 연구 텍스트는 3차원의 탐구 공간 안에서 연구자와 연구 참여자가 서로 인터뷰했던 녹취된 내용을 전사하여 현장 텍스트로 구성한 후 연구 텍스트로 재구성하여 연구 텍스트로 써나가는 것이다. 연구 텍스트 구성(Composing Research Text) 단계에서는 이 연구서를 읽을 독자들이 이 연구 텍스트에 대해서 어떻게 이해할 것인가 또는 어떻게 받아들일 것인가를 독자 입장에서 고민해볼 필요가 있고, 또한 녹취한 인터뷰 내용 전체를 전사한 많은 분량의 현장 텍스

---

42) Clandinin & Connelly(2000), 92; 염지숙(2003), 앞의 글, p.128에서 재인용.

43) Jean Clandinin 저, 염지숙·강현석·박세원·조덕주·조인숙 공역(2015), 『내러티브 탐구의 이해와 실천』, 파주: 교육과학사, pp.69~70.

트를 가지고 무엇을 어떻게 재구성할 것인가를 고려해야 한다.[44]

따라서 염지숙은 "연구자는 현장 텍스트를 계속 반복해서 읽으면서 그 속에 들어 있는 내러티브 패턴, 내러티브 줄거리(threads), 긴장감(tension) 등을 개인의 경험과 사회적 상황과 연결시켜 찾아내야하며, 이때 연구자는 자신의 과거와 현재 경험에 비추어 또는 다른 연구나 이론들과 비교하면서 현장 텍스트를 읽고 그것으로부터 연구 텍스트를 구성하게 된다. 이러한 내러티브는 우리 삶의 경험 이야기이다. 우리의 삶이 단편적이지 않고 연속적인 것처럼, 내러티브도 조각조각으로 구분할 수 없는 것이다. 때로는 일반화시키려고 한다거나, 주제(theme)를 추출해내려고 할 때 경험의 풍부함과 내러티브의 특성을 잃게 되는 수가 있음을 주지해야 한다."[45]

> "내러티브 탐구는 연구의 관심이 연구자가 자신의 경험으로부터 나오기 때문에 항상 자서전적인 성격을 강하게 띤다. 따라서 내러티브 탐구자에게 있어서 개인적으로 관심이 있는 연구문제가 사회적으로나 공적으로 어떤 의미가 있는지 정당화시키는 일과 개인의 흥미를 더 큰 사회적 맥락 및 다른 사람들의 삶과 연결시키는 일이 매우 중요하다."[46]

본 연구에서 글을 쓰는 작업은 연구자에게는 걱정과 기대가 혼돈되었다. 왜냐하면 연구 참여자인 북한이탈여성 천연화가 북한에서 태어나고 생활하면서 겪었던 경험과 북한을 탈출하게 된 배경에 대한 이야기와 어떠한 루트를 통하여 한국에 입국하였는지의 과정 그

---

44) 민서정(2013), 앞의 글, p.59.
45) 염지숙(2003), 앞의 글, p.130.
46) 염지숙(2003), 앞의 글, p.129.

리고 한국에 입국하여 어떻게 모든 어려운 역경들을 극복하고 안정되게 정착하게 되었는지에 대한 천연화가 살아온 삶의 여정을 이야기하고 천연화 기억 속의 장소, 시간, 장면, 줄거리 등을 알아봄으로써 이야기 속에서 천연화의 과거에서부터 현재와 미래까지 연결된 고리를 찾고자 하였기 때문이다.

한편 이러한 60대의 북한이탈여성 천연화가 겪었던 파란만장(波瀾萬丈)한 그의 삶이 세상에 드러나게 되었기 때문에 혹여 천연화에게 누(累)가 되지 않을까 하는 걱정과 함께 한국 사람들이 북한이탈주민들에 대한 인식이 제각기 다르듯이 연구자는 이 연구를 통해서 세상에 드러나는 북한이탈주민들의 삶을 구체적으로 이해하고 이 연구서를 읽게 될 독자들을 고려하여 연구의 가치를 숙지(熟知)하여 이야기 줄거리를 만들어내는 과정을 진행시켰다.

제2절 연구 신뢰성 및 윤리적 고려

1. 연구 타당성과 신뢰성

내러티브 탐구방법에 있어서 연구 타당성과 신뢰성을 구체적으로 설명하면 다음과 같다.

> "코넬리와 클랜디닌(1990)은 다른 질적 연구방법처럼 내러티브도 타당도, 신뢰도, 일반화라는 범주보다는 좀 다른 범주들에 의해 좋은 연구인가가 판단되어야 한다고 주장한다. 이들은 좋은 내러티브를 판단할 수 있는 기준으로 다음과 같은 것들을 제시했다.
> ① 밴 매넌(Van Maanen, 1988)이 언급한 명백성(apparancy)과 현실성(verisimilitude)
> ② 링컨과 구바(Lincoln & Guba, 1985)가 사용한 전이 가능성(transferability)
> ③ 단순한 인과관계의 성격이 아닌 설명적(explanatory) 성격
> ④ 출처의 명확성과 신빙성(authenticity)
> ⑤ 이야기의 타당성(adequacy)
> ⑥ 독자들로 하여금 연구에 초대받은 느낌(invitational quality)을 갖도록 하는가
> ⑦ '그런 일이 일어날 수 있지'라고 생각할 만큼 그럴듯한 이야

기(plausibility)인가 또는 이들은 연구자가 자신의 연구에 적
절한 새로운 기준들을 개발할 수 도 있다고 제안한다."[47)

따라서 본 연구자는 이 연구가 북한이탈여성 천연화가 북한에서
태어나서 생활하다가 북한을 탈출하여 한국에 입국하여 적응하기까
지 경험했던 내용의 이야기인 내러티브 탐구로써, 아직까지 한국에
입국하여 거주기간이 10년 이상 된 60대의 북한이탈여성을 대상으
로 한 내러티브 탐구의 선행연구가 거의 전무하였다. 이에 대한민국
국민들이 앞으로 점점 증가할 북한이탈주민들에 대하여 보다 구체
적인 이해와 인식의 변화에 영향을 줄 수 있고, 미래의 남북통일 및
(남북)통합에 조금이라도 기여할 수 있다는 정당성은 충분히 갖추었
다고 할 수 있다.

또한 연구 참여자의 이야기의 타당성과 현실성, 그럴듯한 이야기
에 대해서 연구자는 연구 참여자의 행동과 표현에 대해서도 편견 없
이 그대로 받아들이고 연구자 자신을 객관적으로 바라보려고 이 연
구를 통해 신뢰도와 타당성을 확보하려고 노력하였다.

2. 연구 참여자에 대한 윤리적 고려

한 명의 북한이탈여성에 대한 내러티브 탐구를 연구하는 데 있어
서 연구 참여자는 '자신의 노출'이라 할 수 있으므로 연구 시작부터
끝까지 철저하게 윤리적인 면을 고려해야 한다.

따라서 연구자는 먼저 연구를 시작하기 전에 이 연구를 무엇 때문

---

47) 염지숙(2003), 앞의 글, p.131.

에 하게 되었으며, 또한 연구를 통해서 무엇을 알고 싶은지 연구 참여자에게 충분한 이 연구의 의도와 목적을 설명해주고, 연구 참여자로 하여금 연구 참여의사를 확실하게 밝힌 후에 동의서에 서명을 받았다. 동의서 내용에는 연구 참여자로서 연구에 자발적인 참여와 연구 참여자가 언제든지 그만두기를 희망한다면 그만둘 수 있고, 녹취된 인터뷰 내용은 연구 참여자의 비밀보장을 위해 연구자가 직접 녹취할 것을 약속하였다.

■■■■ 제4장

연구결과의 분석

우리가 힘든 거는 밤에 잘 때 꿈속에서 북한으로 잡혀가는 꿈을 꿔요! 아직도 그 꿈 꿔요. 막 도망치는데, 막 추격당해 뛰면서……, 막 있지. 그런 꿈을 종종 꿔요. …… 그런 꿈을 10년 되도록 그 꿈을 꾸는데 다른 사람들은 어떨까요? 그런데 저희 딸하고 같이 있어 보니까 딸이 어느 날 밤에 막 우는 거여! 울음소리가 나는 거야. 그래 들어가 보니까 정신없이 아가 울고 있어. 그래서 흔들었어요. 흔드니까 "어머니, 나 공안에 잡혔어." 자기가 지금 중국 공안에 잡혔다는 거야. 그래서 지금 막 울고 있는 거여!

- 본문 중에서

이 장에서는 연구 참여자가 북한의 생활과 한국에 입국하여 성공적으로 적응하기까지의 전 과정을 1단계 북한탈출 이전까지 북한에서의 경험, 2단계 북한탈출 후 한국에 입국하여 겪었던 경험, 3단계 한국사회에 성공적으로 적응하기까지의 경험으로 나누어 시간과 공간의 흐름에 따라 내러티브로 재구성하였다.

이 장의 구성은 연구 참여자가 한국에 입국한 이후 평소에 가보고 싶었거나, 한 번도 가보지 못했던 장소를 선정하여 여행 중 인터뷰한 이야기를 3단계로 구성하였다.

1단계는 연구 참여자의 북한탈출 이전까지 북한에서의 경험을 탐구하기 위하여 인천광역시 강화도 동막해수욕장, 마니산 등 강화도 일대를 여행하면서 1. 북한에서 태어나 유년, 소녀시절의 경험, 2. 군대 생활과 오리공장에서 오리사육공의 경험, 3. 대학시절과 졸업 후 직장생활의 경험, 4. 고난의 행군시기의 다양한 경험, 5. 결혼과 북한탈출 배경 등의 이야기로 구성하였다.

2단계는 연구 참여자가 북한탈출 후 한국에 입국하여 겪었던 경험을 탐구하기 위하여 경기도 파주시 통일전망대와 임진각 일대를 여행하면서 1. 북한탈출 후 중국을 거쳐 한국에 입국하기 전까지 경험, 2. 한국사회 적응을 위해 겪어야만 했던 역경 등의 이야기로 구성하였다.

3단계는 연구 참여자가 한국사회에 성공적으로 적응하기까지의 경험을 탐구하기 위하여 강원도 강릉 경포해변 일대 동해안을 여행하면서 1. 북한이탈주민을 위한 지원제도에 대한 부정적 인식, 2. 한국사회에서 고난을 딛고 적응에 성공, 3. 남북한 문화의 차이로 인한 남북의 인식 차이, 4. 지원제도의 부분별 연구 참여자의 수혜 현황

등의 이야기로 구성하였다. 이러한 구성은 연구 참여자가 연구자에게 들려준 북한에서 탈출하여 현재까지의 경험 이야기를 연구자가 다시 이야기 형태로 구성한 것으로 보통 하나의 주제하에 여러 가지 일화(逸話)로 구성되어 있으며, 또한 그 일화는 연구자가 지어낸 이야기가 아니라 연구 참여자의 이야기를 있는 그대로 생생하게 드러내어 구조화하고 편집함으로써 하나의 이야기로 재구성한 것이다.

이에 연구자는 연구 참여자와 인터뷰를 통한 자료를 <표 4-1>과 같이 구성하였다. 구성한 결과 3개의 범주와 11개의 하위범주, 54개의 주요 개념으로 분석되었다. 연구 분석결과는 <표 4-1>에 제시하고 구체적인 범주와 개념 등에 대하여 설명하고자 한다.

<표 4-1> 연구결과에 대한 분석

범주	하위 범주	개념
북한탈출 이전까지 북한에서의 경험	북한에서 태어나 유년, 소녀시절의 경험	북한에서 태어난 고향
		유년, 소녀시절
		김일성계 올리는 충성의 편지 계주 이어달리기참가
		강화도에서 본 밀물과 썰물
	군대 생활과 오리공장에서 오리사육공의 경험	군대 생활
		군대 제대 후 오리공장에서 오리사육공의 경험
	대학시절과 졸업 후 직장생활의 경험	대학입학과 대학시절
		대학졸업 후 직장생활
		직장 내에서 사상교육과 생활총화
		영하 40~50도에서 김일성 항일 투쟁
	고난의 행군시기의 다양한 경험 (1990년대 중·후반)	고난의 행군시기에 겪었던 경험
		UN에서 북한주민 촬영과 북한의 새 경제관리 개선조치
		외화벌이 도토리 따러 갔다 생긴 사고
		군인들이 식량을 훔쳐감
		옥수수로 술을 제조해서 판매

범주	하위 범주	개념
북한탈출 이전까지 북한에서의 경험	결혼과 북한탈출 배경 (1994~2004년도)	결혼식 첫날과 갑작스런 남편의 사망
		북한탈출 배경(1994~2004년도)
북한탈출 후 한국에 입국하여 겪었던 경험	북한탈출 후 중국을 거쳐 한국에 입국하기 전까지 경험	브로커를 통하여 북한탈출 후 중국 북경에서의 70일
		중국 북경영사관에서 제3국을 거쳐 한국입국 전 까지 경험
	한국사회 적응을 위해 겪어야만 했던 역경(逆境)	한국에 입국하자마자 국정원에서 받은 조사
		한국사회에서 적응하지 못하고 방황
		하나원 교육과 병원치료
		하나원 퇴소 후, 아파트 입주하고 나서 갑자기 나 타난 브로커
		영구임대아파트 입주하면서 겪은 어려움
		기초생활비 지원을 받았지만 어려운 형편
		남한사회의 북한이탈주민에 대한 사회적 차별
		북한이탈주민으로부터 일자리 소개받음
		인터뷰 도중 갑자기 걸려온 북한이탈주민 관련 상담 문의전화 통화
		북한에 남아 있는 가족에 대한 그리움과 돈을 부 쳐줌
		남한사회에서 갈등하는 북한이탈주민
		다시 북한으로 끌려가는 공포의 꿈
		북한이탈주민의 범죄 노출
		남한생활에 어려운 북한이탈주민을 위해 북한에 서 돈을 보내줌
		한국사회에서 북한이탈주민들이 겪는 사건, 사고
한국사회에 성공적으로 적응하기까지의 경험	북한이탈주민을 위한 지원제도에 대한 부정적 인식	○○○재단 운영에 관한 부정적 인식
		정착금 지원제도 변경으로 어려움에 처함
		남한의 기초생활수급자와 동일하게 취급하지 말 아 달라
		고용지원금 지원에 대한 북한이탈주민의 부정적 인식
		북한이탈주민을 위한 신변보호담당관
	한국사회에서 고난을 딛고 적응에 성공	한국사회 적응하기 위한 돌파구를 찾는 과정
		남한사회 적응을 위한 몸부림

범주	하위 범주	개념
한국사회에 성공적으로 적응하기까지의 경험	한국사회에서 고난을 딛고 적응에 성공	북한이 두려워하는 북한이탈주민의 남한사회 성공적 정착
		○○교과서와 교원잡지 등에 등재
		컴퓨터 배우기와 대학교 공부에 전념
		교회의 도움을 받다
		학비지원을 해준 ○○기관과 고마운 분들
		한국에서 대학교에 입학하여 겪었던 경험
	남북한 문화의 차이로 인한 남북의 인식 차이	남북한 상담사의 상담방법 차이
		남북한 아파트 문화의 차이
		남한생활의 고독감
		남북한의 인간미 차이
		천연화의 남북한 차이에 관한 소견
		북한의 오리고기 요리방법과 외식문화
	지원제도의 부분별 연구 참여자의 수혜 현황	연구 참여자의 수혜 현황

제1절 북한탈출 이전까지 북한에서의 경험

이 절에서는 연구자와 연구 참여자가 인천광역시 강화도 여행을 하면서 연구 참여자가 북한탈출 이전까지의 북한의 경험에 대하여 인터뷰한 내용을 전사한 현장 텍스트를 연구 텍스트로 재구성하였다.

이 절의 구성은 1. 북한에서 태어나 유년, 소녀시절의 경험, 2. 군대생활과 오리공장에서 오리사육공의 경험, 3. 대학시절과 대학졸업 후 직장생활의 경험, 4. 고난의 행군시기의 다양한 경험, 5. 결혼과 북한탈출 배경이야기로 구성하였다.

연구자는 2015년 4월 3일 연구 참여자와 함께 강화도 일대를 여행하면서 이동 중에도 인터뷰 내용을 스마트폰에 녹취하였다. 동막해수욕장 앞 주차장에 도착했을 때 바닥을 드러내 보인 바닷가 해변이 보여 썰물시간이라는 것을 연구 참여자에게 이야기를 하니까 연구 참여자는 태어나서 지금까지 밀물과 썰물을 본적이 없다고 하였다.

연구 참여자는 책 속에 기록된 밀물과 썰물에 대하여 북한에서 학교 교사생활을 하면서 아이들에게 가르쳐준 기억은 있었으나, 이렇게 직접 눈으로 본 것은 처음이고, 아이들에게 본인이 직접 보지도 못하고 밀물과 썰물에 관해 가르쳐준 것이 너무 미안한 마음이 든다고 하였다. 강화도 일대를 이동하면서 차 안, 커피숍, 식당, 바닷가 등지에서 연구 참여자가 기억이 잘 떠오를 수 있도록 가능한 편안하게 천천히 이야기를 전개하였다.

이야기의 내용을 구체적으로 살펴보면, 1) 북한에서 태어난 고향, 2) 유년, 소녀시절, 3) 김일성께 올리는 충성의 편지 계주 이어달리기 참가, 4) 강화도에서 본 밀물과 썰물, 5) 군대 생활, 6) 군대 제대 후 오리공장에서 오리사육공의 경험, 7) 대학입학과 대학시절, 8) 대학 졸업 후 직장생활, 9) 직장 내에서 사상교육과 생활총화, 10) 영하 40~50도에서 김일성 항일 투쟁, 11) 고난의 행군시기에 겪었던 경험, 12) UN에서 북한주민 촬영과 북한의 새 경제관리 개선조치, 13) 외화벌이 도토리 따러 갔다 생긴 사고, 14) 군인들이 식량을 훔쳐감, 15) 옥수수로 술을 제조해서 판매, 16) 결혼식 첫날과 갑작스런 남편의 사망, 17) 북한탈출 배경 이야기 등으로 정리하였다.

1. 북한에서 태어나 유년, 소녀시절의 경험

이 글은 천연화가 북한에서 태어나 유년, 소녀시절의 경험, 강화도 체험 등의 이야기로 과거와 현재를 넘나드는 이야기로 재구성하였다. 글의 구성은 1) 북한에서 태어난 고향, 2) 유년, 소녀시절, 3) 김일성께 올리는 충성의 편지 계주 이어달리기 참가, 4) 강화도에서 본 밀물과 썰물이야기 등으로 구성하였다. 이야기의 주요내용을 살펴보면 가장 기억에 남았다는 매년 실시되는 김일성 생일날인 4월

15일을 계기로 백두산에서부터 평양까지 '김일성께 올리는 충성의 편지 계주 이어달리기 선수로 참가했었다'는 이야기와 연구자와 함께 인천광역시 강화도를 여행하면서 천연화가 북한에서 한 번도 보지 못했다는 서해안의 밀물과 썰물이야기 등으로 정리하였다.

1) 북한에서 태어난 고향

연구자 지난 기억을 더듬어 북한에서 태어나서 자라온 과정을 말씀해주세요?

천연화 예. 제가 북한에서 태어난 것은 1950년대에 함경남도 함흥시에 부유한 가정에서 태어났어요. 거기는 할아버지와 아버지 그리고 어머니의 고향입니다. 우리는 6남매로 아들 2명, 딸이 4명 거기에서 제가 맏딸로 태어났어요. 할아버지는 일제강점기 때 고등교육을 받으셨고, 항일무장 투쟁시기에 함경남도 지하 공작원으로 활동하신 훌륭한 분이셨어요. 제 아버지는 함경남도 공산대학 3년을 졸업하고 오랫동안 당 간부 활동을 했어요.

2) 유년, 소녀시절

연구자 북한에서는 의무교육[48]을 어떻게 하고 있어요?

---

48) 북한의 교육기관은 유치원, 인민학교, 고등중학교, 대학이 있으며 1975년부터 실시된 '전반적 11년제 의무교육' 제도가 학제의 골간이다. 11년제 의무교육은 유치원 높은반 1년, 인민학교 4년, 고등중학교 4년, 중등반 2년, 고등반 6년을 말한다. 북한의 어린이들은 만 4세가 되면 유치원에 들어가 2년(낮은반 1년, 높은반 1년) 동안 생활한다. 만 6세면 인민학교에 입학한다. 졸업하면 고등중학교 과정을 거친다. 고등중학교는 중등반 4년과 고등반 2년 과정이다. 북한에서는 특수한 신분과 자질을 가진 학생을 대상으로 하는 특수 교육을 실시하고 있다. 특수교육기관으로는 제1고등중학교, 평양외국어학원, 만경대혁명학원을 대표적으로 들 수 있다. 이외

천연화 제가 학교 다녔을 때는 탁아소가 4살까지이고, 인민학교 4
년, 고등중학교 5년이 의무교육이었어요.

연구자 북한에서는 고등중학교 5년까지 의무교육이라면 남한으로
비교한다면 고등학교까지 의무교육이란 말씀인가요?

천연화 예. 맞아요. 탁아소는 4살까지, 5살부터 어린이집에 들어
오는데 우리는 유치원이거든요. 유치원에 들어와서 1년은
유치원의 과정 안이고 1년은 학년 전 교육을 하여 2년을
유치원에서 합니다. 한글 가르쳐요. 수학 가르치고, 영어
나 이런 건 안 가르쳐요. 왜 안 가르치나 하면 아이들이
그렇게 가르치면 발음이 걸려요. 어려서부터. 그러니까 그
것을 안 가르치고, 음, 인민학교(초등학교)는 일률적으로
담임이 4학년까지 학급을 헤치지 않아요. 헤쳤다! 붙였다!
하면 학급 실력이 낮아져요. 그것이 남한하고 차이 있는
거예요.

연구자 북한은 초등학교 입학해서 졸업할 때까지 한 담임선생님
이 계속 학급을 맡아 지도하는군요. 그럼 중·고등학교도
담임선생님 제도가 똑같은가요?

천연화 예. 고등중학교는 특별한 사정이 있지 않는 한 1학년부터
5학년까지 한 담임선생님이 맡아요. 왜냐하면 담임선생님
과 학생들을 헤쳤다(떼어났다)! 붙였다! 하면 아이들의 치

에도 남포중앙체육학원, 김정일예술학원 등이 있으며, 여기서 무용·음악·조형예술·교예 등
에 빼어난 소질을 가진 특기자들을 가르친다. 고등중학교를 졸업하면 대학, 군대, 직장 생활
등 진로를 정한다. [네이버 지식백과] 북한의 교육기관(시사상식사전, 박문각). 2015년 9월 현
재 남북한 학제를 비교해보면 다음과 같다. 북한: 의무교육 [유치원 높은반 1년, 소학교(인민학
교) 5년, 초급 중학교 3년, 고급 중학교 3년], 대학교(전문학교 포함) 1~4년/남: 의무교육(초
등학교 6년, 중학교 3년), 고등학교 3년, 대학교(전문대학 포함) 1~4년, 2015 북한이탈주민 거
주지 정착지원 매뉴얼(통일부), p.78에 상세함.

명적인 약점을 잡아내지 못하기 때문에 그래요. 여기(남한)처럼 상담교사를 따로 두고 있는 것이 아니라, 담임선생님이자 상담사로 학생들을 상담해주고 있어요. 그렇게 하면 1~2년이 지나고 아이(학생)들 집에 밥숟가락이 몇 개 있다는 것까지 다 알게 되고, 아이들의 눈초리만 봐도 '야(학생)는 오늘 행동이 조금 다르네! 이상이 있겠다' 하는 것을 간파하는 거지요. 그다음에 고등중학교 4학년 지나서 5학년에 들어서면 학부모와 (학생)진로 상담을 합니다. 아이가 기질(소질)이 어디에 있다, 아이가 어떤 재능을 가지고 있다, 아이가 취미는 어디가 있고, 이쪽에 잘 발달되어 있다는 것을 학부모한테 담임선생이 설명을 다 해줘요. 그렇게 해서 학부모가 (학생 진로)선택을 하게끔 해주는 거지요. 그러니까 그런 점은 북한의 교육체계가 좀 더 낫지 않겠냐? 남한보다······.

연구자 북한은 학생이 입학해서 졸업을 할 때까지 한 담임선생님이 계속 지도를 하니까 학생 개개인의 소질과 재능 등을 훤히 꿰뚫고 있어, 학부모와 진로 상담할 때 많은 도움이 될 것 같네요.

천연화 예. 그러니까 교육이 다양하다는 것(연구자 주: 교육의 다양성)이 아니라 다양한 걸(연구자 주: 교육방법의 다양성) 가르쳐야 해요. 이것이 맞는 말이 아네요? 교육이 다양하면 이 소리 제치고(연구자 주: 이 선생님 말씀이 다르고), 저 소리 제치면(연구자 주: 저 선생님 말씀이 다르면) 학생들에게 혼란을 초래하기 때문에 교육은 한 방향으로 가르쳐야 돼요. …… 가르쳐주는 방법이 다양하고 재미있게 가르쳐주느냐, 창의성을 드러낼 수 있게끔 가르쳐주느냐, 주입식으로 가르쳐주느냐 이게 (남한과) 차이점이 있는 거예요.

연구자 남한하고 교육방법이 완전히 다르네요?

천연화 예. 완전 달라요.

연구자 북한에서는 학교운영을 당에서 직접 하나요?

천연화 예. 거기는 다 당에서 운영하고, 탁아소·유치원은 공장기업소가 운영을 하고 있어요. 우리 때는 유치원이 의무교육이 아니라서 유치원은 못 다녔고, 인민학교 4년, 고등중학교 5년을 다녔어요. 그러나 동생은 유치원이 의무교육에 포함되어 유치원을 2년 더 다녔어요.

연구자 아, 북한에서는 인민학교가 남한의 초등학교인가요?

천연화 예. 그리고 학교는 지금 남한하고 똑같이 학구가 자기 구간(지역) 내에서만 다니게 돼 있어요. 그러니까 내가 거주하고 있는 곳이 ○○동인데 다른 ○○동에 있는 학교는 못 다녀요.

연구자 아, 그럼 초등학교는 자기가 살고 있는 지역에 있는 학교만 다닐 수 있고, 다른 지역은 전혀 다닐 수 없군요?

천연화 그러니까 ○○동하고 ○○동하고 경계점이 있듯이 학구가 그렇게 되어 있어요. 그러다 보니까 우리(북한)는 그 지역 학교를 놓고 보면 간부 자식도 있고, 노동자 자식도 있고, 농민의 자식도 있고, 계층별로는 다 있는데 거기에서 간부 자식이라고 해서 (특별히)다른 데를 보내거나 이런 것 없이 우리랑 똑같아요. 그렇게 하고 우리는 급식이 없어요.

연구자 급식이 없어요?

천연화 예. 오후 1시에 수업이 끝나면 집에 가서 밥을 먹고, 오후 2시부터 아이들이 호조반(학습반)을 해요. 그러니까 호조반을 하는데 그 호조반에서 우리가 숙제를 다 하는 거예요. 국어건, 수학이건…….

연구자 호조반이 남한의 자율학습 같은 건가 보네요.

천연화 예. 호조반에서 반장의 지도하에 숙제를 다 하거든요. 숙제를 다 해놓고 나가 놀아요. 여기(남한)에서는 뭐라고 하던가? '가위바위보' 해서 때릴래기(때리기)도 하고, 주로 여자들은 줄넘기하고, 오사라 던지기⁴⁹⁾도 많이 해요.

연구자 오사라 던지기?

천연화 주먹만 한 천 주머니에 콩 넣고 꿰매서 가지고 노는 거예요

연구자 우리 오자미놀이라고 하는데, 그런가요?

천연화 이렇게 해서 팍! 던지면 치마를 벌려서 팍! 받아 가지고 그것을 가지고 다시 던지고 놀아요. 그게 오사라 던지기거든요. 그걸 하고, 그다음에 어떤 때는 날이 좋고, 이런 날에는 공기치기, 공기를 많이 가뜩 후 뿌려놓고 거기에서 탁 채서 이렇게 먹는 거.

연구자 공기는 주로 뭐로 했어요? 돌이었어요? 아니면?

천연화 돌이요.

연구자 돌 주워 다가? 동글동글한 거?

---

49) 천연화 말에 의하면 주먹만 한 천 주머니에 콩이나 모래를 넣어가지고 꿰매가지고 던지면서 노는 놀이 도구라고 함.

천연화 예. 그러니까 개울가에 가면 이렇게 동글동글하고 매끈매끈한 게 있잖아요? 그런 거 비슷한 거 30알, 50알 주워 와요. 그렇게 해서 공기치기 하고, 그다음에 뭐인가? 다섯 알가지고 공기치기 할 때도 있어요. 그렇게도 하고 그다음에 또 뭐 있는가? 돌차기, 망돌차기가 있어요. 줄 그어놓고 차고서 땅 따먹기도 하고, 땅 따먹기 생각나요?

연구자 땅 따먹기 있지요.

천연화 남자들은 이렇게 해서 따 먹고, 남자들은 그런 거 하고 여자들은 줄넘기, 오사라 던지기, 공기치기, 돌차기 이런 거하고 남자들은 또 뭐하는가 하면 무릎을 마주대고 이렇게 받는 거,50) 그거 뭐라고 하지요? 말뜻을 잊어버렸어요. 그다음에 남자 여자가 같이 말 타기 놀이도 해요.

연구자 아까 얘기했던 거, 이렇게……

천연화 말 타기도 하고 그다음에 장교쉬찌! 이렇게 하거든, 우리는 장교쉬찌! 이렇게 말해요.

연구자 장교쉬찌!라고 해요?

---

50) 남한에서 민속놀이 '닭싸움'이라고 한다. 놀이의 유래는 닭싸움은 일명 '깨금발' 싸움이라고도 하는데 이는 한쪽 발을 들고 싸우는 것에서 나온 말이다. 그 유래는 알 수 없으나 씨름에서 파생된 놀이인 외발씨름과 방법이 비슷해서 놀이의 기원을 씨름에 두기도 한다. '닭싸움'은 두 사람 또는 여러 사람이 편을 갈라 하는 맨손 놀이로 한쪽 발을 들고 상대방과 겨루어야 한다. 한쪽 발을 들고 균형을 잡는 일이 그리 쉽지 않고, 더욱이 그런 자세로 상대편과 싸움을 하지만 어려운 만큼 재미도 있고 체력을 기르는 데 좋은 놀이다. 놀이방법은 ① 각자 한쪽 다리를 앞쪽으로 들어 발을 잡는다. ② 자신의 발꿈치나 바지자락을 양손으로 움켜쥐고 놀이 준비를 한다. ③ 시작과 함께 한쪽 발로만 서서 무릎이나 몸으로 친구를 밀어 쓰러뜨린다. ④ 발이나 바지 자락을 붙잡은 손을 놓치거나 손으로 밀어서는 안 된다. 또 힘이 든다고 발을 다른 쪽 발로 바꾸면 안 된다. ⑤ 한 발로 몸의 균형을 유지하고 상대방의 다리 밑으로 파고 들어가서 무릎으로 쳐올리거나, 위에서 강력하게 내려치거나, 멀리서 달려들어 탄력을 이용하여 일격을 가하는데 이때 먼저 넘어지거나, 팔을 풀어 버리면 지게 된다. ⑥ 때로는 원을 그려서 그 속에서 발을 움켜지지 않고 한 발만 올린 채 양손으로 상대방과 몸싸움을 할 수도 있을 때에는 원 밖으로 밀리거나, 발이 땅에 닿거나, 넘어지면 지게 된다.

천연화 예. 그러니까 여기서는?

연구자 그러면 그것은 무슨 뜻이지요?

천연화 여기서(남한에서)는 묵찌빠! 우리(북한)는 그런 걸 장교쉬찌! 장교쉬찌! 또는 돌가보! 돌가보! 하고 그렇게 노는 거예요. 그렇게 해서 이기면 또 다시 내려서 또 타고, 여자 남자 막 합해서, 그다음 또 지면 우리가 거꾸로 서고…….

연구자 아, 남한에서는 가위바위보! 하고 이기고 지면 엎드리며 서로 역할을 바꿔서 말타기 하는 놀이문화를 말하는 거죠?

천연화 예. 그러카고 '숨바꼭질, 무궁화 꽃이 피었습니다.' 그것이 남한하고 똑같아요. 팽이치기, 제기차기 남자들은 다 똑같거든요. 그런 시절이 우리(북한)하고 똑같은데 최근에 아이들이 남한에 보니까 그 시절이 다 없어지기 시작했더라고요! 왜 그러냐? 학원으로 다 보내더라고요. 아이들이 놀 시간이 없잖아요?

연구자 그렇죠. 남한도 70년대 생들까지는 그런 놀이를 했는데 그 이후 아이들은 거의 다 학원에 보내서 숨바꼭질 같은 예전의 놀이문화가 없어졌어요. 천연화는 초등학교 시절에 어떻게 보냈나요?

천연화 예. 제가 인민학교 2학년까지 혼합반이었어요. 남자여자 한 학급 이었어요. 그렇게 공부하다 보니까 그때 당시 제가 학급반장을 했어요. 학급반장을 하니까 선생님이 계속 나를 데리고 숙제 검열하라, 학습반 제대로 하는가 안 하는가 확인하러 데리고 다녔어요. 달랑달랑 그런 데만 따라다니고 그랬는데, 그러니까 특별하게 아이들하고 같이 노는 시간이 별로 없었어요. 담임선생님이 계속 나를 끌고 다니다 보니까.

연구자 학급반장을 하니까 선생님이 믿고 잔심부름을 많이 시켰겠군요.

천연화 예. 그렇게 하고 그다음에 초등학교, 인민학교 1학년에 들어와서는 내가 성격이 좀 조용한 성격이었어요. 그러다 보니까 어머니가 성격 좀 바꾸라고 예술체조를 시킨 거예요. 이제처럼 예술체조는 밥 먹고 오후 2시면 학교에 와서 배우는 거예요. 이렇게 하는데 오기 싫은 날은 선생님 뒤따라 다니고 또 욕 한번 먹으면 선생님 뒤따라 못 다니고 체조 다니고 그랬거든요. 거기에서 운동 몇 시간 하다가 휴식 시간을 줘요. 그러면 거기에서 여자고 남자고 그저 무르팍으로 찍기 운동, 여자도 그거 해요.

연구자 여기서는 닭싸움이라고 하는데.

천연화 예. 여자들도 그거 하는 거예요. 남자들만 하는 게 아니고 여러 가지 거기에서, 그다음에 주로 뭐하는가 하면 예술체조 하는 아이들은 줄넘기를 해요.

연구자 예술체조 하는 학생들이라 놀이도 뛰는 놀이를 하네요.

천연화 예. 예술체조 하는 아이들은 줄넘기를 하면서 이렇게 노래를 불러요. 노래가 뭐이 됐든지 모르겠는데? 어쨌든 그렇게 해서 다리가 딱 걸리면 바꾸고, 안 걸리면 또 돌리고, 그러니까 이렇게 돌려서 하는 게 있고, 이렇게 쥐고 양쪽을 마주 쥐고 이렇게 뛰어넘고 하는 게 있고, 줄넘기가 각각이거든요. 그런 거 주로 예술체조 하는 아이들은 공간

짬(쉬는 시간)에 선생님이 앉지 못하게 해요. 운동하다가 앉으면 엉치(엉덩이) 커진다고. 그렇게 하다가 인민학교 3학년 때 노래는 제가 음치인데 음악선생님이 와서 날 뽑아간 거예요. 그러니까 인물로. 집단음악을 하는데 합창단을 하는데 딱 세워놓은 거예요. 노래는 음치라도 인물 가지고 뽑혀서 가서 2년 동안 합창단에서 계속 활동을 하다가 고등중학교에 올라왔어요. 고등중학교에 올라와서는 선생님이 붙들어다가 기계체조를 시키더라고요. 여기(남한) 선수, 양각도[51] 있지요?

연구자 예. 그러니까 합창단 활동을 잘하고 있는데 기계체조 하라고 선생님께서 강제로 시킨 거네요?

천연화 예. 그런데 기계체조를 해보니까 너무 힘든 거야. 그러니까 내 체질에 예술체조는 맞는데, 기계체조는 안 맞더라고요. 그래서 선생님 보고 아파서 못 하겠다 했거든요. 그렇게 하고 그다음에 나와서는 그냥 생활을 하다가 고등중학교 4학년 때 스케이트 지도선생님이 와서 뽑는 거예요. 스케이트 타자고. 그래서 그걸 타 보니까 그건 또 재밌어요. 그래서 스케이트 타러 다녔어요. 그러니까 우리는 다 단부제니까, 오전에는 공부하고, 오후에는 소조실(학원)에 가서 스케이트 타러 다니고, 스케이트 타고 운동하는 아이들은 공간 짬에 노는 게 뭐인가 하면, 때릴래기, 이마빼기치

---

51) 천연화가 양학선 선수를 잘못 기억하고 있었다. 양학선 선수는 지난 2011년 10월 16일 일본 도쿄의 메트로폴리탄 체육관에서 제43회 세계기계체조 선수권 대회 남자 도마에서 금메달을 목에 걸었다.

기, 장교쉬찌(묵찌빠) 해서 지면 이마빼기 때릴래기, 손 여
기 때릴래기(때리기), 이런 걸 하거든요. 그런데 특별하게
스케이트 신고 얼음판에서 할 게 없어요. 그러니까 그렇게
하다가 그다음에 고등중학교를 졸업하고 그다음에 제가
교원대학을 시험 봤어요.

3) '김일성께 올리는 충성의 편지 계주 이어달리기'[52] 참가

천연화는 소녀시절에 겪었던 추억 중에서 '김일성께 올리는 충성
의 편지 기수(계주)에 참가했던 일이 가장 기억에 남는다고' 하였다.

천연화 예. 그렇게 하고 소녀시절에 제일 즐거웠던 건 뭐냐 하면
내가 편지 기수에 나갔어. 편지 기수란 게 뭐인가? 4·15
일이 다가오면 한 달 전에 우리가 이렇게 함경북도부터
편지가 떠나요. 김일성께 올리는 편지. 그 편지를 메고 뛰
는 게 최고의 영광이여! 그러니까 그 편지 기수에 동원됐
어요. 동원돼서 제가 제 사촌오빠는 앞에서 김일성 초상기
쥐고, 우리 셋째 삼촌 엄마 오래비는 군검찰소 비서했는데
앞에서 오토바이 몰고, 그렇게 하고 내가 뒤에서 편지 메
고 뛰고, 정말 영광이었어! 그렇게 해서 어디까지 가서 인
계하냐? 우리는 함주군에서 인계받아서 곤야군에 인계해
요. 그러니까 소녀시절에 편지 기수에 동원됐었어. 그때

---

52) 1968년부터는 김일성 생일(4월 15일)날 백두산에서 평양까지 김일성 충성의 편지 이어달리기
는 김일성한테 올리는 편지를 메고 달리는 것.

정말 우리 어머니 말마따나 그거 환영하러 나왔다가 진짜! 자기는 그만한 기쁨이 없었대요.

4) 강화도에서 본 밀물과 썰물

천연화 (북한에서 선생님으로 재직 중에 있을 때)밀물과 썰물에 관하여 수업시간에 아이들에게 배워(가르쳐)주면서 밀물이 "몇 시간 있다 들어왔다가, 몇 시간 있다 나간다." 이렇게 배워주었거든요. 내가 솔직히 현실적으로 본 적이 없었어요. 그래서 거기(밀물과 썰물)에 대해서 (수업시간에 가르치는 것이)미흡했어요. 그런데 이렇게 직접 보게 될 줄이야! …… 정말 실감(감동)적이었어요.

연구자 예. 그렇군요. 그런데 사람들이 대부분 급해서 바닷가에 와서도 밀물과 썰물을 동시에 보는 경우는 드물어요. 들어오는 밀물을 보다가 지나가 버리고, 썰물을 보다가 지나가 버리고, 그러니까 강화도 동막해수욕장에서 밀물과 썰물을 동시에 보는 것은 우리처럼 일부러 그 시간을 기다려서 밀물과 썰물을 동시에 다 볼 수 있었던 거예요.

2. 군대 생활과 오리공장에서 오리사육공의 경험

이 글은 천연화의 군대 생활과 오리공장에서 오리사육공의 경험 등의 이야기로 재구성하였다.

글의 구성은 1) 군대 생활, 2) 군대 제대 후 오리공장에서 오리사육공의 경험이야기 등으로 구성하였다. 이야기의 주요내용을 살펴보면 천연화가 군대 입대하여 군 생활을 하다가 김정일이 온다고 도로 닦기 나갔다가 다리를 다쳐 의병제대를 하고, 대학입학 추천서를 받으려고 오리공장에 오리사육공으로 들어가서 오리를 키우면서 힘들게 일했던 이야기 등으로 정리하였다.

1) 군대 생활

천연화 제가 군대를 가게된 것은 대학과 전문학교에서 대건설[53]로 동원되어 가는 바람에 군대를 가게 됐어요. 4월하고 8월에 초모[54]를 뽑는데 마침 그때가 4월이었고 아버지가 병원에서 초급당 비서[55]로 있었던 덕분에 신체검사를 후꾸덕(빨리) 해치웠어. 그렇게 해서 군대를 간 거죠. ○○군부대 전쟁 예비물자 관리하는 경비부대로 보내져 신병훈련 6개월 했는데, 나는 그때 어떻게 힘들었는지 지금도 아! …… 산을 안 타요. 산만 봐도 숨이 막혀요.

연구자 주로 훈련은 어떤 식으로 대략…….

천연화 그러니까 군사학 시간에 군사학 학습을 하고, 군사훈련 시간에는 산을 타고 뛰는데 20kg짜리 배낭에 20kg 못 되면

---

53) 6개년 계획의 조기완수를 목표로 1974년 2월 당중앙위원회 제5기 8차 전원회의에서 김일성이 제시한 방침. 김일성은 미·소 간의 데탕트, 남한의 유신체제 수립 등 국제정세 변화에 대응하여 북한의 정치·경제·군사력을 강화하기 위해 사회주의 건설사업에 총력을 경주할 것을 호소하는 한편, 이를 위한 구체적 방침으로…… 100일 전투·70일 전투 등 6개년계획의 조기완수를 위한 노동력 동원[네이버 지식백과] 사회주의 대건설방침[社會主義大建設方針](한국근현대사사전, 2005.9.10., 가람기획).

54) 조선말대사전(사회과학원 언어연구소)에 의하면-(군대에 지망하는 사람을) 모집하여 뽑는 것, 서울: 동광출판사(1992), p.555.

55) 천연화의 말에 의하면 초급당 비서란 한 기관을 책임진 당일꾼, 즉 정치적 생명을 책임지고 있는 책임자를 말한다고 하였다.

다리에다 저 뭐야? 모래주머니 차야 돼. 그렇게 어쨌든 내 중량(체중)이 70㎏다 하면, 내 중량에 맞게 70㎏를 채워야 돼요. 그렇게 해서 부대 소대장이 앞서 뛰었어요. 그다음에 우리는 그 짐 지고 따라가 뛰는데 야! 정말 힘들었어요. 운동하던 사람도 너무 힘든 거예요. 내가 그래 여기 와서 대한민국 아이들이 군대 생활하는 걸 보고 저게 무슨 군댄가 그래요. 여기는 1개월이잖아요. 그러니까 제가 6개월을 신병훈련을 받고 군대생활을 해봤기 때문에 너무 힘든 걸 아는 거예요.

연구자 그렇지요.

천연화 6개월 그 힘들었던 신병훈련을 다 마쳤어요. 다 마치고 부대에 와서 12월부터 2월까지 스케이트경기 훈련 다니고 김정일이 온다고 도로 닦기 나갔다가 다리를 다쳤잖아요? 그래서 제가 제대를 하게 되었어요.

연구자 남한으로 말하면 '의병제대'군요? 우리(남한)도 군대에서 훈련하다가 많이 다치면 군 복무 다 못 마치고 일찍 제대시켜요.

천연화 우리(북한)는 그것을 감정제대56)라고 하거든요. 다 못 채우고 제대되어 오는 것을 감정제대라 하는데 그래 오니까, 보름은 군대휴가 주고, 보름은 배치휴가예요. 우리는 놀 시간이 없어요! 그래서 군대 갔다 와서 보름은 친구들

---

56) '감정제대'란 남한의 '의병제대'와 같은 뜻으로 현역군인이 질병이나 상해로 인하여 업무수행이 어려운 경우에 예정보다 일찍 전역하는 것을 뜻한다. 이때에는 이미 복무한 기간에 관계없이 남은 군복무 기간이 면제되어 제대를 하는 것이다.

이랑 같이 만나서 놀기도 하고 했지만, 그때는 직업을 쥐어야(구해야) 되겠는데 생각해보세요? 다리를 다쳐서 낫지 못한 상태에 제대됐는데. …… 아버지가 병원에 초급당 비서로 있으니까 어느 당 비서에게 말해서 넣더라고요. 솔직히 말해 북한에서 살 때 아버지가 직업 놓기 전까지는 정말 창창 했어요…….

2) 군대 제대 후 오리공장에서 오리사육공의 경험

천연화 제대 후 공산대학에 입학하기 위한 추천서를 받으려고 오리사육공으로 일하게 되었어요. 15,000마리의 오리를 키우며 고생을 했고, 그 결과 이듬해 공산대학 추천서[57]를 받을 수 있었어요.

연구자 예? 북한에서는 오리사육공으로 일하면 대학 추천서를 받을 수 있다는 말씀인가요?

천연화 예. 제가 군대 제대하고 나서 대학에 입학하려고 했더니

---

57) 대학은 의무 교육은 아니지만 입학하면 등록금은 없다. 그러나 대학 배정은 국가가 한다. 대학 입학 전형 방식은 두 가지다. 우선 고등중학교를 마친 뒤 입시를 거치는 경우다. 10월 말께 국가에서 전국적으로 실시하는 대학입학 '예비시험'을 치른다. 시험 결과는 각 시·도·군 교육 당국이 발표한다. 중앙교육위원회는 보름 뒤쯤 개인 성적을 바탕으로 시·도·군의 각 대학에 일정 수의 학생을 배정한다. 이듬해 1월 각자 배정된 대학에서 다시 시험을 본다. 과목은 필기, 체력장, 면접 등이다. 필기는 교육성이 출제한 혁명역사, 문학, 수학, 화학, 물리, 영어 등 6개 과목 문제를 사흘간 치른다. 경쟁률은 높은 편으로 공과대가 7대 1, 의과대는 10대 1 정도다. 이렇게 진학한 학생은 대학 정원의 30% 수준으로 '직통생'이라 부른다. 낙방하면 의무적으로 입대해야 하기 때문에 재수생은 없다. 다음으로 고등중학교 졸업 후 군대나 직장으로 진출해 2~4년 복무(근무)한 뒤 소속 단위의 추천을 받아 대학에 들어가는 경우다. 대학은 2년제 및 4~7년제 대학과 이른바 '일하면서 배우는 교육체계'에 따라 북한의 각 대학들에는 통신 및 야간반이 있다. 또 연합기업소와 1급 기업소에는 공장대학이 있어 공장운영에 필요한 기술 인력을 양성하고 있으며 이 밖에도 어장·농장대학 등이 있다. 북한에는 약 300여 개의 대학에 30만여 명의 대학생이 있는데 김일성종합대학, 김책공업종합대학, 고려 성균관대학 등 종합대학은 3개이고 공장, 농장, 어장대학 등 야간대학과 이공계 단과대가 대부분을 차지하고 있다. [네이버 지식백과] 북한의 교육기관(시사상식사전, 박문각).

추천서가 필요하대요. 그래서 아버지가 "네가 군대에서 제대해 와서 어떻게 하겠니! 추천서를 받자면 직장을 들어가야 되겠는데 어떻게 했으면 좋겠냐? 그런데 네 몸이 그런 상태에서 아버지가 강요하기는 좀 그렇다." 아버지가 그러더라고요. 다리 다쳐서 제대되어 왔는데…….

연구자 아, 남한으로 말하면 대학에 진학하려면 꼭 고등학교 내신 성적이나 수능 시험 성적으로 입학이 가능한데, 북한에서는 직장에서 일하면서 직장장의 추천서를 받아가지고도 대학을 진학할 수 있나 봐요?

천연화 예. 그카고 "아버지 얼마나 일하면 내가 추천을 받을 수 있냐?" 그러니까 아버지가 "한 1년은 일해라! 그래야 추천서를 받을 수 있다" 그러더라고요. 3월에 가거든요. 그 이듬해에 75년도 3월인 거 같아요. 그러니까 73년도 졸업해서 74년도 4월에 제대되어 와서 공산대학으로 가기 위해서 들어간 거지요. 그렇게 들어갔어.

연구자 대학 들어가려고요?

천연화 예. 아버지가 원래는 오리공장에 입당해서 보내겠다고 했어요. 군대에서 입당 못 하고 왔잖아요? 그러니까 공산대학에 입학시키려고 현장에 넣어서 오리사육공이 된 거에요. 내가 머리털이 나서 솔직히 말해 생각해보세요! 집에서 물 안 묻힌 딸을 아빠가 거기에 넣을 때는 자기도 무슨 생각이 있어서 넣었겠지. 그런데 들어가니까 오리를 맡기는데, 나이 먹은 여자하고 나하고 둘이서 15,000마리를 받아야 돼요. 그러면 육추58)시기에 15,000마리를 받아서

70m의 축사 안에다가 오리를 길러요. 그런데 난로를 한 번에 무연탄을 한 톤씩 이겨서 불을 갈아야 돼요. 난로를 때거든요. 그런데 난로 32개를 12시간에 2번 불을 갈아야 하는데, 탄을 이겨서 삭도[59]로 탄을 싣고 밀고 가며, 불을 갈아야 하는데, 와! 힘들단 거는……. 가뜩이나 힘들어 죽 겠는데! 그다음에 15,000마리 새끼를 받으니까 이것들이 난로 밑에 모이거든요.

연구자 와~ 엄청 힘들었겠네요. 추우니까 오리 새끼들 얼어 죽지 말라고 그 많은 난로불이 꺼지지 않도록 석탄을 이겨서 계 속 갈아주어야 하니까.

천연화 하룻밤 새에 500마리씩 죽어 번져요(죽어버려요). 막 거기 다 맡기는데 내가 질식할 정도였어. 아버지 보고 "난 못 먹이겠다! 아버지 내가 아픈 몸에 다리도 채 낫지 않았 는데 이런 몸에 내가 저걸 어떻게 먹이냐?" 그러니까 우리 아버지 욕심이었지요. 그래서 막 울며 그 얘기를 하니 까…….

연구자 그렇지요. 그렇게 힘들게 난로 불을 다 갈아주고 했는데도 하룻밤에 오리가 500마리가 죽어버리니까 걱정이 되겠 지요.

천연화 예. 그러니까 그 15,000마리라는 오리를 나한테 주어지는 데 하룻밤에 500마리씩 죽으니까 나는 황당한 거여. 그러 니까 아버지에게 내가 그 소리했거든. "아버지! 나 어젯밤

---

58) 병아리 들어오는 시기.
59) 강철선에 운반기를 매달아 석탄을 운반하는 장치를 말한다.

에 오리가 500마리 죽었다. 그걸 어떡해하면 좋겠냐?" 그러니까 아버지가 그러더라고 "그저 죽든 살든 관계하지 말고 어쨌든 관리는 잘 해가지고 마리당 있지! 두 키로씩만 내면 된다. 45일경에." 아버지가 그러시더라고. "그렇게 할 것 같으면 있지! 한 12,000마리는 계획에 나온다." 아버지가 딱 그러더라고요. 거기에서 힘을 얻었어. 한 번에 500마리 나가 죽으니까 나가서 완전히 통곡하다시피 했어요.

연구자 아, 다행이네요. 아버지께서 요령을 알려주셔서. 그런데 오리가 몇 백 마리씩 죽었는데 책임자는 별다른 질책은 없었나요?

천연화 아니죠! 그케 되니까 책임자가 가만 있자 해요? 나보고 간밤에 500마리 죽였다고. 그래, 내 그랬어요. "나 같은 신입을 밤에 근무 세운 게 잘못이 아니냐?" 이렇게 됐거든요. 그러니까 할 말은 없다는 거지, 자기도. 그렇게 됐는데, 그 다음에 자주 거기에서 (오리 주둥이를)떼 줘야 되는데 모른 거예요.

연구자 그렇지요, 경험이 없으니까.

천연화 그러다 보니까 옥수수밥을 먹이고 나면 아가미(주둥이)가 붙어서 죽은 것들도 있어요. 그런데 그것을 알아서 벌려서 물려주고, 떼주고 이렇게 다 15,000마리 손이 가야 돼요. 그런 거 모르다 보니까? 나는 그저 몰아주고 이런 정도만 생각을 했거든요. 약간만 나가 넘어지면 못 일어나서 죽어요. 오리는 그렇게 약해요. 그렇게 해서 있지, 15,000마리를 키웠는데, 와! 저기 뭐야? 11,000마리를, 어떻게 자라면서 45일까지 오는 동안에 11,000마리가 살았어. 그러니까 4,000마리 죽었잖아요? 야, 이것 계획을 내야 되는데 그다음부터는 조바심이 나는 거예요. 아버지는 '12,000마리면 두 키로씩만 내면 된다' 그 이야기를 했는데, 이거 키로로 하자니까 방법이 없잖아요.

연구자 그렇죠. 경험이 없으니까 난감했겠지요.

천연화 예. ……오리를 다 실어서 가공 직장에 가서 가공을 합니다. 그다음에 거기에서 판매할 때 저울을 달 때 우리가 해요. 그런데 아버지가 나에게 알려주더라고. 나를 보고 "물에서 일체 건지지 마라!" 아버지 원래 강포리공장 당 지도원이었어요. 당연히 지도원에서 초급당 비서60)로 갔거든요. 그러다 보니까, 아버지 그 분야를 잘 아는 거여. 그러니까 아버지가 "물에서 건져 나오면 손해본다. 이따가 차가 딱 들이대면 저울로 달아라." 그렇게 해서 계획을 했어요. 마리당 두 키로 오백씩(2.5㎏) 나는 걸로 계획을 했어요. 나를 보고 우리 책임자인 나이 먹은 여자가 "너! 그런 걸 어디서 배웠냐?" 자기 날 근심했대. 저것이 마지막 저울을 잘못하면 어떻게 하나 했는데 보니까! 그래도 제대로 하더라는 거야, 그래서 자기도 아무 말도 안 했대, 그러면서 수고했다고……. 야, 그거 45일 먹이는데 나 죽을 뻔했어! 특히 육추시기와 중추시기에 너무 힘들었어요. 중추시

---

60) 천연화의 말에 의하면 아버지는 강포리공장 당지도원에서 ○○병원의 초급당비서로 인사이동 되어갔다고 함.

기[61]에는 밖에 내났다 들여놨다, 내났다 들여놨다 하고 똥치고, 거름치고, 이렇게 중추사[62]에 있는 16개 난로에 24시간 동안 4번 불을 갈아줘야 하거든요. 이러다 보니까 못해본 일이 없어. 내가 정말 고생했어! '대건설' 때문에. 그렇게 하다가 그다음에 (오리를) 밖에 내놓는 순간이면 까마귀 떼들이 달려들어요.

연구자 아니 까마귀가 오리를 어떻게 잡아먹어요?

천연화 까마귀가 와서 오리 뒤꽁무니를 딱! 찌르며 기름을 쫙! 빼 먹어요.

연구자 아, 그래요! 참, 까마귀가 오리를 그렇게 죽인다는 말은 처 음 들어봐요.

천연화 야, 죽겠어요. 그럼 오리가 죽어요. 그러다 보니까 그다음 에 이쪽에서 이쪽으로 쫓고, 이렇게 쫓고 하니까 너무 힘 든 거야.

연구자 까마귀가 오리새끼를 덮치면 어떤 방법으로 쫓아요?

천연화 훠! 훠! 하지. 그런데 여자소리 알고, 남자소리 알아요. 까 마귀도 여자가 소리치면 안 가요. 남자가 소리치면 달아나 요. 여자가 돌멩이 던지면 요렇게 옮겨 앉아요. 남자가 던 지면 딱! 날아가요. 야, 어떻게…… 그래서 사람이 제일 미련하다고 봅니다. 그렇게 되는데 너무 힘들어서 그 땜에 막 울면서 아버지 보고 그물을 구해 달라고 했어요. 그랬 더니 아버지가 그물을 가져왔더라고요. 그런데 우리는 축

---

61) 병아리가 중간 정도 자라난 시기.
62) 중추사는 길이가 140미터 정도 되는 오리 키우는 축사를 말한다.

사 놀이 장에다 살구나무를 다 심었어. 칸막이 하나에 한 대씩, 축사마다 보면 거기는 살구가 가뜩 달려 있어. 그렇게 되는데, 거기에다 그물을 다 쳤어. 직장장이 와서 보더니 "어떻게 이 방법을 생각했는가?" 이러더라고. 내가 아버지한테 그물 달라고 그랬다고 했더니 "야, 그거 가져올 수 있으면 더 가져온나! 아버지 보고 더 달라고 그래" 이러는 거예요. 그래서 아버지한테 말했더니 아버지가 당 비서했으니까 아버지가 그물을 구해서 주더라고. 그렇게 해서 축사마다 '중추사'와 '비육사'고 뭐고 다했지. 그다음에 비육사 길이가 300m입니다. 그런데 이제는 까마귀 떼한테는 안 당하니까 쥐새끼가 또 와서 파먹어요. 그런데 중추까지는 집(우리)입니다.

연구자 오리새끼를 우리 밖으로 내놓으면 까마귀 떼가 와서 오리 뒤 똥구멍을 콕! 찍어서 내장을 빼먹고 죽이고, 오리를 우리 안에다 가둬놓으니까 쥐새끼가 와서 오리를 파먹어서 죽인다는 건가요?

천연화 예. 맞아요. 그카고 육추사와 중추사는 벽돌집이에요. 그 안에다가 넣거든요. 이렇게 하고 칸마다 문을 내놓고 여기에서 이렇게 열어서 나갔다, 또 거기로 몰아놓고, 이렇게 하거든요. 비육사는 한지[63]예요. 그러다 보니 개떼가 들어와서 잡아먹고 그다음에 또 쥐새끼 떼들이 들어와서 잡아먹고……

---

63) 그냥 맨 땅위에 지붕만 설치되어 있는 축사를 말한다.

연구자 그러니까 어느 정도 큰 오리들이지요?

천연화 예. 커지요. 그러니까 그것이 소리 날 때마다 워워워워 이러면서 옮겨가거든, 뭐가 들어오면.

연구자 그 오리소리가 나면 뭐가 들어온 거지요?

천연화 야, 그렇게 해서 그 소리가 벌써 들려오면, 저 끝에서 150m 끝에서 벌써 있지? 개나 쥐새끼가 들어오거든요. 그렇게 하면 워워워워 이렇게 소리가 나요. 그러면 거기로 정신없이 달려가요. 달려가면 또 달아나요. 그런데 벌써 보면 두세 마리 물고채요. 야, 그러니까 그렇게 죽이는 것도 많고, 그렇게 해서 어쨌든 11,000마리를 내가 살린 것만 해도 기적이었어요! 기적. 그러니까 아버지가 "첫해에 그렇게 해서 내니까 수고했다. 그렇게만 하면 된다" 그래요. 그러니까 첫 번에 해서 요령이 있으니까, 그다음 그룹 반은 일 년에 안 맡아도 두 그룹 반은 하거든요. 하나 내고, 좀 쉬었다가 다시 또 받아서 또 내요. 그렇게 내는데 그 받아서 이렇게 해서 내는데, 그때는 죽이는 거는 덜 죽였는데. 야, 그러니까 이것들이 이게 있더라고. 돌기돌기마다 찌쓰레기[64] 오는 게 있어요. 그러니까 부화가 되도 찌쓰레기가 나온단 말이야! 그러니까 아무리 잘 먹이고, 아무리 해도 저기 무게가 못 나가는 게 있어요. 야, 한 키로 팔백(1.8㎏) 이상 안 나가는 거야…….

연구자 아무리 먹여봐야 오리 몸무게가 늘어나지 않는다는 거죠?

---

64) 천연화 말에 의하면 오리새끼가 들어올 때마다 나쁜 것이 들어올 때가 있다는 말.

천연화 예. 아무리 먹여봐야, 아무리 죽이지 않고, 아무리 내가 잘
해도, 원래 실적보다 더 떨어지는 거예요. 야, 실망 가더라
고. 그렇게 됐는데 그다음에 아버지 "거기까지만 해라" 그
렇게 얘기한 것 같아요, 당 비서한테. 그래 그 이듬해 공산
대학 추천서 받아 가지고 달아났어. 그렇게 하고는 안 갔
어, 그 공장에.

3. 대학시절과 졸업 후 직장생활의 경험

이 글은 천연화가 북한에서 대학시절과 졸업 후 직장생활의 경험
등의 이야기로 재구성하였다. 글의 구성은 1) 대학입학과 대학시절,
2) 대학졸업 후 직장생활, 3) 직장 내에서 사상교육과 생활총화, 4)
영하 40~50도에서 김일성 항일투쟁 등의 이야기로 구성하였다. 이
야기의 주요내용을 살펴보면 천연화가 공산대학에 합격하여 처음으
로 대학교 철문으로 제작된 정문을 들어서는데, 눈앞에 보이는 새빨
간 간판에 '사상단련의 용광로입니다'라는 것을 보고 '아이고 죽었구
나'라는 생각을 했다고 하였다. 그러나 막상 대학교 생활은 그렇게
힘들지 않았다고 하였다. 학교에 들어가서 사상투쟁이 벌어지며, 생
활총화를 통해 자아비판을 하는 등, 대학에 들어와서 자기가 생활한
것을 잘했다! 못했다!에 대한 총화사업을 마치고 졸업을 하였다고 했
다. 천연화가 23살인 1979년도에 교원대학을 졸업하고 2경제(군수
공장) 산하에 있는 전깃줄을 만들어 포장하는 ○○공장에 경리겸 사
로청위원장(청소년상담사)로 일을 하다가, 25살에 출가하여 탁아유
치원 간식 만드는 '어린이식료' 공장 경리로 일을 하게 된다. 그다음

에는 '공장 가내반'과 '시 상하수도'에서 경리로 일을 했다. 학교 교사생활을 하던 남편이 갑작스런 교통사고로 사망하게 됨으로써 교사자격증을 가지고 있던 천연화는 38살에 남편이 근무하던 ○○학교의 교사생활을 하게 되었다. 교사로 근무하기 이전에 다녔던 직장생활은 아침 7시 30분까지 출근하였고 저녁 6시에 일을 마쳤다. 청소까지 마치면 저녁 7시 정도에서 9시경까지 월요일부터 금요일까지는 단체학습과 생활총화를 하였다. 단체학습은 월요일에 로작학습을, 화요일에는 기술학습을, 수요일에는 간부는 수요강연회를 가고 일반노동자는 현행 당정책 학습을, 목요일에는 일반강연회를, 금요일은 생활총화를, 토요일은 단체학습이 없다고 하였다. 또한 직장에서 직원들과 백두산으로 놀러가면서 도중에 사적지인 '청봉숙영지'를 돌아보았고, 영하 40~50도 오르내리는 곳에서 김일성이 항일 유격투쟁을 벌였다는 이야기 등으로 정리하였다.

1) 대학입학과 대학시절

천연화 ○○기관의 초급당 비서에게 추천서를 받아가지고 공산대학에 들어가서 면접을 보고, 3월 1일부터 수업이 시작되었어요. 그 공산대학교 정문 앞 철문을 열고 딱 들어서면 새빨간 걸로 '사상단련의 용광로입니다' 간판이 이렇게 되어 있었어요. 저는요, 그걸 확! 보는 순간에 '아이고 죽었구나' 군대에서도 너무 힘들었는데, 우리 아버지는 나를 왜 이렇게 힘들게 살게 만드냐! 이런 생각이 들더라고요. 그렇게 되는데 제가 다리가 다쳐서 온 사연이 있으니까, 그래도

다른 사람들처럼 보초도 안 세우고 좀 봐주더라고요. 그래
서 공산대학 다니는 동안에는 그렇게 힘들지는 않았어요.

연구자 대학교에서 보초를 서요?

천연화 그렇지요, 정문에 보초 서요.

연구자 학생들이?

천연화 예. 제복(적위대 복장) 입고, 자동보총(자동소총) 메고요.

연구자 총도 메고?

천연화 예.

연구자 그럼 실탄도 있는 거예요?

천연화 공탄 줘요. 무기는 진짜 무기인데.

연구자 여기(남한)는 경비들이 지키는데 북한은 학생들이 보초를
서나 보죠?

천연화 예. 교대로 근무를 서고 있어요.

연구자 24시간 교대로?

천연화 예. 교대로 서요.

연구자 아, 그래요. 밤에도?

천연화 예. 밤에 주로 세워요. 낮에는 일찍 교사들이 나와 돌아가
니까 덜 그런데.

연구자 아, 밤에는 보초를 세우는구나.

천연화 그런데 들어가서 한 달 생활하고 그다음부터 사상투쟁이
벌어집니다. 내가 사로청65)에 가맹한 때로부터 그 학교

---

65) 사로청이란 청년동맹단체로서 청년층을 대상으로 한 북한 노동당의 가장 중요한 외곽단체로
서, 1946년 1월 17일 '북조선민주청년동맹'으로 창립되었다가 1951년 '남조선민주청년동맹'과
통합하여 '조선민주청년동맹'이 되었다. 그 후 1964년 5월 '사회주의 노동청년동맹'으로 개칭
되었으며, 1996년 1월 현재 '김일성사회주의청년동맹' 명칭으로 바뀌었다. [네이버 지식백과]
김일성사회주의청년동맹[North Korean Democratic Youth League, 金日成社會主義靑年同盟](한

들어오기 전까지 내 생활총화, …… 사람 잡습니다.

연구자 학교생활 한 달 뒤에는 학교 입학 전에 개인 생활총화를
하는가 봐요?

천연화 예. 그게 내가 자아비판이 잘 안 되면 들어가서 "다시 준
비하세요!" 또 준비해 가지고 또 나와서, 또 토론해서 또
다시 안 되면 "다시 준비하세요!" 하면서 다시 시켜요.

연구자 그러니까 교수님이 생활총화를 시킨다는 거군요?

천연화 예. 그런데 원래 법 같으면 각 기관의 초급당 비서로부터
다 추천서를 받아가지고 입학했어요. 그 추천서에 결함이
뭐이고, 장점이 뭐이고 그런 내용이 다 적혀 있거든요. 그
런데 거기에 나타난 결함이 안 나타났을 때에는 계속 다
시 시키는 거야. 그래도 저 같은 경우에는 내가 이야기한
것이 별로 크게 잘못은 없었는지 한 번에 통과됐어요. 그
런데 어떤 사람은 5~6번 불합격 맞는 사람이 있어요. 그
렇게 생활총화를 우리가 보름 동안 해요…….

연구자 생활총화가 끝나면 공부는 언제해요?

천연화 …… 그다음에 정식 공부를 시작합니다. 아침에는 또 공부
시작을 하는데 철학도 배우고, 혁명역사 배워주고, 현행
당 정책도 배워주고, 현행 당 정책이라는 게 지금 당장 현
시대에 나온 말씀이거든요. 당의 정책을 배우고 또 그다음
에 상담기법 배워주고, 사로청들을 다루는 방법, 이런저런
기법도 배워줘요. 그다음에 저기 뭐야? 사업계획서 쓰는

국민족문화대백과, 한국학중앙연구원).

방법 배워주고, 그다음에는 분공 안[66] 짜는 방법, 보고서 쓰는 방법, …… 1년 동안 배워 가지고 마지막에 1년간 생활총화를 합니다. 그동안 공산대학에 들어와서 자기가 생활한 걸 잘했다! 못했다!고 자아 비판하는 총화사업이 있어요.

연구자 아, 대학교 입학해서 한 달 지나면 학교 입학 전의 개인 생활총화를 하고, 대학교 입학 후 1년 지나면 대학생활에 대한 생활총화를 한다는 말씀인가요?

천연화 예. …… 그렇게 해서 총화사업을 다 마감 짓고 공산대학을 졸업하고 집으로 오거든요. 집에 오면 해당 간부과로 문건이 넘어옵니다. 그러면 우리가 그때부터는 간부잖아요? 거기에서 배치를 해요. 어디로 가라! 그런데 저 같은 경우는 공산대학을 졸업하고 나서 그해 제가 20살 때 바로 ○○교원대학에 입학했거든요. 76년도 9월에 입학해서 79년도 8월에 졸업했어요.

2) 대학졸업 후 직장생활

연구자 그러면 대학교 졸업 후에는 진로가 어떻게 되나요?

천연화 예. 대학을 졸업할 때 낙제 맞으면 수료증 줘서 내보내요. 그렇게 해서 자기가 대학입학 추천서를 받아온 지역의 시(市)나 군(郡)으로 가요. 그리고 자기가 사는 지역 간부과로 평정서가 따라와요. 그러면 평정이 잘된 사람은 거기에

---

66) 천연화 말에 의하면 "분공 안이란 개별적인 과제를 말한다"고 하였다.

그냥 떨어지고, 그 평정이 안 좋은 사람은 시골 농촌으로 보내요. 가서 생활해서 조금이라도 제기됐던 사람들로, 그렇게 해서 나는 저기 뭐야? 소년단 지도원으로 배치가 됐어요! ……

연구자 아, 그러면 소년단 지도원으로 계속 근무를 했나요? 아니면 다른 데로 옮겼나요?

천연화 …… 아버지가 "또 기숙사 생활을 시키겠는가고. 이것은 아니다" 그러더라고. 그리고 2경제(군수공장) 산하에 전선 공장이란 게 있어요. 전깃줄을 만들어서 포장해주는 공장이라 하거든요. 그 경노동 공장이라 하거든요. 일이 쉽기 때문에. 그러니까 거기에 행정경리가 나 있다는 거지. 그래서 바로 제 아버지가 간부과에 전화를 해서 거기로 보내 달라고 이렇게 해서 거기……, 저는 사로청위원장으로 발령을 받아서 간 거지요. 그러니까 반 유급[67]이니까, 경리 겸 사로청위원장을 한 거예요. 그렇게 하다가 25살 되던 해인 1981년도에 시집을 갔어요. 시집가서 '어린이식료'[68]에서 경리일을 했어. 경리 겸 노동과장입니다.

연구자 노동과장이란 어떤 역할을 하는지요?

천연화 고용지원센터 과장[69]입니다. 그것이 북한으로 말하면 배치장(파견장)을 받아가지고 오는 것이고, 그 일과 함께 행정위원회 이부(통행증) 취급, 쌀눈깔(배급표) 취급, 이 세

---

67) 천연화의 말에 의하면-반유급: 사로청원들 인원이 유급인원이 안 되므로 반나절은 일하고 반나절은 사로청사업을 하는 것을 뜻한다고 하였다.

68) 탁아소, 유치원에 제공되는 간식 만드는 공장.

69) 남한으로 말하면 인사업무과장이라고 한다.

가지를 제가 하거든요. 이렇게 하다가 그다음에 한 일 년 하고 큰 아이 해산을 하고 암만 봐도 일을 못 하겠더라고…… 그래서 사직을 했어요. 사직을 하니까 우리 시아버지 혀를 쯧쯧쯧 갈기는 거여! 왜 갈기는가? 했더니, 우리 시아버지 그래요 "남은 들어가지 못해 그러는데 그렇게 쉽게 나온다고" 하기에, 제가 "아버지 그런 기업소는 나도 갈 수 있어요." 그런데 북한에 그게 먹는 공장이거든요. 식료공장이라는 게 아이들의 간식 만드는 공장이에요. 거기 보위부(국정원), 안전부(경찰) 가족이에요. 그런데 난 들어갔다 나왔거든요. 그러니까 우리 시아버지 혀를 쯧쯧쯧 갈기는 거예요. 그러니까 우리 시아버지 나를 거기다 넣을 때 일본 아들 자전거 한 대 주고 넣었대요. 지배인한테.

연구자 시아버지가 크게 생각해 가지고 자전거까지 뇌물로 주면서까지 특별히 부탁한 건대 사직을 했으니 속이 많이 상했겠지요.

천연화 그렇지요. 일본 아들 자전거는 북한에서 귀할 때에요. 그러니까 그걸 주고 넣었는데 내가 후꾸덕 안 하겠다고 사직하니까, 우리 시아버지 머리 아프단 거지. 그래 내 있다가 "아버지 괜찮아요" 그게 아니라도 얼마든지 직장은 있다고. 내가 할 수 있는 일은 있다고. 내가 가지고 있는 자격증도 있고, 있는데, 내가 뭐 때문에…… 고달프게 일해야 되는가. 정말 고달팠어요! 거기(어린이 식료공장)가. 사무실에서 일해도 모내기 전투[70]를 같이 나가지요. 또 그

다음에 4월 15일, 6월 1일 선물생산 할 때는 현장에서 일
하던 사람이나, 사무실에서 일하는 사람이나 관계없이 모
두가 현장에 들어가서 같이 일해야 돼요. 밤이고, 낮이고.
그리고 나니까, 나는 너무 힘들었어. 그래서 있지? 그만뒀
는데 우리 시아버지가 혀를 쯧쯧쯧 갈기더라고. 그러니까
우리 시어머니 "싫은 거야 못하지. 그만둬! 그만둬! 안 맞
으면." 시어머니 그러는 거야. …… 그렇게 하고 나는 너
무 힘들어서 그만두고 옷 짜는 가내반[71]에 가 있었어요.
가내반 인원이 한 500명이 돼요.

연구자 옷 만드는 공장에 일하는 인원이 500명이면 엄청 많네요!

천연화 예. 거기에서 편직기[72]를 하며, 거기 가면 한 달에 얼마씩
벌어요. 편직기를 하다가 일본 제품 편직기를 산(구입한)
거예요. 사서 그다음에 실을 사다가 냅다 기계로 옷을 짜
서 팔아 돈 벌어 들였거든요. 그렇게 장사를 한 거예요. 결
국은 장사를 한 거지. 그렇게 해서 돈을 버니까 남편이 뭐
라고 그러냐 하면 "야! 그러다 걸린다." 그래서 내가 "걸리
긴 왜 걸려! 직매점[73]에 내놓는데." 생활필수품을 만들어
납품하다가…….

연구자 옷을 만들어 직매점에 납품하는 일 다음에는 또 어떤 일을

---

70) 모내기 전투란 농촌동원을 말한다.

71) 가내반이란 남한에서는 가정주부들이 옷 짜는 일을 부업하는 공장을 말하며, 북한에서는 가내
반에서 8·3제품을 생산하는 옷 짜는 공장이라고 한다.

72) 옷 짜는 기계를 말하며 북한에서는 일본제품의 브라자 상호의 편직기를 사용하였다고 한다.

73) 직매점이란 북한의 8·3상점을 말하며 그곳에서 생필품 등을 파는 곳이라고 한다. 8·3이란
말은 북정권이 공장들이 멈춰 생산물이 없자 주민들에게 자투리나 부산물로 여러 가지 생필품
을 만들어 직매점에 내다 팔도록 강요하는데 김정일이 지시를 내린 그 날짜를 거들어 이 상품
을 '8·3제품'이라 함.

하셨나요?

천연화 예. 시 상하수도에 아이들이 좀 컸으니까 나가게 된 거예요. 그래 나가서 한 1년 다녔어, 내가 그 공장에서. 상하수도에서 수도관이 터지는데, …… 용접봉이 귀하거든요. 그 당시 90년대여서 용접봉이 귀하니까 너무 안타까워서 내가 조립트라는 곳을 갔어요. 조립트 조직비서가 저의 쪽으로는 사돈이거든요. 그래서 내려갔어. 그 길로 내려가서 조직비서 만나 가지고 용접봉 달라고 했어요. 그렇게 해서 용접봉 30kg를 가져왔어요. 한 본이 이렇게 다섯 키로(5kg)씩 묶음입니다. 요걸 6개 가져왔거든요. 30kg를 가지고 오려다가 집에 놓고 한 번에 나갈 때 다섯 키로(5kg)씩 가지고 나갔어요. 여기 가져온 거라고. 그렇게 하고는 사무실에 냅다 주고스리 나는 이부(통행증) 취급하니까, 행정위원회에 나갔다가 들어오고, 쌀 눈깔(배급표) 또 가지고 들어오고 이런 일 하다 보니까 그랬는데……. 그렇게 해서 그걸(용접봉) 공장에 한 묶음씩 갔다 줬거든. 단번에 풀어주면 안 돼요! 조금씩 풀어줘야 돼. 바쁠 땐 나를 불러서 빨리 가서 구해다 달라고, 이렇게 할 정도로 갖다 주는 거지. 그렇게 하고 그걸로 하루치 건달 치는 거지,[74] 그거 집에 갖다 놓고 앉아서. 그렇게 하고 편안하게 살고 있는데 말이야…….

연구자 시 상하수도에 일하고 나서도 또 다른 일을 계속했어요?

---

74) 남한말로는 그날은 일 안 한다고 땡땡이친다는 뜻이라고 함.

천연화 예. 제가 38살 때 (교사인)남편이 학교에서 다른 교사들과 식량공작[75] 하러 가다가 사고 나서 죽는 바람에 시 당교육부에서 오라는 거예요. 그래 가니까 '(교사)임명장을 쥐어주면서 가야 된다고' 남편의 뒤를 이어야 될 거 아닌가 하고……. 찍소리 못 하고 그 임명장을 쥐고(받아 가지고) 나왔어. 나 머리 아픈데, 난 이거 죽어도 교사 안 하겠다 했는데 교사를 해야 한다니까! 어쨌든 왔어. 아프다고 하고는 두 달 동안 아파서 못 일어났어요. 가뜩이나 남편 사망 때문에 신경을 써서……. 두 달 동안 못 일어나니까, 학교 교장선생님이 출근 안 한다고 난리 번지는 거예요(연구자 주: 빨리 출근하라고 재촉함). 4월 1일 개교인데 4월 한 달간 출근을 안 했어요. 그래서 그다음에 5월 1일부터 나갔어요. 학교에 출근하니까 바로 학급담임을 맡기더라고요…….

연구자 학교 선생님 경험 없이 첫 출근했는데 학급담임을 맡겼군요?

천연화 예. 담임을 맡으라고. 그래서 4년 동안 그거 맡아서 학급을 보는데 학교에서 10년을 교사생활을 해보니까, 그런데요? 오리농장에서 오리를 사육했을 때 어떤 달에 찌스래기(약해빠진 오리새끼) 오듯이 아이들도 한 해는 종자가 좋고, 다음 해는 찌스래기들이……. (벼)이삭 주워도 그렇게 못 주워요. 그렇게 오더라고요.

연구자 아, 새끼오리 키우듯이! 우수한 아이들이 입학할 때가 있

---

75) 도시에서 돈이나 물건을 가지고 농촌에 가서 쌀을 사거나 교환하는 것.

고, 여러모로 부족한 아이들이 입학할 때가 있다는 거군요?

천연화 예. 그러니까 사람도 돌기[76]가 있는 것처럼 아이들이 좋은 해가 있어요. 그러니까 뭣 때문에 그렇게 나오는지는 모르는데, …… 어쨌든 그렇더라고. 내가 그래서 생물학 연구사면 내가 저걸 연구했으면 좋겠는데, 이런 생각이 드는 거예요. 이삭을 주워도 그렇게는 못 주울 거예요. 정말 막 연하단(연구자 주: 알 수 없단) 말이야! 아이들이 아무리 배워(가르쳐)줘도 모르고, 키는 쥐바바리[77]같이 자라지 않고. 아이들이 그렇거든요. 그런데 한 돌기 아이들은 정말 종자가 좋아요. 그런데 제가 10년 있는 동안…….

연구자 참! 신기하네! 어떻게 그런 일이 생길 수 있는지…….

천연화 제가 4년 동안 학급담임을 맡았었어요. 그리고 나서 내가 모질게 앓았어요. 앓고 있다가 아버지에 대한 정치적인 문제로 안 되겠더라고, 그래서 평양으로 올라갔다, 내려갔다 하면서 내 교과서 구하러 간다고 구실대고 계속 평양 가서 살았어요. 그렇게 하다가 김대중 대통령[78]이 평양을 방문했을 때 그때 제가 평양에 있었어요. 그다음에 박근혜 대통령[79]이 평양에 방문했을 때도 제가 평양에 있었어요. 그렇게 있다가 그다음에 한 번씩 내려오고는 내려올 때마

---

76) 천연화 말에 의하면 여기에서 '돌기'란 오리농장에서 오리새끼를 입식해서 45일까지 키운 뒤 다 키운 오리를 출하하고, 그다음 키울 오리새끼를 입식하는 방식으로 반복적으로 순환될 때 오리새끼의 건강하고 약한 상태를 말한다고 하였다.

77) 쥐새끼처럼 너무 조그마한 것을 말한다.

78) 고 김대중 대통령은 지난 2000년 6월 15일 북한을 방문하여 김정일 수령을 만났다.

79) 현 박근혜대통령은 지난 2002년 5월 11일부터 5월 14일까지 그 당시 전 한나라당 대표자격으로 북한을 방문하여 김정일 수령을 만났다.

다 종이를 가지고 내려오고, 옷도 가지고 내려오고, 교재를 가지고 내려오고 이렇게 했거든요. 그때는 고난 행군시기라서 교과서 구하기가 무척 어려웠어요.

연구자 그렇겠죠! 고난의 행군시기라서 한참 힘들 때니까.

천연화 예. 그렇게 돼서 학교에 종이를 갖다 주니까 교장선생님은 좋다는 거지요. 그런데 종이는 또 평양종합공장 쪽에 ○○○가 저희 시누이 남편이에요. 그러다 보니까 종이는 정말 가서 쉽게 구해 왔어요. 그렇게 하고 교재는 종합인쇄공장에서 더러 나오지만, 저 대동강 구역으로 나가야 거기 인쇄공장에서 교재를 찍거든요. 거기에서 찍어 가지고 내려오고[80] 그랬어요.

연구자 직접 교재도 다 만들었네요?

천연화 내가 만드는 게 아니고 가서 인쇄해오는 거지요, 돈 주고.

연구자 아, 가르칠 학생 수만큼 교재를 인쇄해온다는 거군요.

천연화 예. 그러니까 학교를 위해서 수업을 아니 하고, 그런데 실제 난 아버지 문제로 평양에 간 건데, 구실이 없잖아요? 그러니까 그렇게 해가지고 한 번씩 내려오거든요. 그런데 어떤 일이 벌어졌는가? 2000년도에 그런 일이 벌어졌어. 북한이 대형사고가 났어! 어떤 사고인가?

연구자 2000년도에 대형사고라니요? 무슨 일 있었나요?

천연화 예. 1월 19일 나는 잊혀도 지지 않아요. 농업대회 올라가는 사람들, 그 차에 그 방통[81]에 같이 타고 평양에 올라갔

---

80) 북한에서는 평양을 기준으로 이동할 때 '올라간다, 내려간다'라고 표현.

81) 방통이란 열차 한 칸을 지칭할 때 사용되는 말이다.

어요. 올라갔다가 내려와야 되는데 그 차가 농업대회 끝나고 1열차[82]가 떠나서 오다가 저기 뭐야? 거차역인가? 역전 이름도 다 잊어먹어요. 양덕역 산꼭대기에 있어요. 그 꼭대기에서 차가 바람이 나서 뒤로 빠꾸했는데 1열차가 들어오고, 그다음에 어느 열차가 하나 있었어. 객대 석 대[83]가 완전히 사고가 일어났어요. 그런데 1열차 타러 평양역에 딱 나왔는데, 나 아는 안내원을 만나는 바람에 1열차를 놓쳤어. 놓치고 북골 평양 4열차[84]를 타게 됐거든요. 그래서 4열차 표를 끊어서 타고스리 올랐어. 올랐는데, 이게 신안주에 와서 대피 먹은 거야. '왜! 이거 대피 먹느냐?' 그리고 열차 밖을 내다보니 비행기가 꼭대기에서 막 떠다니고, 그다음에 짐차가 와! 정신없이 뛰어다니고 안내원들이 올리뛰고, 내리뛰고 이렇게 하는 거여! 그다음에 물어보니까, 사고 났다는 거지.

연구자 대형열차 사고 났나 봐요? 많은 사람들이 죽거나 다쳤겠네요?

천연화 숱한 사람이 죽었어요. 완전히 피바다였어요. 그렇게 사고가 났는데 학교에서는 평양에 올라간 게 내가 타고 내려간다는 전화를 받았거든요. 그러니까 학교에서는 우리 집으로 계속 들어온대요. "엄마 어떻게 됐냐? 빨리 알아봐라! 엄마 어떻게 됐냐?" 그 평양에서 전화 하니까 엄마는 이미

---

82) 1열차는 평양 ↔ 두만강까지 운행되는 열차.
83) 승객이 타고 있는 열차 세 칸을 말한다.
84) 4열차는 평양 ↔ 금덕까지 운행되는 열차.

떠났다. 엄마 1열차 탔겠는데, …… 나올 때는 1열차 탄다
고 나왔거든요. 그런데 이제처럼 4열차를 탔어. 이렇게 하
고 학교가 난리난 거여. 이렇게 됐는데 그다음에 3일 만에
통과하는데 야, 배고파 혼이 났어요. 3일 동안 있었으니까,
도시락을 싸가지고, 쌌는데 3일까지 갈 게 없잖아요.

연구자 그러면 3일 동안 열차 안에서 갇혔던 거네요?

천연화 예. 대피 먹고스리 그랬는데. 그다음에 그 양덕역을 보니
까, 맨 피바다야! 완전히. 그런데 3일 만에 깜바니아[85])로
다 정리하였는데, 차들이 부서진 것을 한곳에 모아놨더라
고. 바닥에는 피범벅이었고. 그렇게 됐는데, 이튿날 학교
에 출근하니까 어떤 선생은 막 우는 거야! 날 보고. 선생
님 남편까지 죽었는데 선생님까지 죽으면 어떻게 하는가?
우리 그렇게 걱정했다고. 막 이러는 거야. 그러면서 막 나
를 붙들고 우는 바람에 나도 덩달아 울었어.

연구자 그 상황에서는 완전히 죽은 걸로밖에 안 보이지, 그렇죠?

천연화 예. 그렇게 돼서 그다음에 4월 달에 다시 또 평양에 올라
갔어. 그때는 만유병원 진료검사로 올라갔거든요. 어쩐 가
면 4월이 봄 축전하기 때문에 그렇게 하고, 김대중 대통령
이 들어온다고 소리 났기 때문에 단속할 건 뻔한 거고 그
러니까 만유병원으로 통행증을 떼어가지고 간 거여. 그것
만 이 평양시에서 쫓겨나지 않아요. 그렇게 떼어가지고 갔
어요. 가서 그다음에 만유병원에 입원하는 걸로 했거든

---

85) 깜바니아는 속전속결이라는 뜻이다.

요…….

연구자 그럼 만유병원에 계속 입원해 있었다는 건가요?

천연화 아니요. 만유병원에 입원한 증명서를 가지고만 있었고, …… 그렇게 하고 평양시내 안 돌아다닌 데가 없었어요. 금수산기념궁전도 두세 번 들어갔다 나오고, 에, 완전히 있지! 그렇게 하고 평양시를 활개치고 댕겼어요.

연구자 아, 그럼 만유병원에 허위로 입원한 것으로 하고, 평양시내 구경하고 아버지 문제를 해결하려고 뛰어다녔군요?

천연화 예. …… 그카고 아버지의 정치적 문제가 그때 가서 최종적 결론을 본 거지! 안 된다는 거를. 그래서 와서 딸을 보낸 거여. 올라가 보니까 김정일한테 손을 여섯 번 씻은 ○○○부장[86])이 날 보고 "선생님! 선생님은 내 말을 이해할 겁니다. 우리가 누가 누구를 믿어야 되는지 지금 모르는 상황입니다." 딱 이 말을 하는 바람에 정신이 번쩍 드는 거여. '나라가 다 됐구나!' 이 생각이 들더라고요. 그렇게 하고 내가 내려오는데 김대중 대통령이 왔을 때 평양시에 외부에서 들어온 여행자는 다 내려갔는데, 내가 8월 16일 내려왔거든요. 평양에 4월에 올라간 여자가 지금은 8월에 내려온 겁니다. 차 연착이 돼서 8월 19일 도착했거든요. 16일 날 출발했는데 19일 날 도착했어. 차가 연착이 돼서 계속 이렇게 하면서 지연이 돼서 며칠 동안…….

연구자 예. 열차타고 이동하셨네요?

---

86) 김정일한테 잘 보이려고 아부를 잘하는 당 간부를 말한다.

천연화 예. 그렇게 해서 왔는데! 아, 웬걸! 열차 칸에서 단속하는 거여. 증명서를 다 뺏어버린 거야. 그러면서 "어떻게 돼서 이때껏 평양에 있었는가?"고. "만유병원에 입원한 확인서가 있지 않는가?" …… 진단서 떼 가지고 왔거든요. 그러니까 보더니 "알았다"고 그러더라고. ○○역에 도착하니까 안전원들이 또 와서 뺏는 거예요. 어떻게 평양에 이때껏 들어가 있었냐고…….

연구자 그거 누가? 열차 안에서 군인들이 검문하는 건가요?

천연화 아니요. 안전원들이, 여기 말하면 경찰이. 와! 악이 나는데, 그래 내 그랬어요. "이것 보세요? 아픈 사람이 올라가 있었는데, 그럼 병원에 입원한 거 내쫓는 가고" 하면서 디릸다(당차게) 싸움 붙고 난리 번졌어요. 그런데 무엇이 제일 유리한가? 공민증 뒤에 직업란이 있어요. '함흥시 ○○인민학교 교원' 이렇게 딱 박혀 있거든요. 그러니까 교시단위[87]이니까! 교원은 누구도 그렇게 까다롭게 안 해요. 그런데 어쨌든 평양에 올라가서 그렇게 오래 있었다는 것은 내적으로 다 내려보냈다는 거 다 아는데 올라가 있었다는 게 이해가 안 되는 거지. 그러니까 이것들이 뭔가 목적이 들어가서 시끄럽게 그러는 거지요. 그러니까 진단서 있잖아? 진단서 내놓으니까 말 못하더라고, 그렇게 하고 나왔어요. 그렇게 해서 역 밖으로 나오면서 이제는 안 되겠다! 뛰어야 되겠다. 국내에서는 절대 해결이 안 된다.

---

87) 교시단위란 현지 지도기관 요원을 말한다.

연구자 아, 만유병원 허위진단서를 가지고 열차검문을 피했군요. 그럼 그때 아버지 문제도 어느 정도 해결이 되었나요?

천연화 …… 아버지 문제는 분명히 본부당비서가 나하고 한 말이 있잖아요? "우리나라에서 세 번째로 큰 건입니다. 그러니까 이것은 전국수사를 붙여야 됩니다." 이 말을 했잖아요? 그러니까 어쨌든, 어느 사람이 큰 사람이 업되 있기 때문88)에 이것은 절대적으로 자국 내에서는 해결을 못하는 문제예요. 그렇게 하고 김정일이 싸인했기 때문에 다 손을 드는 거여. 그다음에 안 되겠다, 그래서 아버지 이미 사망되고 없지만 그 녹음테이프 가지고, 그렇게 하고 준비 다 해서 보위부와 그 싸움할 때마다 우리가 썼던 자료들을 다 가지고…… 그런데 어리석은 게 그거 가지고 넘다 보위부에 잡히기만 했으면 우리는 사형이여! 그 서류들 다 가지고 넘어섰으면. 사형 당한다고 잡히기만 하면. 그러니 그런 생각을 못 했던 거예요. 그렇게 하고 어쨌든 문건을 쥐고 뛰어 넘었어…….

3) 직장 내에서 사상교육과 생활총화

연구자 직장 생활을 할 때는 보통 출·퇴근을 몇 시 정도에 하나요?

천연화 아침 7시 30분에 도착해야 해요. 도착하면 8시에 일이 시작돼요. 오후 6시에 끝난다고 하지만 대체로 보면 그렇게 못 끝나요.

---

88) 큰 권력자가 뒤를 봐주고 있다는 말이다.

연구자 그럼 오전 7시 30분에서 8시 사이에는?

천연화 청소해요. 탈북자들이 여기(남한)와서 느끼는 게 그게 있어요. 회사에 들어가면 청소를 해주는 게 그 사람들의 철칙이에요. 그러니까 자기 작업장 다 청소하고, 변소 청소하고, 그런 게 있거든요. 그러니까 나는 그거 자기 몸에 밴 거예요. 그런데 제가 여기(남한)서 한국사람 데리고 일해 보면 청소를 죽었다 깨도 안 해요! 아무리 어질러놔도 안 해요.

연구자 그러면 8시에 근무시작을 하고 점심도 똑같이 12시부터 오후 1시까지 먹는 거예요? 퇴근은 6시 이후에나 하나요?

천연화 6시에 끝나면 모여 작업총화 하고, 그다음 7시부터 또 학습해요. 그러고 나면 오후 8시나 9시 정도 퇴근해서 집으로 가는 거예요.

연구자 아, 그러면 오후 6시 정도면 직장의 일은 마무리하고요?

천연화 7시 돼야 마무리돼요. 6시 30분까지 일하던 거 다 청소를 해요. 제대로 정리해놓고 가서 작업총화 하거든요. 그런 다음에 책 들고 선전실 또는 작업반 회의실에 다 모이는 거지요, 기술 학습한다고…….

연구자 직장 일을 오후 7시에 마무리하고 나면 학습은 매일 정해서 하는 건가요?

천연화 예. 학습은 한 주간 딱 정해져 있어요. 월요일은 로작학습날,[89] 화요일은 기술학습날,[90] 수요일은 현행 당정책학습

---

89) 천연화가 설명한 로작학습 내용을 살펴보면 김일성동지 혁명력사. 김일성이 혁명한 내용을 배우는 거지요. 어려서부터 체계적으로 배워 올라왔는데, 인민학교 때는 김일성의 어린 시절 따

날,[91] 목요일은 일반 강연회날,[92] 금요일은 청년학교 생활
총화날,[93] 토요일 일요일은 안 해요. 일요일은 쉬는데 쉰
다고 해도 '좋은 일하기'가 있어요. 남한에서는 자원봉사를

라 배우기, 어렸을 때 김일성이 부모님한테 어떻게 했고......, 이런 걸 배워주는 거예요. 그렇
게 하고 12살 때 배움의 천리길을 걸었고, 어쩌고......, 그 노래도 있어. 그런 노래까지 배워주
고 다 그랬거든요. 12살에 걸어서 팔도구까지 간 내용으로 노래 제목은 '배움의 천리길'(노래
가사는 "배움에 천리길 로정은 팔도구 → 포평 → 월탄리 → 오가자 → 화평 → 흑수 → 직고
개 → 장강 → 강계 → 변하고 있네!" 후렴으로는 "아~ 어서가자 개고개 → 명문리 → 희천
→ 향산 → 구장 → 개천 → 신안주 → 평양 → 칠골 만경대")이란 노래입니다(천연화는 이 노
래를 잠시 불러주었다). 그러니까 그거 배우고 고등중학교 1학년부터 3학년까지 김일성의 항
일 무장투쟁을 시작한 때입니다. 그러니까 초기 혁명 활동을 시작한 내용입니다. 1932년 4월
25일 날에 유격대를 창건해가지고 총이 없어서 총을 가서 구해오는 거, 그다음에 폭약을 탄광
에 가서 가져다가 작탄(폭탄)을 만드는 거, 그다음에 어느 연유 창고를 치는
거......, 그렇게 해서 또 기름을 빼오는 거, 또 이제 토벌대들이 유격 근거지로 달려오면 그 작
탄(폭탄)을 가지고 싸움한 내용, 이런 것들을 김일성이 이끌어 간 내용을......, 그렇게 하고 유
격대원들이 김일성한테 충성한 내용, 그걸 우리가 배우고 초기혁명 활동 끝났어요. 그다음부
터는 기본혁명 활동에 들어가거든요. 유격투쟁에 들어갔고, 유격대도 만들어지고 혁명력사는
동해에 번쩍, 서해에 번쩍 했다나 어쨌다나 축지법을 썼다 이렇게 하며 배워주는 거지요. 사회
에 나오면 내용이 달라지거든요. 혁명력사가 1945년 8월 15일 이후 내용을 만들어 전후복구
건설 내용을 배워주고 있어요.

90) 천연화의 설명에 의하면-자기가 하는 업무에 대한 기술을 배우는 거지요. 기술지도원이 다 나
와서 강의해줘요. 기계에 대한 거나, 성능에 대한 거, 주의 사항 등에 관한 기술학습을 시켜줘
요. 그러니까 결국은 안전교육까지 해주는 거지요. 그러니까 선생님이 강의하는 게 아니고 기
계대학 졸업생은 기계분야로 하고 다른 분야는 각 분야별 대학 졸업생들이 기술지도원으로 와
서 강의하거든요.

91) 천연화의 설명에 의하면-현행 당정책이라는 건 최근에 나온 그 말씀들이거든요. 교시(김일성
또는 김정일 말씀) 그걸 학습시켜요.

92) 천연화 설명에 의하면-목요일 날은 수요일에 간부들이 간부 강연회를 갔다 와서 그 내용을 목
요일에 우리에게 강연회를 간부들이 시켜요. 그리고 '회상기책' 있어요. 항일빨치산 참가자들
의 회상기 이렇게 돼 있던가? 이름 다 잊어 먹었어. 그런 책들이 있는데 근로단체 책임자들이
사업계획서에 따라 사업 분공을 주는 것입니다. 그럼 내가 계획을 딱 짜서 사로청원들에게 분
공(과제)을 딱 줘요. 누구는 어느 날에 무엇을 하고, 누구는 어느 날에 무슨 제목 발표하고, 누
구는 어느 날에 무슨 제목......, 이런 것을 주거든요. 그러면 목요일 경우에는 그거 발표하는
거예요. 그렇게 하고 로작 한 달에 몇 권을 발췌해라. 그다음에 회상기 책 몇 권을 발췌해라.
주체사상 그것도 무슨 제목 발췌해라. 주체사상이라는 말은 그 김정일 때 생긴 말이고, 그런
거 발췌하거든요.

93) 천연화 말에 의하면-청년학교는 청년들이 하는 학습이고, 생활총화는 '주 동맹 생활총화'는 한
시간 또는 30분도 안 걸리는 생활총화입니다. 100% 참가해야 합니다. 김정일의 말씀시간에
는...... 주에 한 번씩 10대원칙 또는 김일성교시나 김정일 말씀을 인용하여 자신의 생활에 잣
대로 놓고 총화를 짓습니다. 그리고 주로 하는 것은 한 주간 행사를 했죠. 그러면 내가 연구실
학습 빠졌다, 기술학습 빠졌다, 뭐 빠졌다, 하루 무단결근 했다, 이런 자기비판을 하는 거지요.
자아비판을 하고 그다음에 있지? 호상비판(상대방을 비판하는 것)에 들어가는 거지요. 또 무단
결근해서 상대방 일자리가 비다 보니까, 그날 작업장에서는 좀 혼돈이 오잖아요? 한 사람 나오
던 게 안 나오니까. 그러니까 거기에 대한 비판을 하고, 이런 게 잘못됐다고, 그렇게 해요.

북한은 '좋은 일하기'라고 해요. 또 인민군대 전사자 가족 집에 가서 도와주는 일, 그리고 또 현장에 나와서 밭에서 일하고 이런 게 있어요.

연구자 젊은 연인들은 진짜 데이트 할 시간도 없겠네요? 매일 아침 7시 30분까지 출근하고 오후 9시 정도나 돼서야 집에 들어가니까…….

천연화 그래도 그 속에서 연애 하는 사람들도 많이 있어요. 아무 개하고 아무개는 친했습니다. 아무개는 누구하고 연애합니다. 자기들끼리 말하는 거 보면 그래요. 그렇게 하고 있지! 작업반장 보고 시간을 좀 달라고 그래요. 작업반장 보고 "작업반장 동지! 나 사정 좀 있는데, 오늘 좀 못 나오겠다"고 그러면 시간을 줘요. 그다음 있지, 그날 이제 행사가 있거든. 사로청 행사 날이라 하면, 언니 나 오늘 남자 친구랑 어떻게 해야겠는데, 시간이 없으니까, 나 오늘 못 참가한다고……. 하나부터 백까지 다 보고하고 다녀야 돼요. 일단 아침 7시 30분에 출근을 하면 퇴근할 때까지 모든 사람들의 움직임을 알아야 되거든요. 퇴근한 이후는 자유니까.

연구자 통행금지 시간도 있나요?

천연화 그런 거는 없어요. 그러니까 어떤 아이들 이야기를 들어보면 공원에 가서 둘이 뭐 먹고, 싸 가지고 올라가 먹고 내려왔다. 또 좀 뿌한 거(부족한 거)는 다 말해요. 똑똑한 아이들은 말 안 해요.

연구자 10시 넘어서는 자유시간이니까, 공원에 가서 서로가 얘기

할 수도 있고, 그런데 너무 어두우니까.

천연화 공원에 불이 없어요. 그렇게 간 거는 뭐 때문에 갔겠어요? (웃음) 어둠 속에 가 있는 건 그거지요…….

연구자 그럼 청춘남녀가 데이트하려면 저녁 9시 이후나 가능하고, 아침 7시 30분까지 출근하니까 시간 여유가 너무 없네요?

천연화 그래요. 자유시간이 그렇게 많지 않아요. 지배인이랑 당 비서랑 사무실에서 12시까지 일을 하고 3시까지 오침(낮잠)을 하고 나오거든요. 노동자들은 당 비서하고 지배인이 마지막까지 있으니까 눈치보고 10시까지 일하다가 퇴근했는데, 당 비서하고 지배인이 눈치 보지 말고 퇴근하라고 지시해서 그다음부터는 8~9시 정도에 퇴근했어요.

4) 영하 40~50도에서 김일성 항일 투쟁

연구자 북한은 직장 다니면서 직장동료들끼리 놀러 다니고 그러지는 않나 봐요?

천연화 예. 놀러 간적도 있었어요. …… (북한에서)다녔던 가내반에서 돈 있는 사람들끼리 놀러갔어요. 우리가 선택한 여행지는 백두산을 목적으로 가는데 량강도 혜산에서 내려 리명수[94]와 김일성이 항일무장투쟁을 했다는 '청봉숙영지'라는 사적지를 방문하게 되었어요. 그곳은 영하 40~50도 오르내리는 지역으로 김일성이 유격투쟁을 벌였던 현장이었어요. 거기는 잡목이 있기는 있지만 잣나무와 떡갈나무

---

94) 리명수: 량강도 혜산시에 있는 관광지이다.

가 빽빽하게 곧게 뻗어 하늘을 찌를 듯이 자랐어요. …… 언제인지 정확하게 기억이 안 나는데, 다녔던 가내반에서 단체로 단합대회를 가는데, 청봉숙영지를 이렇게 가는데 감문경비도로가 있어요. 그 길은 저기 뭐야? 토벌대 놈들이 거기 주둔하고 있는데, 거기에 김일성이 유격대원들에게 일본토벌대 옷을 입혀가지고 감문경비도로를 통과하는 내용이 나오는데, …… 역사에.

연구자 아, 청봉숙영지가 과거에 김일성이 항일투쟁 했었던 장소였나 봐요?

천연화 예. 맞아요. …… 그런데 그 길로 가거든요. 우리 일행이 자동차를 타고 북을 두드리고 노래를 불러 대면서. 그곳은 사적지가 돼서 조용히 해야 되거든요. 그런데도 차에서 떠들어대고 노래 부르고 놀고 하면서 차를 사적지 앞에 세워놓고 차가 못 들어가니까, 차에서 모두 내려서도 북을 치며 노래 부르고 숙영지 안에 들어갔거든요. 관리원과 해설자들이 나와서 막았어요. 이렇게 하면 안 된다고 말리는데, 그런데 이것들이 술을 먹었거든요. 아, 우리가 놀러왔는데 왜 못 드가냐? 그러니까 안전원이 막았어요. 여기는 유희장이 아니고 여기는 사적지라고. 그렇게 하니까 그다음에 정신들 차린 거예요. 잡혀가겠네 하면서…….

연구자 사적지 안내는 해설사가 따라 붙어서 설명해주나 봐요?

천연화 예. 해설원이 자세히 안내해줘요. …… 들어가 앉아서 해설을 들으니까 혁명력사에서 배운 것처럼 아, 그런데 보니까, 영하 40~50도 오르내리는데 그곳에서 유격투쟁을 했

다는데, 나는 이해가 되지 않아요? 사적지 해설원이 해설
하면서 안내하는 대로 따라가 보면 나무가 다 꼿꼿해서
일직선이야. 잣나무, 떡갈나무, 엄청 다 일직선이에요. 그
런데 그곳에서 여자들도 투쟁을 했다는데! 그게 참, 수수
께끼더라고. 여자들이 동상에 걸리지 않았을까? 이런 생각
이 들어요.

연구자 예. 영하 40~50도에서 유격투쟁을 벌였다면 충분히 동상
도 걸릴 수 있겠네요?

천연화 그렇지요. 영하 40~50도 오르내리는데 그런데 그 속에서
그래도 아이들도 놓고, 어쨌든 투쟁을 했다는 거예요! 이
해 안 가요.

연구자 예. 영하 40~50도면 엄청 추웠을 텐데. 좀 과장된 이야기
같네요.

천연화 …… 그래서 그런지 김일성의 얼굴색을 보면 새까만 철색
이에요. 얼어서.

4. 고난의 행군시기의 다양한 경험(1990년대 중·후반)

이 글은 천연화가 고난의 행군시기[95]의 다양한 경험 등을 이야기
로 재구성하였다. 글의 구성은 1) 고난의 행군시기에 겪었던 경험,
2) UN에서 북한주민 촬영과 북한의 새경제관리 개선조치, 3) 외화

---

95) 고난의 행군시기는 1990년대 중·후반 국제적 고립과 자연재해로 수십만 명의 아사자가 발생
하는 등 북한이 경제적으로 극도의 어려움을 겪은 시기에 제시된 구호를 말한다. 원래 고난의
행군이란 말은 1938년 말~1939년 김일성 주석이 이끄는 항일빨치산이 만주에서 혹한과 굶주
림을 겪으며 일본군의 토벌작전을 피해 100여 일간 행군한 데서 유래했다. [네이버 지식백과]
고난의 행군(시사상식사전, 박문각).

벌이 도토리 따러 갔다 생긴 사고, 4) 군인들이 식량을 훔쳐감, 5) 옥수수로 술을 제조해서 판매한 이야기 등으로 구성하였다.

이야기의 주요내용을 살펴보면 고난의 행군시기의 함흥시에 있는 공장들이 다 문을 닫으니까 노동자들은 먹을 게 없어서 공장기계를 다 뜯어다가 그 부품을 중국에 가져가서 담배로 바꿔오기도 했다는 이야기와 북한에서는 김정일이 권력을 잡고부터는 이미 고난이 시작되었다고 하였다.

1980년대 들어와서는 식량배급을 15일분에서 2일분을 뺀 13일분만 배급을 주기 시작하였다고 했다. 1993년 8월부터는 함흥시에 식량 배급이 완전히 중단되었고, 이로 인하여 많은 사람들이 굶어 죽었다고 하였다. 한번은 식료상점 앞에 많은 사람들이 줄지어 서 있어서 물어보니까, UN에서 나와서 소고기를 배급해준다고 하였다. 천연화도 같이 줄을 서 있었더니, UN에서 나온 사람이 촬영하는 맨 앞에서는 소고기를 한 사람당 1kg씩 주는 것을 받아가지고, 뒤로 돌아가서는 다시 반납하여 쏟아 넣고 500g으로 줄여서 다시 주었는데, 나머지는 누가 먹었는지 모른다고 이야기하였다.

또한 외화벌이 도토리를 따러 산에 갔다가, 도토리를 따가지고 내려오는 길에 자동차가 전복되면서 죽다가 살아난 이야기와 어느 날 군인들이 엄마네 집 벽을 뚫고 식량을 다 훔쳐가서 너무 힘들었다는 이야기도 했다. 이러한 어려움을 이겨내기 위해 위기를 기회로 삼아 군대담배, 옥수수 술, 의류 등을 판매하여 많은 돈을 벌었다는 이야기 등으로 정리하였다.

1) 고난의 행군시기에 겪었던 경험(1990년대 중·후반)

연구자 지난 90년대에 고난의 행군 시기를 어떻게 겪었으며, 또 그때 주변 이웃들이라든지, 그 상황을 기억나는 대로 말씀 해주세요?

천연화 예. 지난 고난의 행군시기에 공장들이 딱 서니까 노동자들 은 먹을게 없잖아요?

연구자 예. 그 당시에는 공장들이 정상적으로 운영하기가 매우 어 려운 시기였죠?

천연화 ······ 공장에서 일했던 사람들이 공장기계를 다 뜯어갔어 요. 그 부품을. 그런데 총 한 방 쏘지 않고 전쟁을 겪은 것 만큼 공장들이 다 폐허가 된 거예요. 그런데 그게 다 어디 로 갔냐? 중국에 간 거예요.

연구자 그럼, 근로자들이 공장기계 부품을 빼내어 중국에 팔아먹 었단 말인가요?

천연화 예. 중국에 가서 뭐로 바꿔 오냐? 담배로 바꿔 왔다고. 그 러면 귀금속(기계부품) 가져가서 풀(담배)로 바꿔 왔거든 요. 그게 말이 돼요? 그러니까 북한에서는 이건 잘못된 거 다 하는 거지요.

연구자 고난의 행군시기가 가장 힘든 시기였잖아요.

천연화 예. 북한에서 제일 힘든 시기로 첫 번에 겪은 게 함흥이에요.

연구자 고난의 행군시기에 함흥에서 가장 먼저 피해를 입었나요?

천연화 예. 함흥시가 첫 타격 받았어요. 왜 받았냐? 5대 공장을 끼 고 있던 게 갑자기 섰어요(공장 운영을 멈춤).

연구자 5대 공장이요? 그 당시 함흥시에 5대 공장이 있었나 보군요?

천연화 예. 5대 공장[96]이 훌(갑자기) 무너지며 그때 첫 타격이 거기에 들어온 거예요. 그런데 북한에서 이미 예전부터 김정일이 올라앉아서(권력을 잡고부터는) 고난을 겪기 시작했어요. 내가 75년도인가 76년도인가 공산대학에 갔을 때, 그해부터 식량수매[97]라는 게 제기됐어요. 70년대에. 그리고 80년대에 들어와서 보름치(15일)에서 두 눈깔(2일분 배급)을 잘랐어. 그러니까 13일치 쌀을 준다고 했어요.

연구자 아, 식량 배급을 15일치에서 13일치로 줄여서?

천연화 예. 15일치 배급[98]도 모자라서 허기진 상태인데 13일치를 준다고 하니까, 그렇게 어쨌든 잘라(줄여서)와서 죽 쒀먹는 집이 조금 많았어요. 그러다 보니까 80년대부터 사람들이 조금씩 장사도 좀 신경 썼고, 조금씩 눈 뜬 사람들은 '돈을 좀 굴려보자'고 하는 것이 조금씩 보였어요. 저도 그때 당시에 아이들 놓고 가내반에서 있으며, 편직기를 사서 장사를 했어요. 그게 80년대였어요. 그렇게 해서 했는데, 90년대, 93년도 8월 16일부터 함흥시 배급을 전혀 못 줬어요. 그러다 보니까 직탄(배급이 전면 중단됨)을 맞아서 모든 사람이 굶어서 여기저기에서 지나가다가도 쓰러져 죽고……

---

96) 5대 공장: 흥남비료련합기업소, 룡성기계공장, 2·8련합기업소, 17호 공장, 공작기계공장.

97) 천연화 말에 의하면 식량수매는 75년도부터 개인에게 배급해준 식량의 일부의 양(예를 들면 100% 배급량 중에서 20% 정도의 양)을 당에 다시 받치도록 한 것이 식량수매라고 하였다.

98) 배급: 입쌀(백미) 30%, 잡곡(강냉이쌀) 70%를 배급하였지만 고난의 행군시기에는 이것마저 없음.

연구자 배급이 전면 중단되어 먹을 게 전혀 없었던 거죠?

천연화 예. 먹지 못하니까! 그냥 거리로 방황해 다니고 이렇게 됐 거든요. 그런데 제일 안쓰러운 게 뭔가? 역전에 나가면 4살짜리가 사탕을 파는 거예요. 4살짜리가 돈을 알까요?

연구자 아니, 4살짜리가 장사를 해요?

천연화 예. 사탕을 팔아요. "사탕 사세요! 사탕 사세요!" 그러니까 모두 안쓰러워서 사주는 거예요. 그런데 제가 그런 것들도 목격할 때는 너무 가슴 아팠고, 제가 교단에 서서 보면 아 이들이 수업을 거의 못 나와요. 학부형 집에 가보면 온 가 족이 다 굶어서 얼굴이 퉁퉁 부어서 자리 펴고 누워 있어 요. 그러니까 어떤 학급은 학생 두 명을 놓고 수업하는 때 도 있었어. 고난의 행군 시기에 그렇게 힘들었거든요. 그 런데 저 같은 경우에는 80년대부터 조금씩 장사를 했기 때문에 그 힘든 시기에는 고난을 겪지 않았어요. 그러니까 우리가 96년도부터 시작해서 98년도까지. 96, 97, 98년 이 때가 제일 힘들었어요.

연구자 한 3년간? 아, 80년대부터 장사를 했기 때문에 고난의 행 군시기에는 아주 큰 고생 덜했다는 거군요. 그런데 96년 도부터 한 3년간은 고생하셨나 봐요?

천연화 예. 그런데 저는 96년도부터 시작해서 98년까지 고난의 행군을 겪기 시작한 거예요. 왜 그런가? 학교에 나가 일하 니까 다른 일을 못 하잖아요.

연구자 그렇겠죠. 학교에서 학생들을 가르치다보니까, 장사할 시간 이 부족해서 장사를 못 하니까 경제적으로 힘들었겠네요?

천연화 예. 그러다 보니까, 그냥 있는 돈은 깎아먹고, 그 돈을 사기당하고 이렇게 된 거예요. 남편이 죽으니까 계속 돈이 새는 거예요.

연구자 그렇죠. 장사를 못하니까 돈을 따로 벌 수가 없잖아요?

천연화 예. 그러던 어느 날 927상무(검열조직)에서 연락이 왔어. 량강도 혜산에서 학생이 하나 뛰어서 행방불명이 됐는데 그 학생이 927상무에 잡혀 있으니 와서 데려가라고 학교로 연락이 와서……. 그러면 누가 데리러 가느냐? 담임이 가는 거예요. 그래서 가는데 차는 연착이 되니까 무한정 걸리고, 그래서 자동차를 타고 어디로 가냐? 장진99)을 거쳐 부전100)에서 내려 량강도 혜산으로 걸어 들어가요. 그러면 3일이면 가거든요. 그렇게 927상무에 가서 그 아이(학생)를 찾아가지고 왔어요. (학생을 데리러 갈 때)달러를 가지고 갔어요. 달러를 가져가니까 달러 한 장에서 800원이 떨어집니다(이익이 생긴다는 뜻).

연구자 양강도에서는 1달러를 거래하면 함흥시보다 1달러에 800원씩이나 달러가치가 차이가 있나 봐요?

천연화 예. 800원. 그게 상당히 많이 떨어지거든요. 그렇게 해서 바꿔 가지고 거기에서 물건을 사오는 거예요, 압록강 국경 근처니까.

연구자 아, 함흥시에서 가져간 달러를 1달러당 800원씩 이익금으로 남겨 이익금 총액으로 물건을 사가지고 온다는 거군요?

---

99) 장진: 함경남도 장진군.

100) 부전: 함경남도에 있는 지명.

천연화 예. 그렇게 사가지고 그다음에 올 때는 거기에서 열차를 타는 거예요. 열차를 타고 오다가 앞에 앉은 아가씨 서이(셋) 앉았는데, 한 아이가 너무 춥게 옷을 입었더라고. 그래서 사가지고 온 겨울 동복을 하나 입혔어. "갈 때까지만 입어라!" 주는 거는 아닌데 "입어라" 했더니, 그 옷을 입고 달아난 거예요.

연구자 이런! 열차 안에서 얘들한테 불쌍해보여서 잠깐 동정을 베풀었는데, 아예 그 새 옷을 입은 채 달아났군요?

천연화 예. 온 열차를 다 뒤졌는데 없어. 역무원들까지 동원해서 들췄는데, 그러니까 도중에 내린 거지요. 그래서 보니까 배낭 안에서 화장품 사온 것까지 다 꺼내간 거야. 얼마나 기가 막히던지! 그래서 원가를 걔네가 도둑질하고 나니까 없는 거예요. 본전만 살린 거지요. 아, 어떻게 악이 나는지. 그렇게 한 번⋯⋯. 어쨌든 보니까, 남편이 죽고 나니까 돈이 안 되는 거예요⋯⋯.

연구자 그 고난의 행군시기에 학생들의 상황은 어땠어요?

천연화 ⋯⋯ 그렇게 고난의 행군이 저는 98년도부터 시작이 돼가지고 너무 힘들었어요. 그렇게 힘든데 학교에서는 지금 어떻게 하는가! 아이들이 먹을 것이 없으니까 결석하는 아이들이 많으니 학교에서는 교사들 보고 자꾸 데려오라 하지요. 그러니까 학급반장들이 (안 나온 학생들을)데리러 다니고 이러거든요. 그런데 저희 딸이 중학교 올라가서 사로청에 가맹하면 초급단체라고 하는 초급단체 비서를 했어요, 걔가. 그러니까 남한학교에서 학급회장이 북한에서는 초급단체 비서로 돼 있어요. 그런데 걔네 반에 한 애가 고기장사 하는 게 있었어. 그게 고등중학교 3학년이 되는 아이가 고기장사를 하는 거예요. 그러니까 걔는 9살 때부터 고기장사 했어요, 공부를 안 하고. 그러니까 학교에서는 계속 데리러 다니게 하거든요. 그래서 (딸이)가는 거 내가 "놔둬라! 그 사람이 오죽하면 9살짜리를 장사를 내보냈겠냐! 선생님 보고 데리러 갔는데 없더라! 그렇게 해라" 그랬거든요…….

연구자 아. 그때는 생활이 어려우니까 학생들이 학교에 많이 나오지 못했군요.

천연화 예. …… 그카고 아니나 다를까 99년도부터는 내가 그 길에 놓이는 거예요. 집의 재산을 팔기 시작했어! 그런데 제가 어째 그렇게 됐는가. 양강도 혜산으로 927상무에 아이를 데리러 갔잖아요? 갔다가 와서 '파라' 걸린 거예요. '파라티푸스'[101]라는 게 옛날에 고열이에요. 고열병. 그거 걸린 거예요. 와! 드러누웠는데 완전히 그게 '돈티푸스'예요. 그건 돈을 먹어야 낫는 병이에요. 그러다 보니까 자리 펴고 누웠어요. 그러니까 돈을 먹기 시작한 거지, 있는 돈을 다 먹고. 사기 당해서 돈은 신의주까지도 날아가 있고, 어떻게 방법이 없어! 헤어날 길이…….

연구자 그래서 다른 방법을 찾았나요?

천연화 예. …… 그래서 그다음에는 내 친구가 군인상점의 판매원

---

101) 국어사전에 의하면, 파라티푸스는 파라티푸스균에 의하여 일어나는 소화기 계통의 급성 전염병.

책임자로 있었어요. 거기 노무자들이 사는데 거기에 점장이거든요. 그래서 거기 친구한테다가 부탁해서 행표[102]를 받아와요. 행표로 이제 1,000원짜리 가져오거든요. 그러면 그 1,000원짜리를 가져다가, 또 고모가 식료품점에 있어 거기에다 넣고 현금 뽑아요. 우리 고모는 내가 현금 뽑는 거 몰랐어요. 우리 고모가 알면 죽이자 하지! 그런데 내가 작은 계획지도원인 거예요. 고모가 계획지도원이니까, 내가 그 상업망에서는 작은 계획지도원인 거야. 내가 고모 조카라는 것 다 아니까. 그러니까 책임자하고 짜고 행표를 주고 현금을 달라, 그렇게 해서 이제 돈이 몇 달에 한 번 빠져요. 이렇게 들어오는 돈으로 해서 주는 거예요. 그 행표를 자기들이 쓰고. 이렇게 해서 돈을 뽑아서 쓰고, 그렇게 해서 안 되면 515군부대[103]에다가 연락을 해서 또 행표를 뽑아와요. 한 1,000원짜리를 뽑아오면 그걸 동그라미를 하나 더 쳐서 10,000원짜리로 만들어요. 그렇게 해서 그것을 현금으로 뽑는 거예요, 제가. 이번에는 채과 도매소(채소 도매상)에다 행표를 넣어 현금으로 바꿔옵니다. 그런데 그 돈이 들어가서 사용할 때는 9월, 10월이에요. 어쨌든가 채소 날 때, 과일 날 때. 그때라야 현금 뽑기 좋거든요. 그렇게 해서 넣어서 뽑아서 쓰고. 그런데 그래도 어느 정도지 이렇게 공짜로 생기는 돈은 값이 없어요. 헤퍼요! 완전히. 그러다 보니까 내가 자리 펴고 누우니까, 엄

---

102) 국어사전에 의하면, 행표는 수표를 의미하는 북한말.
103) 천연화 말에 의하면 515군부대는 7군단(함경남도 함흥시 도흥구역)에 위치한 군부대를 말한다.

마집도 같이 쓰러졌어. 내가 계속 엄마를 도와주던 게 못 도와주게 됐어요.

연구자 그 이후 엄마는 어떻게 보살폈나요?

천연화 …… 우리 여동생이가 또 량정사업소 쌀 다루는 데 있었어요. 그러다 보니까 거기 작업반장이니까 남편이 냉동 창고장 했고, 그렇게 하니까 거기에서 식량을 엄마 집에다 대는 거예요. 걔가 나를 대신해서. 그러니까 맏딸이가 드러누워서 대주지 못하니까 그다음에는 내가 송구스러운 거예요.

연구자 천연화가 많이 아파서 대신 여동생이 엄마를 보살펴주어 다행이네요.

천연화 그렇게 해서 제가 2000년도에 많이 아파서 평양 만유병원 입원으로 평양가고, 또 갔다 와서는 앓아 드러눕고, 그렇게 하다가 그다음에 얼마 안 돼서 학부형(군 고위간부)한테 부탁해서 행표를 구해 달라고 했어요. 행표[104]라는 게 뭐인가? 하면 그거예요. 군대물품 구입에 쓸 수 있는 군화 쪽지예요. 그렇게 해서 군부대 행표를 구했어요. 그렇게 하고 회령[105] 갔어. 이제는 내가 친정아버지 죽어서 내가 뛰어야 된다고(탈북해야 되겠다고)! 그 얘기했다고 했잖아요?

연구자 예. 인터뷰 중에 탈북을 결심했다고 그 이유를 말씀하셨

---

104) 천연화의 말에 의하면 '행표'란 '군화쪽지'라고도 하며, 군대물품 거래 등 군부대에서만 통용되는 수표의 일종이라고 한다.

105) 함경북도 회령.

지요.

천연화 그러니까 이제는 지금 뛸(탈북) 준비를 하는 거예요. 국경연선[106]으로 왔다 갔다 하면서…… ○○역 화물취급소에 가서 군대담배 '백승'[107]을 뽑아(찾아)오는 거예요. 군화(군대물품)는 어느 누구도 못 다쳐요(건드려요). 군대물품이기 때문에…….

연구자 '백승'이란 담배가 북한의 군인들에게만 보급되는 군수물품이군요?

천연화 예. 그런데 분명히 이건 딱 장사물건 같은데? …… 철도 아이들은. 우리는 모르는 체하거든요. 그러니까 요것들이 계속 따라다니면서 이게 어떻게 연관된 건가 물어보거든요. 우리는 그저 호송해 달라는 부탁을 받은 것이다. 그렇게 핑계대거든요. 그렇게 하고 공민증(주민등록증) 보자고 해서 보여주면, 공민증에는 직업란에 '교사'라고 밝혀 있으니 교사가 장사한다고는 생각 안 하는 거지요…….

연구자 그렇죠. 교사는 공적인 신분이니까 의심을 하지 않겠지요.

천연화 예. 그러니까 그것들은 계속 수수께끼야. 그렇게 됐는데 그다음에 재차 한 번 더 갔다 올 때, 얘네가 '이건 장사다' 짐작을 한 거여. 그래서 고양이 담배 한 막대기(한 보루)면 400원이에요, 북한 돈으로. 필터 담배예요! 여기(남한) 말로 하면. 여기에서 다 필터 담배 피우잖아요?

연구자 검문에 걸리면 '백승'이란 담배 한 보루를 뇌물로 주면 눈

---

106) 중국 영토와 국경을 접하는 지역.
107) '백승'은 북한의 군대 담배 이름.

감아 주나요?

천연화 예. 그걸 한 막대기를 걔네를 줘요! 입 다물라고. 그렇게 하고 그걸 또 호송해가지고 와요. 이렇게 와서 내려놔요. 함흥역에 내려놓는 순간에 꽃제비 애들 붙들어다가 담배 한 가치 주고는 다 실어내가요. 그것도 눈치껏 빨리 뽑아야 돼요, 짐을……

연구자 검문하는 사람한테는 눈감아 달라고 담배 한 보루를 주고, 열차에서 물품을 내릴 때는 꽃제비 애들한테 담배 한 가치 주고 재빨리 내린다는 말씀이죠?

천연화 예. 학부형이 ○○군부대 고위 간부였어요. 그 학부형에게 차를 가져오라 했는데, 그런데 그 학부형 승용차 가져온 거예요……. 담배를 여기다 못 싣는다고 그랬어요. (학부형이)그러면 뭐 실어야 되냐? 그러니까, 까마즈(차량이름)를 가지고 나와야 된다고……. 까마즈란 게 5톤급이거든요. 와! 이 사람 울라고 하는 거예요. 무슨 그게 그렇게 많이 드가냐고……. 결국 그 학부형이 5톤급 차량을 준비해 줘서 담배를 실었어요. 그 5톤급에 그게 하나 되는 거예요. 1,200보루니까, 그러니까 30갑짜리 1,200보루예요.

연구자 와, 담배물량이 한두 짝이 아니군요?

천연화 담배를 짝으로 열두 짝을 만들었거든요. 열두 짝을 만들었는데, 그러니까 그 안에 100보루씩 들어가는 거지요. 1,200보루잖아요? 그렇게 해서 실었는데, 그 차로 하나예요. 그러니까 이 학부형이 놀라더라고 "여자 아니다. 이건 남자다" 그러더라고요. 그래서 그다음에 담배를 싣고 와서 층이 낮은 집에다가 갖다놔야 잘 팔려요. 우리 집은 5층이니까 올리기도 힘들고, 그래서 층이 낮은 집에다가, 친구네 집에다가 갖다놓고서 시장에 가서 사람들을 붙들어 와요.

연구자 아, 담배 살 사람들을 데리고 와서 파는군요?

천연화 예. 그런데 그것을 가서 사올 때 16원에 사왔거든요.

연구자 한 갑에 16원이요?

천연화 아니, 한 갑이 아니고 한 보루에.

연구자 한 보루에 북한의 화폐가치로 16원?

천연화 예. 그렇게 사가지고 40원에 넘기는 거예요.

연구자 이윤이 많이 남네. 한 24원 남네.

천연화 교원들이 거기 갔다 오는데 여비는 어떻게 하겠어, 거기에서 뽑아야지.

연구자 아, 담배판매 금액에 여비와 이익금을 계산한 금액이군요.

천연화 예. 그니까 담배 1보루에 24원이 떨어지는(이익이 남는) 거지. 그 북한 돈으로. 여기(남한) 돈으로 6천 원 정도이고, 한 번을 갔다 오는데. 그거 한 사람한테 떨어지는 게 다 제외하고 (북한 돈으로) 3만 원이 떨어지는 거여. 그래서 그걸 가지고 묶어서, 또 장사할 준비를 해요.

연구자 담배판매 이익금으로 장사를 하신다는 거죠?

천연화 예. 그케 됐는데, 제가 '파라티푸스' 걸려서 드러눕다 보니까, 꼼짝 못하는 거여. 야, 머리 아프다는 거는, 그니까 있는 돈은 차곡차곡 다 씹어 먹어요. 그런데 하루는 내 친구가 와서 보더니 "야, 안 되겠다." 그러면서 쌀이랑 이런 것을 6개월 동안 나를 살구느라고 갸가 지원을 했어요. 그런

데 갸하고 나하고 공산대학 친구거든요. 그렇게 하고 직장
도 한 기업소였고, 그렇게 해서 추천서를 받을 때까지 한
기업소였어요. 그러니까 정말 가깝지요. 그러니까 내가 다
녔던 오리공장, 강포리공장은 1,000명의 종업원이 넘어요.
일급 기업소예요. 그러다 보니까 한 번에 거기에서 3명이
공산대학을 갔어. 3명 갔는데 남자 하나, 여자 둘 이렇게
갔거든요. 그렇게 하고 또 내 동창이, 한 학급 동창생이 공
산대학 하나 왔어. 이발소 다니는데 그러니까 우리 그렇게
서이, 너이서 패쳐(뭉쳐) 댕겼거든요. 그렇게 댕겼는데, 갸
가 들어와서 보더니 나를 6개월 동안 먹여 살렸어요…….

연구자 좋은 친구를 잘 두었네요.

천연화 예. 정말 착한 친구였어요. …… 그케 댕겼는데 그다음에
털고 일어나서, 평양을 가서 그래도 죽기 전까지는 해봐야
된다고 올라가서 여기저기 아버지 문제로 쑤시고 다녔어
요. 그리고 2000년도에는 평양에 가서 여기저기 본부당
비서랑 이렇게 만나고 다녔다고 했잖아요. 본부당 비서란
사람은 어떤 역할을 하는가? 김정일의 생활총화를 받아내
는 사람이에요. 그 사람의 급수가 상당히 높은 사람이잖아
요. 웬만한 사람은 못 만나요. 그런데 그런 사람도 자기가
못 하겠다, 이게 우리나라에서 세 번째로 큰 건이다, 이렇
게 하면서 빼더라고…….

연구자 지위가 높은 비서도 아버지 문제를 해결하기 어려웠나 보
군요?

천연화 그다음에 집에 내려와서 떠 댕기는 장사로는 안 되겠더라

고. 그다음에 또 집에서 또 써래기를 했어. 써래기라는 게 뭐냐? 옷 가공, 천을 넘겨받아서 옷을 만드는 거예요, 집에서. 옷을 만드는데 카우스단, 손목이 카우스단이 없어서 딸이 자기 지금 옷을 완성 못 한다고 하더라고. 그러면서 어머니, 저 카우스단을……. 나를 기계만 좀 사주면 좋겠다! 그러더라고요. 그런데 내가 2000년도에 딸을 보냈잖아요. 그렇게 하고 지금은 또 딸하고 나하고 둘이서 장사를 하는 거예요. 하는데 둘이 힘이 모자라 못 해요. 어쩐가 돈은 가지라고 주문이 많이 들어오는데 우리가 힘이 모자라서 미처 하지 못해서 충족을 못 시켜주는 거예요, 그 사람들을. 그러니까 제가 거기에서 뭘 생각했느냐? '아 돈도 눈이 있다.' 그걸 그때 느꼈어! 그렇게 하고 돈이 나갈 때 한꺼번에 다 나갔던 돈이 지금 들어오기 시작하는 거예요. 그래서 내가 젊어서 돈을 망한 게 아주 좋은 기회였어요. 왜, 내가 늙어서 이렇게 됐으면 죽을 수밖에 없는 길이다…….

연구자 옷 만들어 판매하는 장사가 무척 잘 됐나 봐요?

천연화 예. 너무 힘이 모자라는 거예요……. 그런데 내가 그때는 40대니까 이제 내가 얼마든지 재 복귀할 수 있는 시기였구나. 이걸 내가 느끼며 그렇게 했지. 돈에 집착을 그렇게 하지 않았어요. 돈도 눈이 있다는 걸 그때 느끼는 거예요. 왜 그런가! 막 가지라고 딱 들이대니까 '아! 돈이 나를 따라와야 되는구나.' 그때 느꼈거든요. 그렇게 하고 딸이 그런 기계 때문에 눈물을 흘려서 그러면 좋다고 "가서 보자!

그 집에." 그래서 (기계가 있는 집을 찾아가서)창문을 두 드리니까, 커튼을 이렇게 열고 집에서 심부름 하는 사람이 문을 탁 열고 "어째 그러오?" 그래 내 있다가 "이 카우스 단을 좀 부탁하려고 한다" 그카니까 "안 돼요! 못 줘요. 사람 많아서, 주문도 많아서 지금 다 못 하는데" 그러더라고요. 다른 곳을 찾아서 함흥시에 편직기 있다는 집은 다 추격해요. 그래 가서 보니까 한 곳에 가서 딱 걸린 거여. 그런데 그 집에서 팔겠다는 거지. 그런데 손 좀 봐야 된다고 그러더라고. 알았다고. 가격흥정을 했어. 그게 3만 원짜리 기계예요, 북한 돈으로.

연구자 기계가 아주 비싸네요?

천연화 예. 3만 원에서 수리비를 빼고 2만 6천원에 사 왔어요. 그래 와서 그다음에 그것을 짐꾼들이 밀고 오는데, 지금은 카우스단 짜달라고 실로 색깔을 이렇게 물들여 달라고, 거기 맞는 색들, 천 조각 쥐고 내 뒤를 다 따라오는 거여. 와! 이게 이 정도인 걸 내가 왜 몰랐냐? 그러니까 지금 돈을 가지라고 들어오잖아요.

연구자 기계가 비싼 만큼 그 값을 하는군요?

천연화 그래서 그다음에 집에 들여다 놓고 천 조각을 다 주소별로 주문대장에 등록을 해요. 그다음에 카우스단을 우리가 실 좀 사서 더러 째오기도 했고, 그 걔들이랑 연계했잖아요. 그 연계한 아이들한테 가서 "야! 나 지금 기계를 사서 돈을 다 썼는데, 너네 나한테 외상으로 실 500kg만 보내라!" 다 뽑아주겠다는데 걔네가 나쁘겠어요? 또 그걸 하는 사람이니까. 500kg 보내라, 그렇게 하면 내가 언제까지 뽑아주고. 그다음에 현재 들어온 돈에서 언제까지는 주고, 언제까지 뽑아주겠다! 이렇게 했거든요. 그렇게 하니까 걔네가 밤사이에 담벼락으로 넘기는 거예요.

연구자 실을 어떻게 배달하나요? 자전거를 이용하나요?

천연화 예. 자전거가 아니고 롱구반(봉고차)에다가. 롱구반에다 800kg씩 싣고 다녀요. 거기다 실어 와서 넘구는 거예요. 그렇게 해서 그다음에 밤에 그것을 다 꺼들여요. 꺼들이고 그다음에 동네사람들한테 일감을 줘요! 이 실을 감으라고. 그 사람들에게 이걸 몇 합사해 달라하면 다 돌개지에다 이렇게 감아요. 감아서 합사해서 줘요. 그렇게 하면 돈 얼마씩 주고, 이렇게 하고 그다음에 또 그 감은 걸 또 다시 요케 가지고 작태를 감아 이렇게 태로 만들어요.

연구자 누에고치 실 감듯이?

천연화 예. 그렇게 해서 그다음에 그것을 염색집에 가져가요. 그런데 염색집에 가보니까 이만한 가마에 끓이는데, 어떻게 감당이 안 되더라고……. 기래 할 수 없이 편직공장으로, 내가 원래 편직공장 가내반에 있었잖아요?

연구자 예. 가내반에서 일도 했다고 그랬죠.

천연화 그런데 편직공장의 기계가 노는 거예요. 근데 우리 염색한 것을 둘이서 딸하고 나하고 하루 종일 밀어도 1kg밖에 못 밀어요. 너무 힘들어 동생네 딸을 데려왔어. 딸을 데려다가 이걸 밀라고 그랬어. 그카고 내가 맥여주고 하는데 그래도 안 돼. 셋이서 아무리 들이대도 안 돼요! 너무 힘들었어. 그런데 그 저기 1kg에서 이윤이 천 원이 나오는 거여.

연구자 1kg에 천 원이 남으면 아주 많이 남네요.

천연화 그렇죠. 하루에 1,000원을 뽑는 거여. 그러니까 사생결단 하겠어요? 안 하겠어요? 돈이 막 물처럼 들어오는데.

연구자 그렇죠. 그렇게 많은 이익이 남는데 사생결단을 할만도 하지요.

천연화 그다음에는, 편직공장에 가서 공장을 돌리자고 보니까? 직장들도 다 바뀌었더라고. 그래서 우리 고모부 사위가 편직공장 자재과에 있었어요. 그래 가서 그런 이야기를 하니까 "그러면 누이, 저기 뭐야? 내가 직장반 붙여줄게." 그렇게 하고서 거기 공장에서 기계 석대를 돌리기로 했거든요. 그렇게 하고 그 오백 키로(500kg)를 다 공장에서 합사하고, 다 실 떼먹어도 몰라요. 통째로 갖다 주니까. 합사해서 그렇게 하거든요. 그러니까 실이 몇 키로(kg)에 옷이 몇 메다(미터) 나오고, 양말이 몇 키로(kg) 나오고, 이런 것은 아니니까, 떼먹어도 잘 몰라요, 모르기는. 그러니까 거기에서도 조금씩은 떼먹어요. 그렇게 되는데, 그래서 돈을 빨리 뽑자니까 양말을 뽑아야 돼요. 그래서 거기에서 백 키로(100kg)를 양말로 뽑았어요.

연구자 공장기계로 돌리니까 엄청 많은 양을 생산했겠군요. 그런데 양말도 같이 생산했다는데 그 양말이 잘 팔릴까요?

천연화 예. 잘 팔렸어요. 그런데 그때 북한에 양말이 없어서 양말이 정말 잘 팔렸어요. 그래서 그것을 공장에서 양말기계에다가 직장장한테 양말을 물리니까, 직장장이 내 팔아주면 아니 되는 가고. 그래서 그러면 거기에서 몇 %를 먹겠느냐고 했더니, 자기가 거기에서 10%만 먹겠다는 거예요. 그래서 팔라고 했어요. 그러나 모르지? 10% 먹었는지 20% 먹었는지는. 그렇게 하고 가격을 정해놓고서 편직공장이 기계를 돌리는데 석 대를 돌리기로 약속을 했는데 감당이 안 되는 거여. 그다음에 다섯 대를 다 돌렸어요. 그렇게 해서 오백 키로(500kg)씩 실을 뽑았더니, 순식간에 부자가 되는 거예요. 그렇게 해서 색깔별로 그게 되니까.

연구자 몸은 힘들어도 많은 돈을 벌어드니까 금방 부자가 될 수밖에 없네요. 그런데 북한에서 그렇게 개인이 사업을 해서 돈을 버는데 특별히 단속은 하지 않나 봐요?

천연화 단속도 가끔 나와요. 안전원들이 또 창치러(단속하러) 와요. 그렇게 되면 걔네한테 겨울이 되면 동복 한 벌씩 해주고, 여름에는 또 결혼식 때 장갑 있잖아요? 흰 장갑! 그런 것도 만들어서 걔네들 한 개씩 주고, 북한에는 그게 귀하거든요. 그게 또 아무 사람이나 만드는 게 아니고 하다 보니까, 딸이 여기(남한)로 말하면 양복 만들고 하는 패션 학교를 다녔어요. 1년. 거기에서 공부시켜가지고 그것을 했거든요. 의학 공부하겠다는 것 안 시키고. 그렇게 해서 그것을 했는데, 그러니까 솔직히 말해 있지? 옷을 한 짝으로 벗고, 한 짝은 실을 가지고 저 돈을 뽑고 이렇게 되니까 돈이 물처럼 막 들어오는 거예요. 그러니까 우리 딸이 뭐라 했냐 하면 "우리는 주문만 하자! 옷 가공은 주문만 하자"는 거여. 그래서 조금 건달이 되는 거지.

연구자 그렇겠죠. 돈 버는 것도 중요하지만 몸이 너무 힘드니까.

천연화 그래서 "그렇게 해라. 너무 힘들면 그렇게 하자." 이렇게 하고 주문하는 주문 옷만, 양복만, 그런데 그것도 그때까지예요. 왜 그런가 하면 사람들이 옷을 빨리 해 달라고 재촉하는데 옷이라는 것은 그렇게 시간별로 딱 맞춰 나오는 게 아니거든요.

연구자 그렇죠. 옷이 그렇게 빨리 만들어지지 않으니까 주문양이 많으면 당연히 대부분 제 날짜를 지키지 못하고 밀리게 되죠.

천연화 그러니까 써레기라는 것은 일률적으로 재단을 해서 공장처럼 하는 거니까, 그거하고는 다르거든요. 주문하는 옷은 하나하고 다림질하고, 손 스팀하고 해야 되기 때문에 시간이 많이 걸려요. 그러다 보니까 어느 날까지 오라고 해도 그때까지 옷을 못 해줘요. 그러다 보니까 자꾸 밀리게 되거든요. 그렇게 하다가 그것도 그만둬라! 차라리 조금씩 썰어서 하는 게 낫다. 그러니까 딸이 그러더라고 "아, 어머니! 나 조금 쉬고 싶은데, 나 좀 쉬면 안 되느냐고" 하기에 "돈이라는 건 가지라 할 때 가져야 된다. 이건 특이 업이다. 이렇게 하다 어느 순간에 이 돈이 달아나는지 누구도 모른다? 가지라고 들이밀 때 가져라" 이렇게 됐거든요.

연구자 돈은 막 들어오는데 몸은 힘들었겠네요!

천연화 예. 24시간 자지 말고 해야 돼요. 왜 그런가 하면 아침에는 자전거를 끌고 염색한 실을 가서 찾아와야 되거든요. 단 번에 염색이 못나오니까! 그렇게 해서 또 그다음에 온 거, 나는 또 앉아서 그걸 또 감아놓으면 네다섯 개가 더 나와요. 그리고 편직기니까 늘어나잖아요? 그렇게 해서 온 것을 미터를 재서 줘요. 나는 앉아서 그걸 팔고. 좌우지간 돈을 정말 재미있게 벌었어요. 그렇게 돼서 내가 원래 가지고 있던 돈만큼 원상복구 되더라고요. 그다음부터는 준비하자, 그러던 찰나에 딸한테 선이 들어온 거여. 세상에 걔를 약혼해 놓고 한 달 만에 (중국에 먼저 가 있는)막내 딸한테서 기별(소식)이 온 거여. 아, …… 그때는 (큰딸)못 온 거지! 사위 있으니까.

연구자 그러니까 결혼식은 못 보고 그냥 약혼식만 보고 왔네요.

천연화 예. 그때 약혼식을 했기 때문에 같이 못 온 거지.

연구자 지금도 결혼 안 하셨어요?

천연화 결혼은 여동생이 해줬대요. 그 후차에 동생이 왔잖아요. 그러니까 그 동생이 전달받았지. "언니야, 저기 뭐야? 못 와서 결혼은 시켜줬다" 하더라고. 그래 내가 참 고마웠어. 그런데 내가 좀 도와줘야 되는데, 아직까지 도와줄 형편이 못 됐어. 다만 얼마라도 조금씩 형제들 줘야 되는데 오직 딸 주고, 남동생만 주고 못 줬어요.

연구자 여유가 있으면 얼마든지 앞으로 도와주면 되지요.

천연화 그런데 언제 여유 있겠어요? 저기 월세가 내 개인 돈으로 들어가는 집인데. 그러니까 너무 힘든 거야! 나도.

연구자 그게 참, 그렇군요.

천연화 그런데 하느님이 왜 나를 이렇게 고달프게 만드는지 모르겠어. 나를 좀 편안하게 해줬으면 좋겠는데. 또 편안하면

교만해진다고 안 할 것 같아.

연구자 그때 가장 힘들었던 것이 90년대에 대홍수가 났잖아요? 그때 북한주민들도 거의 배급 중단되고 대홍수까지 겹쳤으니 엄청나게 힘들었겠죠?

천연화 예. 그러니까 배급이라는 건 전혀 못 줬어요.

연구자 아, 배급이 중단되니까 굶어죽든 살든 스스로 해결해야 되겠네요?

천연화 예. 너가 알아서 살아라. 이 격이 됐어요.

연구자 살려면 알아서 좌우지간 식량을 구해서 먹으라는 것 아니에요?

천연화 그렇죠. 그렇게 해서 그때 98년도부터 기울어졌잖아요, 내가.

연구자 예. 그 당시 스스로 식량 구하기가 너무 힘들었겠어요.

천연화 힘들었죠. …… 내가 98, 99, 2000년도에 일어선 거예요. 2000년도부터 일어서기 시작해서, 9월부터 일어서더라고요. 그러니까 막내를 내가 중국 보내놓고 일어선 거여. 그렇게 해서 원상복구, 그러니까 내가 이렇게 생각하면 어떻게 생각할지 모르겠지만, 제가 ○○구역 관내에서 다섯 손가락 안에 손꼽히는 부자였어요. 솔직히 말해 보위부(경찰) 동무들도 와서 날 보고 하는 소리가 "야, 나는 선생님이 이렇게 집이 망할 줄은 꿈에도 생각 못 했다." 모두 그랬어요. "그런데 부자가 망하니까 바깥출입이 안 돼요! 부끄러워서 못 나가겠어."

연구자 그렇죠, 부자로 잘살다가 갑자기 형편이 어려워지니까.

천연화 예. 다 나를 보는 것 같고 '저 여자 꽃제비[108] 됐다. 저 여

자 거지됐다' 이렇게 할 것 같은 게, 그러니까 딱 집었으
면 꽃제비예요. 그러니까 아예 냉동기(냉장고)요. 그다음
에 저기 뭐야? 그 텔레비도 새 칼라 텔레비 2개 있었어요.
그런데 그것도 다 팔아먹었지! 일본아들 자전거 남동생
줬던 것, 그거 두 개다 팔아먹었지. 한번 생각해봐요. 그
다음에 부부침대 커다란 거 있던 거, 그것도 다 팔아먹었
지! 그다음에 장롱을 두드리(두들겨) 빠쌌어.[109] 너무 악이
나서…….

연구자 그러니까 돈 되는 것은 다 팔았네요.

천연화 그다음에 도둑맞고(군인들이 어머니 집에 쌀을 훔쳐감) 그
러더라고요. 그러니까 어쨌든 죽은 남편하고 함께 살며 일
귀놓은 재산은 다 가져갔어. 그걸 다 가져가니까, 나를 다
태워버리고 나니까 잃을 것이 없어. 그러니 내가 어느 마
이(얼마나) 힘들었겠어? 내 죽은 사람을 기차게 욕을 했어.
죽어서까지 나를 이렇게 고달프게 하냐고! 정말 욕을 많이
했어. 그런데 객사한 집이 일이 안 되더라고요. 그러니까
빨리되는 사람은 칠년 만에 회복이 되고, 그다음에 십 년
이 지나야 회복이 된데요. 내가 그래도 저기 뭐야? 몇 년
도여? 남편이 94년도에 없었잖아요! 94, 95, 96, 97, 98,
99, 2000년도 그래도 햇수로는 칠년이잖아요! 칠년 만에
내가 일어서기 시작했잖아요, 그것도 그렇게 감사하더라
고. 아고, 지금 생각해보면 우리 딸이 그만큼 돈을 굴리겠

---

108) 먹을 것을 찾아 일정한 거주지 없이 떠돌아다니는 북한의 어린아이들을 지칭하는 언어.
109) 두들겨 부숴버림.

는가, 사위가 고지식하거든요. 그러면 저 꼼쎄(깍쟁이)는 어떻게 운영을 할 것인가. 가정을……, 앉으면 그 걱정이여.

연구자 잘하겠죠. 지나고 보면 그 당시에 한참 고난의 행군 시기에는 역으로 어떻게 보면 큰 사업하는 거나 똑같은 거네, 그렇죠?

천연화 그렇죠. 그것은 나한테서 한 번 배웠잖아요. 그런데 그렇게는 못해요. 무서워서. 우선 걔(딸)는 한 번씩 하지만 남편이 통제를 해요. 남편이 그런 사람이거든요.

연구자 그때 주변사람들은 어땠어요? 이웃들은 엄청 힘들었을 거 아니에요? 고난의 행군시기 때.

천연화 힘들었죠. 그러니까 그때부터 우리는 80년대부터 집에다가 일꾼을 썼어요. 남편이 살아 있을 때 "걸리면 어떻게 하겠는가? 하고 정신 나갔다"고 했어요. 그런데 내가 장사했다고 했잖아요? 그러다 보니까 나는 집에서 일할 새 없어요. 그래서 사람을 시키다 보니까, 밥해주고 아이들 씻겨주고 그 사람이 다하는 거예요. 내가 올 때까지는 먹여만 주고 입혀줬어요. 그런데 지금은 돈을 준대요. 그러니까 옛날처럼 머슴으로 쓴 것이 아니라 지금은 파출부로 조금 발전해 갔지요. 그렇게 한다는 거지요.

연구자 전에는 그냥 먹여주고 재워만 줬으면 되는데?

천연화 재워는 안 줬어요. 재워는 주지 않고 집에 가서 자고.

연구자 일하고 자기 집에 가서 자고?

천연화 예. 그렇게 하고 갈 때 가족들이 먹을 밥 줘서 보내고.

연구자 아, 가족들 먹을 수 있는 양만큼 밥을 줬다는 거네요?

천연화 예. 그렇게 해서 살았는데, 90년대 들어와서는 더 말할 것
도 없고. 99년부터 내가 장사를, 고난의 행군 딱 겪고 장
사했잖아요? 이렇게 되면서 집안의 비밀이 문제인 거예요.
그렇기 때문에 남을 못 써요. 그래서 동생 딸을 데려온 거
여. 그 집도 가정이 맨 딸만 서이니까 군인 가족인데 힘드
니까. 그래서 그 입을 하나 건사하는 셈 내가 데려온 거지.
걔(조카)를 데려다가 카우스단을 짜오고 한편으로는 옷 가
공을 한 것을 다림질하고 이런 걸 걔한테 시키고 그랬거
든요. 그때 입 하나 거뒀어도 대단한 거잖아요.

연구자 그렇죠! 그 어려운 시기에 한 사람 먹을 거 해결해주는 것
도 큰 도움을 주는 거죠.

천연화 그렇게 하고 옷을 우리가 갖다 해 입히고.

연구자 그러면 그때는 주변 사람들과 이웃에는 엄청났죠? 고통받
는 게.

천연화 우리 동네는 한 문에 500kg씩 실어 나르는 그 실을 감고
풀고 하다 보니까 사람들이 조금 사는 게 괜찮았어요.

연구자 아, 그 동네 사람들한테 일감주고 돈을 벌 수 있게 해줬으
니까 사는데 도움이 됐겠죠.

천연화 일감이 주어지니까. 내가 달아난 다음에 사람들이 모두
"야, 너희 이사하면 우리 어떻게 하냐! 어떻게 사냐구" 모
두 그랬대요.

연구자 당연히 서운했겠지요. 돈 벌 수 있는 일자리가 줄어들었으
니까.

천연화 그렇죠. 그러니까 큰 장사 하는 사람 옆에서 모두 붙어먹자 하니까, 그렇게 하고 또 차판하는 사람들은 물통을 우리한테 거저 던져줘요. 왜 그런가 하면 저희 같은 경우에는 돈을 깔고 있으니까, 그들은 벌써 장사하는 거 흐름만 딱 봐도 알거든요. 그러니까 우리 집에 사위가 선보러 들어왔을 때 선은 엄청 많이 들어왔어요. 왜! 그런가 보니까? 우리는 업을 크게 하는 업이거든요. 그러다 보니까, …… 우리 남편이 죽기 전에 학교 교원들 말이 "저 집에 조미료가 없는 게 없다" 이렇게 말했거든요. 그만큼 잘 먹고 잘 살았다는 소리잖아요.

연구자 예. 그렇게 힘들게 많은 돈을 벌었으니까 당연히 잘 살아야죠.

천연화 그렇게 됐는데, 우리 동네에서도 "저 집이 정말 있지? 보기에는 아무것도 없다. 거지같이 아무것도 없지만 저 집이 내용이 있는 집이다." 모두 다 이렇게 말을 한다는 거지, 밖에서는. 우리는 뛸 준비하니까? 겉으로 뭐이 안 났지요. 그렇게 되니까 모두 사돈하자고 찾아오는 거예요! 돈이 있다는 걸 아니까. 그래 와서 보면 아무것도 없는 거야! 집에 별로 놓은 게 없거든요. 그러니까 그다음에 이 사위만은 (집안으로)딱 들어오면서 방안, 부엌까지 다 훑어보는 거여. 그래서 '아, 이게 내 사람이 될 기구나' 딱 그 생각이 들더라고요.

연구자 그 사람은 사위가 될 마음을 먹고 온 거 같네요?

천연화 예. 벌써 다르지 않아요. 그런데 와서 그러더라고요. "나는

직발생110)이기 때문에 대학을 졸업하고 입당 못했다" 이
말을 하더라고. 그래서 내가 있다가 "야! 당증이 밥 먹여주
냐?" 이 말 했거든요. 그러니까 눈이 이만해지는 거예요.
○○학교 교사인데, 아니? ○○교사가 앉아서 "당증이 밥 먹
여주냐?" 그러니까, 그때 당시 그 사위는 망한 거지. 그러
니까 놀라는 거예요.

연구자 그 당시 북한 분위기에 "당증이 밥 먹여주냐?"고 했으니,
당연히 깜짝 놀랐겠지요.

천연화 …… 그래서 내가 "그게 필요 없다. 네가 공부를 다시 하
겠니! 안 하겠니! 그것만 대답해라. 네가 기계과 졸업생이
니까 구강과를 가라. 내가 있지 의학공부 다 시키겠으니까
대답을 해라! 딸애하고 같이 다녀라." 이제는 돈이 되니까
다닐 만하잖아요. "다녀라, 네가 공부를 하겠다고만 하면
내가 받겠다." 그래서 하겠다는 답변을 받고 사위를 삼은
거예요. 그렇게 됐는데 내가 여기 오다 보니까, 공부를 못
시켰어요. 그런데 그것들은 지금 현재 사위가 공부시킬까
봐 안 와. 내가 물어보면 대답을 예, 예, 두 마디만 딱 하
고는 안 했어. 목소리도 못 들었어. 그런데 벌써 그날 저
녁에 내가 달아날 때 짐작을 했어. 사위를 데리고 장마당
에 나가서 개를 한 마리 잡았어요, 암캐를. 암캐를 사다가
잡았거든요. 잡아서 손질해서 개고기를 달였어요. 달여서
그 며칠 전에 먹였거든요. 먹이고 딸 보고 천을 사다가 좋

---

110) 고등중학교를 졸업하고 군대 안 가고 대학에 간 사람을 말한다.

은 천 사다가 본을 다 떴어요. 옷을 쫙 아래위로 한 벌씩 해 입히고, 그렇게 하면서 내가 떠나는 모습이 벌써 보인 거여. 아니 생각해보세요.

연구자 그렇지요. 평소 안 하던 행동을 했으니까 당연히 눈치 챘겠지요.

천연화 그런데 사돈 어머니가 와서, 그 개고기를 해 먹인 걸 집에 가서 자랑한 것 같아요. 막내아들이거든요. 그러니까 사돈 어머니가 나를 길가에서 만났는데 "사돈 고마워요!" 나는 맏아들을 맏며느리가 오리고기 곰(백숙)해서 먹이는데 자기 막내를 못 먹여서 가슴 앓았다는 거지요. 그러면서 이야기를 하는 겁니다. 그렇게 하고 가서 개고기 먹은 이야기를 한 거예요. 그러니까 나를 붙들고 "너무 고맙다"고 그러더군요…….

2) UN에서 북한주민 촬영과 북한의 새 경제관리 개선조치(2002. 7. 1)

연구자 그 외에 다른 사건은 없었나요?

천연화 북한사회가 고난의 행군시기에 학생들이 공부하러 못 나올 정도로 어려웠어요. 그러니까 UN에다가 지원요청을 하게 된 거예요.

연구자 아, 북한에서 UN에다가 지원요청을 했었군요?

천연화 예. 그래서 UN이 들어왔어요. 그러니까 어떻게 하는가? 학급마다 그 거지같이 생긴 것, 살이 다 빠져 아주 야위었잖아요? 그런 아이들을 붙들어다가 한 학급으로 묶어서 선생이 수업하는 장면을 기자들이 사진 찍어가는 것입니다. 시중에 돌아다니는 사진들이 다 그렇게 해서 나온 사진들이에요.

연구자 참! 연출이구먼. 남한에서는 그것도 모르고 사진을 그대로 믿었는데…….

천연화 그렇지! 도와달라고 공개를 한 거잖아요? 그게 그렇게 만든 거예요. 그다음에 또 어떤 일이 있느냐! UN에서 소고기를 들여보냈어요.

연구자 소고기요? UN에서 소고기도 북한 주민들에게 나눠줬나 봐요?

천연화 예. 소고기를 들여보냈는데 정말 뼈 하나도 없는 맨 살점만 들어오거든요. 그런데 하루는 학교에 출근했다가 우리는 반나절 출근이라 점심시간에 퇴근해서 밥 먹고 오후에는 작업을 하고 장사를 해야 되니까, 정신없이 걸어오는데 식료상점 앞에 줄을 까맣게 서 있는 거예요. 그래서 오다가 물어봤어 "이게 무슨 줄이에요?" 하고 물어보니, 줄 서 있으면 소고기 준다는 거예요. 그래서 내 있다가 "어떤 사람만 줘요?"라고 물어보니까 모르겠다는 거야. 그래서 뒤에 가서 물어보니까 아무나 줄을 서 있으면 준다고 했어요. 그래서 줄을 서 있으니까 (내 차례가 돼서) 앞에서 소고기를 1kg씩 주는 걸 받았더니 줄 뒤로 갔다가 가라고 해서 줄 뒤로 갔더니 (안내 지도원이) 앞에서 받은 1kg 소고기를 다시 받아서 소고기를 쏟아 넣고 다시 500g으로 줄여서 주는 거예요. …… 그러니까 UN관계자가 나와서

현장 확인한다니까 여맹원[111])들을 동원시켜 줄을 세워서
UN 지원물품을 나눠주는 현장을 보여주기 위한 거였어요.

연구자 보는 데서만 1kg 주고 뒤에서는 500g으로 팍 줄여버리
고…….

천연화 UN에서 와서 찍어갈 때는 한 키로(1kg)짜리를 주는데 뒤
에 돌아가면 오백 그램(500g)짜리로. 그런데 그게 달아 안
보니까 오백 그램인지 뭐인지 알아요? 오백 그램이라 하고
주니까 삼백 그램(300g) 줬겠지! 그 나머지는 누가 처먹었
는지 없어. 그렇게 하더라고. 그런 현상도 있었고…….

연구자 참, 소고기 나눠주는 과정에서도 고기를 빼돌리네요?

천연화 예. 그리고 그다음에 우리가 공채라는 걸 했어! 2000년도
에. 2000년도가 한 게 아니고 90몇 년도에 했다. 고난의
행군시기예요. 그러니까 공채를 했는데 어떻게 했냐? 돈을
월급으로 준 거여. 그래서 월급을 줄 것 같으면 북한 돈으
로 말하면 110원. 그렇게 110원 월급을 타서 돌아서서 나
오면 1,000원, 500원, 100원, 통째로 공채로 내라는 거예
요? 새 경제관리 체계가 나온 다음에 공채 나왔어. 그렇기
때문에 500원짜리 하고 1,000원짜리 공채가 나왔거든. 월
급 쥐고 돌아서면 내 월급이 2,000원이 됐어, 새 경제관리
체계가. 그게 2002년 7월 1일 새 경제관리 체계일 거예요.
그렇게 됐는데 급여를 타 가지고 돌아서면 나를 2,000원
을 주거든요. 그걸 주면 타 가지고 나와요. 나오면 공채를

---

111) 집에서 놀고먹는 여자들.

1,000원 내라고 그래! 그러니까 공채로 바치고 나면 어떻
게 될 것 같아요?

연구자 1,000원 남죠! 아, 그럼 북한에서 2002년 7월 1일에 새 경
제관리 개선조치를 시행하면서 공채를 처음으로 시작했
군요?

천연화 예. 그때 공채를 했는데 급여 2,000원 받아서 공채 1,000
원 내면 1,000원밖에 없어요. 쌀 한 키로(1kg)가 그때 얼
마였던가? 이틀인가 삼일밖에 먹을 게 안 돼요. 그렇게 되
는데 지금 공채로 내라고 하는 거예요? 그래서 그걸 모두
공채로 1,000원 떼고 종잇장 받아 쥐고 하는 소리가 뭐인
가? "줬다! 뺏는다." 이렇게 말을 하는 거여, 사람들이. ……
하여간 그 순간에 말이라는 건 정말 잘 만들어요. 그러니
까 앉아서 돈을 받으니까 솔직히 말해 기분 나쁘잖아요?
그러니까 "줬다! 뺏는다"고. 어쩌다가 한 번 돈 줬는데 그
공채를 하기 위해서 돈을 준 거예요. 그렇게 해서 줬다 뺏
은 거지. 그렇게 해서 돈을 그렇게 우리한테 홀(속여)해
갔어. 그렇게 하고 또 동사무소[112]에서는 500원짜리 주는
거예요. 그러니까 죽은 내 남편 연금이 40원이잖아요? 40
원인데 이제처럼 400원을 내는 거야! 새 경제관리 체계가
나오면서. 그런데 500원짜리 공채를 나를 주는 거야! 100
원 보태서 500원짜리 공채 내라고. 그래서 내가 "그건 못
낸다! 나 돈이 없다"고 잡아뗐어요. 그랬더니 가서 가져오

---

112) 동주민센터.

라고, 그러면 이 돈 400원을 가져갈 수 있다고. 그걸 어떻게 가져가요? 100원 보태고 애껴논 돈인데. 그래서 안 찾고 안 갔다고. 그 공채도 안 하고. 결국 그게 그거잖아요? 내 손해인데 100원 뺏기는데.

연구자 결국, 북한의 새 경제관리 개선조치가 북한 주민들을 더 힘들게 만들었군요?

천연화 예. 맞아요. 그렇게 하고 세금 없는 나라 됐다고 자랑을 하던 나라가 어느 순간에 이제는 새 경제관리 체계를 만들면서 세금을 내게 된 거여. 그러니까 저 같은 경우에 집이 몇 평 되는가? 내버려두면 2억이 나간다는 집이 그러니까 썩 좋은 거는 아니거든요. 그런데 얼마 내냐? 세금을 150원 내는 거예요. 그런데 우리가 하루에 70원 버는 사람은 150원은 새 발의 피인 거예요. 그러니까 그것도 결국은 세금조정을 못했다! 제대로 못한 거예요. 그렇게 하고 장마당에 나가 장사하는 사람들한테 세금받고 자릿세까지 받았어, 북한이. 그러니까 그런 기 새로 나왔고, 내가 여기 (남한) 오기 전까지. 어쨌든 있지? 보면 경제가들이 머리를 못 썼어. 쌀을 농촌에 나가서 아예 한 키로(1kg)에 10전씩 사다가 인민들한테 한 키로(1kg)에 8전씩 줬으니까! 20전 씩 줘도 안 될 쌀을 10전씩 받아다가 8전씩. 그걸 다 저기 뭐야? 그거 기계 돌려서 벼를 다 깎아서 쌀로 만들어주는데, 그 인건비는 어디서 나오는 거여? 전기 값은 어디에서 나오고? 그런데 8전씩 준 거여. 그런데 새 경제관리 체계가 나오면서 쌀 한 키로(1kg)에 40원 했어요. 그렇게 하면서 장사 값을 다 올려놨어요. 미처 번져…….

연구자 북한 주민들의 생활을 엄청 더 곤경에 빠뜨린 꼴이 되었네요?

천연화 그렇죠! 그런데 실제 놓고 보면 어떻게 되는가? 함경남도 함흥시가 고난의 행군이 제일 먼저 시작된 곳이 여기예요. 그래서 사람들이 직탄을 맞았다고 하지요. 그러면 함흥이 일어서면 전국이 비슷하게 일어서는 거예요. 함흥이 죽어서 일어서지 못하면 전국이 같이 죽어요. 다 힘들다는 소리예요. 그러니까 함흥은 이렇게 날라다 먹어야 되는 곳이에요. 그런데 어디 공장이 살면 전국에 날라 가요. 그런데 날라다 먹는 저기 뭐야? 도시인데, 조금 일어나려 하면 비사그루빠[113]가 내려와서 '휘' 하고 회오리바람 불어넣고 또 가는 거야! 그러면 사람들이 한동안 또 주시하는 거지, 계속 그랬어. 그러니까 함흥시로 검열이 오면 청진으로 달아나거나 평양으로 달아나요. 그렇게 했다가 검열이 끝나면 내려와요, 그들이. 여기(남한)서도 그렇잖아요? 도둑질해먹고 그러면 해외에 나갔다가……. 여기(남한)도 똑같더라고요.

연구자 그렇죠, 해외로 도피했다가 잠잠하면 들어오는 거죠.

천연화 그래서 이게 북한하고 똑같네.

연구자 흐름이 비슷하네.

---

113) 북한 당국은 비사회주의적 현상을 단속하기 위해 당 중앙에서 인민보안성과, 보위부, 검찰 등과 합동으로 검열대를 구성해 지방에 파견하고 있다. 이 검열대를 통상 비사그루빠(그룹)라고 부른다.

천연화 그러니까 이제는 살아가는 시스템이 비슷해간다는 거지.

연구자 세금까지 물리고 그러니까.

천연화 그런데 이제 그게 지능화되면 남한과 같아지는 거지. 그런데 남한이 지금까지 오는 데 60년이 걸렸잖아요? 그러니까 이제 북한도 보니까 내 생각에 빨리 진화되더라고. 지금은 20년이 지났잖아요? 한 30년이면 이 사회 딱 이 흐름(남한사회)으로 갈 것 같아요.

연구자 그렇지요. 어차피 남한처럼 변해가겠지요.

천연화 이제는 (북한도)개인차가 있고, 지금도 그러는 판이니까? 옛날에는 자가용을 귀국자들도 자가용을 가지고 있는 게 몇 사람 없었어요. 그 나머지는 다 국가 차고. 그런데 지금은 내 자가용도 있고 내 저기 뭐야? 5톤 트럭도 있고, 동방호예요. 동방호라는 중국아들 차.

3) 외화벌이 도토리 따러 갔다 생긴 사고

천연화 제가 23살에 대학을 졸업하고 ○○공장에서 행정경리 겸 사로청위원장으로 일했을 때 집체적으로 도토리 따러 갔는데 그게 외화벌이거든요. 외화벌이 과제가 모든 공장기업소(회사)마다 떨어지다 보니까, 모든 공장이 차를 대고 도토리 따러 산에 갔어요. 산에 갔는데 이렇게 들어가지 말라고 엑스표시(금지구역) 했는데 운전수가 몰고 들어간 거예요. 그런 곳에 들어가면 도토리가 많거든요. 그래서 들어갈 때까지는 잘 들어갔어요. 그런데 나올 때 도토리를 가득 싣고 나오니까, 무게 때문에 오래된 통나무로 만들어진 다리가 썩어서 무너진 것입니다.

연구자 나무다리가 썩어서 다리가 주저앉았군요.

천연화 예. 그런데 화물차 적재함 바닥은 철판으로 깔려 있었는데, 사람들이 도토리를 주워가지고 화물차에 올라타면서 화물차가 도토리 작업장에 도착하자마자 집으로 빨리 가려고 따온 도토리를 모두 적재함 바닥에 미리 쏟아 놨어요. 그리고는 그 위에 올라앉아서 오는데 갑자기 다리가 무너지면서 차가 뒤로 기우니까, 사람들이 도토리 위에서 와르르 하는 순간에 뒤로 밀리면서 강으로 떨어져서 더 많은 사람들이 다쳤어요. 내가 운 좋게도 적재함 맨 앞에 앉았었는데 차가 뒤로 기우는 거예요…….

연구자 중심을 못 잡고.

천연화 예. 강물에 사람들이 도토리와 함께 떨어져 버린 거예요. 그런데 군대에서 경보부대(특수부대)[114]에 군사 복무했던 남자들은 벌써 차가 움찔하며 기우니까 (차 적재함을)뛰어넘은 거야! 그런 사람은 다치지 않았고, 그다음에 나도 순식간에 그렇게 쏵! 쏟아지는 거 몰랐어요. 그래서 일어서고 보니까 내가 사람을 밟고 섰더라고. 맨 위에 내가 떨어진 거지요. 운 좋게 적재함 맨 앞에 앉았었으니까…….

연구자 그나마 다행이었네요.

천연화 예. 그래도 죽은 사람은 없고, 어쨌든 두 사람이 중환자 치

---

114) 천연화 말에 의하면 북한 군대에서 한 개 도(道)를 맡아 타격(공격)하는 특수부대에서 군복무했던 사람을 말한다.

료를 받았고 나머지는 다 경상이 돼서 맨 밑에 떨어진 사람이 중상이었어요. 그거는 사람 위에 사람이 떨어지는 바람에 중상이 된 거지. 그러니까 자루를 쏟지 말라 했으면 모르지 어떻게 됐을지? 지금도 그때 생각만 해도 소름이 끼쳐요. 그런데 자루와 함께 떨어졌으면 사망자가 있었을 거예요.

연구자 만일 자루에 담은 도토리를 화물차 적재함에 미리 쏟아놓지 않았으면, 도토리 자루 무게 때문에 사망할 수도 있었겠네요?

천연화 예. 그럼 죽었을지 몰라요. 그래도 그거 쏟아놨기 때문에 로라식으로 도토리를 물에다 쏟으며 사람이 위로 떨어졌거든.

연구자 떨어진 사람에게 차 적재함에 있는 도토리가 쏟아졌다는 말인가요?

천연화 예. 먼저 떨어진 사람 위로 도토리가 떨어졌어요.

연구자 그것도 어떻게 보면 불행 중 다행이네요.

천연화 그래요. 내 집에 오니까 친정엄마가 살았구나! …… 그런데 아버지는 병원에서 대기상태에 있었더라고, 사고 났다 통보를 받고. 참! 어쨌든…….

연구자 그러니까 그때 나이가.

천연화 23살이지요. 아니다, 24이다. 그 이듬해 시집 왔으니까. 야! 죽는가 했어. 어쨌든 떨어졌다가 일어났으니까 이제처럼 떨리는 거예요. 심장이…….

4) 군인들이 식량을 훔쳐감

천연화 25살에 시집오고 나서 엄마집이 추방돼서(아버지가 정치범으로 몰려 추방지대로 추방당함) 100리 되는 거기를 드나들었어요. 그때 내가 엄마 집을 돌보다 보니까 남동생이 다 추방돼 갔는데 농촌에서 뭐 하겠어요? 아무것도 일할 줄도 모르는 형편에서. 그러니까 할 수 없이 우리가 식량 대고, …… 돈 대주고 그랬거든요. 그러다 보니까 나는 물건으로 가지고 댕기기는 힘들고 하니까, 돈을 가지고 들어가서 가을에는 거기서 낟알을 사요. 그래서 낟알을 한두 톤을 사서 두었다가 힘든 보릿고개[115] 시기에 일부는 팔아요. 팔고 먹고 이렇거든요. 그런데 108부대가 배고파 부대에요. 본부는 함경남도 금야군이고 부대가 원래 534부대인데 해산이 된 거예요. 북한에서 108부대라면 다 두 손들어요! 군대들도 저격하는 특수부대여. 그런데 그 108부대가 우리 엄마 집 벽을 뚫고 낟알을 다 도둑질해 간 거예요. 그해 친정집 식구 6명을 고난의 행군시기에 먹여 살리는 거 정말 힘들었어. 그 낟알을 봄날에 나와 팔아야 되잖아요? 보릿고개 때 그거 팔고, 이제 가을에 가 또 사들이고 이래야 되는데 다 털어갔으니까 돈이 통째로 날아갔지요.

연구자 군인들이 어머니 집에 곡식이 있다는 걸 어떻게 알았을까요?

---

115) 보릿고개: 햇곡인 보리가 여물지 않은 상태에서 지난해 가을에 걷은 식량이 다 떨어져 굶주릴 수밖에 없게 되던 4~5월의 춘궁기(春窮期)를 표현하는 말. [네이버 지식백과] 보릿고개 (한국민족문화대백과, 한국학중앙연구원).

천연화 (낟알을)사는 거 알잖아요? 우리가 사는 거 알고, 파는 거 알고, 이러니까, 그해 우리 친정집을 먹여 살리는데 정말 힘들었어요. 진짜 자식들이 못살았으면 다 죽었을 거예요. 내가 우리 엄마 집을 찾아갈 때는 그냥 돈하고 이발 기계를 가지고 가서 (그 동네)사람들 머리를 깎아줘요. 그렇게 하면 나는 가서 일주일씩 휴가 받아서 남들 낟알공작[116] 갈 때 나는 그런 거는 안 하니까 그 이발 기계를 가지고서 (동네사람들)머리를 깎아줘요. 그렇게 하고 (머리를 깎아준 대신 받은)낟알[117]을 받아서 엄마 집에 돈하고 같이 주고 와요. 동생네는 또 내가 도와주다 못 도와준 다음에 여동생이 도와주기 시작했는데, 동생은 량정사업소[118]니까 쌀이랑 계란이랑 가지고 가요. …… 그 동네에서 우리 딸네들만 나타나면 (동네사람들이) 저 집은 목에 떼 벗기는 날이라고…….

5) 옥수수로 술을 제조해서 판매

천연화 친구 권유로 친구 엄마가 살고 있는 '구성'에 따라갔다 올 때 우량 품종인 자강도 옥수수를 구입해가지고 와서 일부는 팔고, 나머지는 옥수수 술을 제조하여 팔았어요.

연구자 북한에서는 자강도 옥수수를 알아주는군요.

---

116) 도시에서 물건을 가지고 농촌에 가서 쌀로 교환하는 것.
117) 조선말대사전(사회과학원 언어연구소 편)에 의하면, 낟알: (곡식의 열매, 쌀알 포함)을 통틀어 이르는 말.
118) 량정사업소: 국가가 운영하는 배급소에 식량을 공급하는 곳.

천연화 예. …… 고난의 행군이 시작되고 나서 어느 날 친구 집에 가보니까 온 가족이 먹지 못하고 모두 쓰러져 있더라고. 그래서 내가 옥수수 한 말을 거저 주었거든요. 옥수수 한 대박이면 십칠 키로(17㎏), 십팔 키로(18㎏)입니다. 한 말이면 열대박이잖아요. 그런데 그 친구는 도와줘서 고맙다고 구성 시에 있는 친정집에 가는데 나를 데려가고 싶다고 했어요. 자기 빚진 것을 물길(갚을 길)이 없다는 거죠. 그래서 같이 가기 전에 왔다 갔다 노상에서 드는 비용을 계산하면 엄청 돈이 많이 들거든요.

연구자 고난의 행군시기에 어려운 친구를 도와주셨네요. 함흥에서 구성 시에 있는 친구 친정집에 같이 가는데 여비가 많이 들어갔나 봐요?

천연화 예. …… 그래서 내가 이렇게 8 · 3제품[119] 직매점에서 신발을 23문 갓난아기 신발을 두 박스를 샀어요. 그 당시 북한에는 작은 신발이 많지 않았어요! 북한에 신발이 귀했거든요. 한 박스에 25켤레인가? 그렇게 들어 있어요. 신발 한 켤레에 2원 50전짜리로 50켤레를 사가지고, 그 친구를 따라 구성에 가서 한 켤레에 25원씩 다 팔았어요. 그러니까 엄청 이익을 본 거죠. 어쨌든 친구와 같이 구성에 갔다가 다시 돌아올 때 구성에서 신발을 판 돈으로 옥수수와 색종이를 사왔어요. 옥수수는 싣고 올 만큼만 사고, 색종

---

119) 8 · 3제품이란 '8월 3일 인민소비품 생산운동'은 김정일 국방위원장이 1984년 8월 3일 중공업 · 경공업 공장에서 나오는 부산물과 폐설물로 여러 가지 일용잡화를 생산하자며 발기한 운동입니다. 이에 따라 '8 · 3생필품 생산운동 발단 30주년 중앙보고회'가 인민문화궁전에서는 김기남 노동당 비서 등이 참석한 가운데 개최됐고 평양에서는 '전국 8월 3일 인민소비품 전시회'도 열렸습니다.

이를 10전짜리로 무더기로 사온 거예요. 색종이 한 묶음
에 10전이었으니까. 그래서 그걸 사다가 50전에 넘긴 거
예요. 장사를 그렇게 해야 이득인 거예요. 그다음에 사 가
지고 온 옥수수 일부를 팔았어요. 그런데 자강도 옥수수는
우상(우량품종)이여! 거기서 한 대박에 8원이거든요. 그런
데 그걸 사다가 25원씩 또 팔은 거야! 그리고 나머지는 술
을 뽑았어. 술을 담가놓고 남편이 사망했어요.

연구자 옥수수로 술을 담구면 쌀로 담군 것과 똑같나요?

천연화 네. 똑같아요. 옥수수 있지? 가루 내서 찝니다. 쩌서 끼워
요. …… 거기다 곡주를 넣어요. 술 약을 섞어서 띄우거든
요. 띄워서 볼 것 같으면 이제 뽀얗게 뜨요. 그걸 두부 모
처럼 잘라요. 잘라서 이렇게 놨다가 그걸 있지! 독에 넣고
물 부어요. 그렇게 해서 담가요. 48시간을 넣고 좀 부어줍
니다. 그렇게 하다가 거의 다 되면 사-악 하고 물이 가라
앉습니다. 그런데 팔딱팔딱 끓을 때 먹으면 정말 맛있어
요. 그렇게 하고 다 가라앉으면 그다음에 있지? 뽑는 거지.
술기가 있어요. 도수가 30% 되요. 거기에다가 꿀 타요. 꿀
을 끓여서 식혀서 다시 정제해서 같이 타요. 그렇게 해서
25도로 맞추는데 거기다가 맞추면 뭐 하는가? 원래는 먹
는 알코올을 구해서 같이 꿀을 조금씩 섞어요. 그래서 27
도를 만들어요. 그렇게 해서 상점에 넘기거든요. 신규 상
점에. 난 고모가 신규 상점에 있으니까. 그다음에 걔내(상
점)도 27도니까 거기다 또 물을 타서 25도로 낮춰. 그렇게
해서 있지? 그거 한 키로(1kg)에 그 술 한 1리터에 옥수수

두 키로(2kg) 받아요. 배로 받잖아요.

연구자 술 담글 때 힘들지만 이익은 많이 남는 거네요? 그러니까 옥수수 술을 가게에 파는 거잖아요?

천연화 원래는 그렇게 못 팔아요. 고모가 식료상점 계획 지도원이니까, 내가 작은 지도원이라고 상점에서 자기네가 술을 가지고 파는 거지요.

연구자 자기네 만들어서 파는 것은 되는데 만들어서 딴 데에 납품하듯이 이건 안 된다는 거잖아요.

5. 결혼과 북한탈출 배경(1994~2004년도)

이 글은 천연화의 결혼과 북한탈출 배경 등의 이야기로 재구성하였다. 글의 구성은 1) 결혼식 첫날과 갑작스런 남편의 사망, 2) 북한탈출 배경이야기 등으로 구성하였다.

이야기의 주요내용을 살펴보면 천연화는 교원대학을 졸업하고 ○○기업소에서 사로청위원장 겸 행정경리로 활동하면서 교원인 남편을 만나 결혼하게 되었다고 하였다. 고난의 행군시기 기관별로 식량해결에 대한 내적 방침이 떨어져 남편이 북한에서 학교 교직원 식량을 못 주고, 돈을 못 주니까 남편은 다른 교사들과 농촌으로 식량을 사러 떠났다가 차량 전복사고로 남편이 갑작스럽게 사망하게 되었다고 하였다. 남편의 장례는 구역과 시에서 협력(남편이 김일성청년영예상을 수상한 상태에 공적인 사고)하여 치르게 되었다. 천연화는 남편이 교사생활 했던 학교 요청에 의해서 교사 자격증이 있기에 남편이 근무했던 학교에서 38살에 교사생활을 시작하게 되었다고 하였다.

한편, 북한을 탈출하게 된 배경은 1980년도부터 김정일이 당을 장악했을 때부터 김일성의 라인을 제거하기 시작하면서, 김일성 라인에 있었던 아버지와 삼촌을 정치적인 문제로 보위부에 체포당해 삼촌은 전기고문, 아버지는 한 달간의 금식을 하였는데 그 당시 아버지의 나이는 70세 고령이었다고 하였다. 이들이 가족과 사망 직전에 놓인 아버지와 함께 깊은 산골에 있는 추방지대로 추방시켰는데, 그런데 아버지는 사망 직전이었지만 고모부가 한의사이다 보니 아버지를 물심양면으로 치료하여 3년간 더 생명을 유지하면서 감옥에서 겪었던 사연을 조목조목 이야기를 해주셨다고 하였다. 이에 천연화는 (아버지 말씀을 다 녹취하고)북한을 탈출하기로 결심했다고 하였다. 그 이후 막내딸을 먼저 중국으로 보내놓고, 2년 뒤에 천연화도 브로커를 통해서 중국으로 북한을 탈출하게 되었다는 이야기 등으로 정리하였다.

1) 결혼식 첫날과 갑작스러운 남편의 사망

천연화 공산대학을 1976년 2월에 졸업하고, 사회생활을 조금 하다가 ○○공장에서 추천서를 받아, 20살인 1976년 9월 1일 교원대학에 입학하여 1979년 8월 30일 즉 3년 동안 공부하고, 23살에 ○○기업소 사로청위원장 겸 행정경리로 일하던 중 지인의 소개로 교사인 남편을 만나 함흥으로 25살에 시집을 왔어요.

연구자 결혼식도 집에서 치러요?

천연화 네. 집에서 해요.

연구자 예식장은 전혀 사용을 안 하는 거잖아요. 옛날 전통 혼례식으로?

천연화 맞아요, 집안에서. 집안에 상 차리고 새색시는 서 있고.

연구자 안에 있으면 사람들이 많이 못 오잖아?

천연화 아랫방에 앉아 있지. 손님들은 다른 집에다 치르고. 그렇게 하고 여긴 쪽두리[120]라고 있고, 우린 그런 게 없어. 그냥 치마저고리. 그러니까 뉴동[121]이라는 천이 있어요. 거기가 결혼식용 뉴동이에요.

연구자 연지곤지 다 바르고?

천연화 아니요? 얼굴에다 바르는 건 없어요. 화장만 하지. 여기(남한) 오니까 그런 게 있지. 일제 때는 45년도 해방되기까지는 했더라고. 한 60년도부터 없어진 것 같아.

연구자 신혼여행은?

천연화 그런 건 생각도 못하고. 결혼하고 상 치우면 그 방에서 자는 거지요. 결혼식 날은 중노동이에요. 결혼식 날은 하루 전날에는 굶어야 돼! 그래야 화장실도 들락날락 안 하고 가만히 앉아 있지. 거기다 또 구경이나 들어오지 않았으면 좋겠는데 "이 집! 새 애기 얼굴 좀 봅시다" 이러고 들어왔다 나가고…….

연구자 하루 정도만 그러면 되잖아요?

천연화 생각해보세요! 12시간을 앉아 있는 게 헐 하겠어요?[122] 오

---

120) 국어사전에 '쪽두리'는 부녀자들이 전통 예복을 입을 때에 머리에 쓰는 관을 말한다.
121) 뉴동: 남한에서는 '유동'이라 하는데 즉 북한은 비단천이라고도 함. 명주실로 짠 옷감의 하나.

전에는 남편이 데리러 오잖아요. 데리러 와서 출발해 들어
가면 1시나 2시면 들어가요. 그렇게 하면 남자 집에 그때
부터 밤 12시까지 앉아 있어요. 힘들어서 완전 죽어요! 그
런데 지금은 조금 다른 게 뭐인가 하면? 돈 있는 아이들은
신흥관[123]에서 혼례를 치러요. 여기(남한)처럼 예식장에서
동영상을 다 찍고, 많이 달라졌지. 내 돈 가지고 내가 하는
데. …… 그런데 비싸지! 왜 그런가? 신흥관을 내가 두 시
간을 빌린다 하면 두 시간 동안 손님이 몇 백 명 치른다는
게 있거든. 그 돈을 내야 되거든요. 그렇잖아요? 웬만한 사
람은 못 들어가요. 우리 고모부는 외국에 갔다 와서 돈을
많이 가져왔으니까 그렇지.

연구자 북한에서는 그렇게 재산을 많이 소유해도 돼요? 사유 재산
을 인정 안 하잖아요?

천연화 돈은 자기 거잖아요? 돈은 자기가 벌어온 거잖아요. 다 '달
러'를 깔고 앉아 있어요. 거기(북한)는 화폐교환하면서 북
한돈은 물(가치가 없어짐)이 됐으니까! 우리 때 한번 (화폐
개혁으로) 혼 때기(고통을 받음) 났잖아요! 그때부터 다
'달러' 깔고 앉아. '달러' 아니면 '엔(엔화)', 북한돈은 '펄럭
이', 펄럭이란 게 그 휴지라는 소리에요. 세상에 100원짜
리에 김일성 사진이 걸려 있거든요. 배추 한 통에 100원이
야! 그래서 김일성의 몸값이 배추 한 통 값이라 그랬어요.

연구자 아, 북한 돈 100원짜리에 김일성 사진이 찍혀 있나 봐요?

---

122) 남한말로 '쉽겠어요?'라는 뜻.

123) 남한의 예식장을 말함.

천연화 예. …… 그렇게 시집와서 '어린이식료'[124]라는 게 있어요, 함흥에. ○○구역에 '어린이식료', 거기 탁아유치원에 간식을 공급하는 곳입니다. 거기에 경리 겸 노동행정과 이부[125]취급을 했어요. 경리하다가 그다음에 애기 낳고 산후휴가 받아서 놀다가 그냥 사직을 한 거예요. 그렇게 집에서 당분간 놀며 가내반에서 생활했어요.

연구자 어린이 식료공장에서 일하다가 산후휴가 중에 직장을 그만두고, 또 가내반에서 일을 했군요? 가내반에서 계속 일을 했었나요?

천연화 예. 가내반. 가두(가정)에서 여맹[126] 생활하기 싫으니까, 가내반에 간 거지요. 그래서 거기에서 생활을 하다가 아이들이 다 커서 제가 36살에 시 상하수도 행정경리로 다시 입직(취직)했어요. 시 상하수도라는 게 함흥시 사람들 물 먹이는 거기에요. 거기에서 일하다 남편이 94년도 차사고로 사망했어요.

연구자 아, 시 상하수도에 또 취업을 했었군요. 그곳에서 재직 중에 남편이 교통사고로 사망했군요?

천연화 예. 차가 굴렀거든요. 그때가 제 나이가 38살 때인 94년도인데……. 남편이 북한에서 기관기업소가 식량을 못 주고, 돈을 못 주니까, 낟알 공작은 (학교)자체적으로 해결하라는 내부 지시가 떨어졌어요. 그리고 있다 보니까 교사들이

---

124) 천연화의 말에 의하면 탁아유치원에 어린이 간식을 제공하는 공장을 말한다고 하였다.
125) 이부: 통행증(북한말로 여행증).
126) 집에서 놀고먹는 것.

물건을 사가지고 돈 있는 사람은 돈을 가지고 농촌에 가서 낟알을 사가지고(오기 위해서) 남자들이 2명, 여자교사 3명이 농촌으로 떠났거든요. 그러다가 가는 도중에 차가 굴러 떨어져서 남편이 죽고, 제가 그 학교에서 교사를 10년 근무했었어요. 솔직히 말해서 제가 남편만 살았으면 안 왔을 수도 있었어요.

연구자 그렇지요. 남편 때문에 탈북하는 데 어려웠을 수도 있었겠네요.

천연화 남편이 (남한)가는 거를 말렸을 거예요. 제 남편이 고지식해요. 착하거든요. 그러니까 말렸을 거예요. 그런데 살아서는 제가 그 남편이 얼마나 좋았는가 하는 걸 몰랐는데…….

연구자 남편이 좋은 분이셨나 봐요?

천연화 예. …… 북한은 차 끼리 사고 나는 게 아니고 구부려요(굴러떨어져요). 우리 남편이 가서 죽은 도로가 8차선이었어요. 그런데 그 도로가 급경사가 많아서 차가 구부려져서(굴러 떨어져)……. 우리 시아버지가 갔다 왔어! 너무 아들 죽은 게 가슴 아프니까. 우리 남편이 군대도 안 갔어. 색맹이거든요. 군대는 색맹을 안 뽑아. 그러다 보니까 40년을 자기 품에 키운 자식이잖아요. 그런 자식이, 맏아들이 갔으니까, 그 현장까지 갔어. 너무 있지! 안타까우니까 갔는데, 3년 상을 치를 때까지 막 울었어요. …… 가슴이 아프긴 아프더라고. 그때 당시에는 나는 아무것도 안 보였어. 나한테는 남편이 간 걸음이 그렇고……, 내 운명이 제일 걱정이었고요…….

2) 북한탈출 배경(1994~2004년도)

천연화 1980년도 김정일이 당을 장악[127]했을 때로부터 김일성의
라인을 제거하기 시작했어. 그러다 보니까 우리가 그 제거
대상에 포함되었던 거였어요. 그렇게 해서 김일성 있을 때
는 손을 못 대고 김일성이 사망하니까 아버지하고 삼촌을
보위부에서 체포해 간 거예요. 여기로 말하면 안기부(국정
원)에서.

연구자 안기부(국정원)에서?

천연화 그래 그것으로 계속 평양에 올라갔다, 내려갔다 했어요.
그다음에 여기로 말하면 민원이거든요. 이런 민원을 한
통만 넣어도 수용소로 데려가요. 그런데 우리 38통을 넣
었거든요. 그런데도 우리에게 손을 못 대고 그냥 놔뒀어
요. 그렇게 해서 저희들이 밖에서는 너무 떠드니까 보위
부 감방[128]에서 아버지하고 삼촌을 5개월 만에 내보냈어
요. 그러니까 보위부 놈들이 체포해 간 것은 김일성 애도
가 끝난 다음에 체포했거든요. 1994년도 11월에 아버지와
삼촌이 체포된 거예요. 삼촌이 김책공대 졸업생이거든요.
그리고 항일투사 강위룡이 항일무장 투쟁시기 김일성의
경위소대장과 위임찬은 함경남도 지하공작 책임자로서 저

---

127) 천연화 말에 의하면 김정일이 당을 장악했을 때 장성택이 핵심 인물 중에 한 사람이었다고 함.
128) 천연화 말에 의하면 함경남도 함흥시 회상구역에 있다고 하였다.

희 가정의 신원보증인이었기 때문에 김일성이 살아서는 우리 가정에 손을 대지 못한 것이었어요. 김일성이 사망하고 애도기간이 끝나자 바로 삼촌과 아버지를 보위부(국정원)에 체포해갔어요.

연구자 아, 그런 가슴 아픈 일이 있었군요.

천연화 아버지와 삼촌이 추방지대로 추방되었다가 겨우 살아나서 아버지가 추방당한 이유를 전부 녹음하여 기회를 봐서 브로커를 통해 중국으로 탈출했어요.

연구자 아버지가 억울하다고 증언한 녹취록을 가지고 중국으로 탈출했군요.

천연화 예. …… 삼촌이 다닌 김책공대는 여기(남한)로 말하면 서울대예요. 기술대학교인데 (삼촌이)머리가 상당히 비상하거든요. 그렇게 체포되어서 한남동 보위부로 체포돼 왔는데, 우리는 지금 어디에 있는지 그 누구도 몰라요. 물어볼 게 있다고 거기서 데리고 갔어요. …… 저 깊은 산골에 추방지대로 보냈거든요. 보냈는데 그 추방지에 가니까 아버지가 있는 거예요. 그런데 아버지는 의식이 이제는 다 희미해진 상태고 동공이 다 열린 상태거든요. 그러니까 거기 온 사람들이 "저 집의 저 영감이 오늘 밤 넘길 것 같지 못하다." 주변사람들이 그랬대요.

연구자 그때 아버지하고 한집에 같이 사셨나요?

천연화 아니요. 저는 함흥시로 시집 와 있었기 때문에 집이 추방되는 걸 몰랐거든요. 그런데 올케가 남동생 아주머니가 이튿날 거기에서 출발을 해서 저한테 연락이 온 거예요! 집이 추방됐다. 그런데 남동생을 같이 추방시켰대요. 남동생은 철도검열대상을 했거든요. 그런데 지금은 같이 추방돼 갔으니까 올케가 연락이 왔는데 그 연락을 받고, 고모부에게 연락해서 그래 고모부 자전거 뒤에 타고 함흥에서부터 거기까지 들어가는 데 100리입니다. 그래 갔는데 고모부가 아버지를 딱 맥을 짚더니 "못 산다" 이 말을 하더라고요. 이 정도 됐으니까 내 보냈지! 그런 걸 친정엄마가 "고모부! 침 한 대만이라도 나봐라. 그러면 내가 소원이 없겠다." …… 그런데 침을 한 대 딱 놓았는데 아버지가 살아났어요. 그런데 우리 고모부가 좀 유명한 한의사예요. 그렇게 해서 아버지가 살아나서 한 2년 지난 다음에 아버지 의식이 어느 정도 회복이 되더라고요. 그 뒤 아버지 걸 몽땅 녹음했어요. 녹음해서 녹음테이프를 가지고 중국을 넘어섰지요.

연구자 아, 그때 북한을 탈출해야겠다고 결심했군요?

천연화 아니에요. …… 그러니까 10년 동안 아버지가 체포돼 가는 순간부터 뛰어야 된다는 생각이 중국에 가서 이것을 다시 민원을 넣겠다! 이런 생각을 하게 됐어요. '우리가 탈북하겠다!' 이것이 아니고 그렇게 하고 민원을 넣고 기회를 보고 완전 불리하면 중국에 눌러앉고 불리하지 않으면 다시 북한으로 들어간다. 이렇게 하고 나왔는데…….

연구자 아, 그럼 그때는 아버지 문제를 해결하기 위해 중국으로 갔었던 거네요? 남한으로 탈출하겠다는 마음은 아니었고요?

천연화 예. 그렇죠. 딸이 2000년도 8월에 두만강 넘었어요. 내가

8월 방학에 (중국으로)보냈거든요. 그런데 우리 가족 셋이 같이 넘으면(탈출하다) 잡힐 수가 있고, 잡히면 셋이 다 잡혀야 되고 그래서 딸을 혼자 먼저 보냈어요. …… 그렇게 하고 (중국에)왔는데, 3일 만에 막내딸이 한국에 간다는 거여. 나는 만나서 민원 넣고 다시 나갈 걸(북한으로 들어감) 타산하고 들어왔는데, …… 일이 그렇게 됐거든요. 그래서 브로커에 의해서 죽이러 가는지, 살리러 가는지도 모르고 어쨌든 북경까지 따라왔는데 와서 딸을 만나게 됐고, 거기에서 한국 TV를 보는데 말을 한마디로 못 알아들었어요. 그래서 옆에서 통역을 해주는 거예요. 그런데 노래는 보니까 한국에서 부르는 노래가 몽땅 북한에서 아이들이 부르는 노래거든요! 그래서 저는 그랬어요! "북한노래를 어떻게 한국에서 부르냐?" 그러니까 "그게 한국노래다" 이러는 거예요. 그러니까 벌써 노래는 이미 북한에 보급되어 있더라고요. 아이들 속에서 슬금슬금 보급되고 있고…….

이상과 같이 연구 참여자의 북한탈출 이전까지 북한의 경험에 대한 이야기를 요약하면 다음과 같다.

첫째, 북한에서의 초·중·고 교육과정을 이해할 수 있다. 연구 참여자가 강화도에서 썰물과 밀물을 처음 경험한 것을 보면 현실적 경험 없이 이론으로만 수업이 진행되고 있음을 알 수 있다.

둘째, 북한 군대의 혹독한 훈련과정을 알 수 있고 대학생활과 직장생활의 어려움, 고난의 행군시기의 경험, 북한의 새 경제관리 개선조치, 외화벌이로 인한 고통, 군인들의 생활상을 이해할 수 있다.

셋째, 결혼 생활 중 남편의 사망으로 인하여 궁핍해진 생활과 김일성 사망 후 정치적으로 김일성 라인을 제거 중에 아버지와 삼촌 등이 추방당하여 고통을 받아 북한을 탈출하게 되었다는 탈출 배경과 탈출 동기를 이해할 수 있다.

제2절 북한탈출 후 한국에 입국하여 겪었던 경험

이 절에서는 연구 참여자가 북한탈출 후 한국에 입국하여 겪었던 경험에 관하여 인터뷰한 내용을 전사한 현장 텍스트를 연구 텍스트로 재구성하였다.

이 절의 구성은 1. 북한탈출 후 중국을 거쳐 한국에 입국하기 전까지 경험, 2. 한국사회 적응을 위해 겪어야만 했던 역경에 관한 이야기로 구성하였다.

연구자는 2015년 4월 4일 연구 참여자와 경기도 파주시에 위치한 임진각 여행을 하면서 인터뷰를 하였다. 파주 임진각을 보며 북한에서의 기억을 떠올리는 연구 참여자의 마음을 안정시키고자 차 안, 커피숍, 임진각 주변으로 자리를 이동해가면서 연구 참여자가 편안하게 이야기할 수 있도록 배려하였다. 이야기의 내용을 구체적으로 살펴보면, 1) 브로커를 통하여 북한탈출 후 중국 북경에서의 70일, 2) 중국 북경영사관에서 제3국을 거쳐 한국입국 전까지 경험, 3) 한국에 입국 하자마자 국정원에서 받은 조사, 4) 한국사회에서 적응하지 못하고 방황, 5) 하나원 교육과 병원치료, 6) 하나원 퇴소 후, 아파트 입주하고 나서 갑자기 나타난 브로커, 7) 영구임대아파트 입주하면서 겪은 어려움, 8) 기초생활비 지원을 받았지만 어려운 형편, 9) 남한사회의 북한이탈주민에 대한 사회적 차별, 10) 북한이탈주민으로부터 일자리 소개받음, 11) 인터뷰 도중 갑자기 걸려온 북한이탈주민관련 상담 문의전화 통화, 12) 북한에 남아 있는 가족에 대한 그리움과 돈을 부쳐줌, 13) 남한사회에서 갈등하는 북한이탈주민, 14) 다시 북한으로 끌려가는 공포의 꿈, 15) 북한이탈주민의 범죄노출, 16) 남한생활에 어려운 북한이탈주민을 위해 북한에서 돈을 보내줌, 17) 한국사회에서 북한이탈주민들이 겪는 사건, 사고이야기 등으로 정리하였다.

1. 북한탈출 후 중국을 거쳐 한국에 입국하기 전까지 경험

이 글은 연구 참여자가 북한탈출 후 중국을 거쳐 한국에 입국하기 전까지 경험 등의 이야기로 재구성하였다.

글의 구성은 1) 브로커를 통하여 북한탈출 후 중국 북경에서의 70일, 2) 중국 북경영사관에서 제3국을 거쳐 한국입국 전까지의 경험 이야기 등으로 구성하였다.

이야기의 주요 내용을 살펴보면, 연구 참여자는 김정일이 권력을 장악하면서부터 김일성의 권력 라인을 제거하기 시작하였고, 아버지도 그 대상에 포함되어 있어 정치적인 문제로 얽혀서 보위부에 체포되어 추방되면서 죽기 직전까지 고통을 받았다고 하였다. 이에 연구 참여자는 탈북을 결심하고 막내딸을 먼저 중국으로 보낸 후 2년 뒤에 브로커를 통해 북한을 탈출하여 중국 북경영사관에 머물렀다.

북경영사관에 머물면서 한국 TV를 보는데 말을 한마디도 못 알아들어서 옆에서 통역을 해줘야 알아들었다고 하였다. 그런데 노래를 들어보니까, 북한 아이들이 부르는 노래와 똑같아서 옆에 있는 사람보고 "북한노래를 어떻게 한국에서 부르냐?"고 물으니, 그 노래가 한국노래라는 사실을 알았고, 이에 깜짝 놀랐다고 하였다. 그러니까 벌써 한국노래는 이미 북한 아이들 속으로 슬금슬금 보급되고 있다는 사실을 알았다고 하였다.

연구 참여자가 북경영사관에 머물면서 몸이 아파 70일간 머물고 치료를 받으면서 겪었던 이야기와 영사관에서 나와 비행기를 타고 필리핀 마닐라공항을 경유하여 한국 인천공항으로 오면서 비행기 내 창가 쪽에 앉아 있던 연구 참여자는 인천공항에 곧 도착한다는 안내방송을 들으며 비행기 밖을 내려다보았다. 깜깜한 저녁의 야경이 한눈에 들어오는데 절반은 새까맣고, 절반은 눈이 부실만큼 훤하게 불빛들이 보이는 것을 보고 '저 새까맣게 보이는 곳이 북한이구나'라고 생각을 했다는 이야기 등으로 정리하였다.

1) 브로커를 통하여 북한탈출 후 중국 북경에서의 70일

천연화 여기하고 똑같아요. 그렇게 해서 남편의 장례식 치르고, 내가 그다음에 학교에 출근을 하고 그렇게 했는데, …… 학교에 출근은 하지만 아버지가 94년도 11월 5일 체포돼 가고 11월 8일 날에 삼촌이 평양에 올라갔대요. 내가 9일 날 평양에 도착하니까 삼촌이 체포돼 갔다는 거예요. 한

발 늦었더라고. 그렇게 돼서 갔는데, 갈 때 우리 삼촌이 데리러 온 사람들하고 보위부 사람들하고 막 싸움을 하며 가더래요! 우리 삼촌이 교원을 했거든요. 김책공대 교원, 그렇게 됐는데 싸움을 하며 가더라는 거지. 삼촌 엄마는 의사예요. 삼촌 엄마는 군에서 의사였거든요. 삼촌 엄마가 울며 그 얘기를 하더라고요.

연구자 이런, 아버지하고 삼촌을 보위부에서 체포해갔군요?

천연화 예. …… 그렇게 하고 거기에서 그다음에 안 돼서 평양요 직에 있는 친척을 찾아갔어요. 가서 그런 이야기를 쭉 했 어! 보위부에 있는 사람이거든요. 보위부장이에요. 그 소 리를 하니까 뭐라고 하는지 알아요? "아버지가 말을 잘못 한 거다, 그러지." 그 말을 하는 거예요. 그런데 그 사람이 여기 판문점 쪽 보위부장으로 와 있었어요. 그래 너무 기 막혀서 말하다 말을 못 했어요. 이해가 아니 되잖아요? 아 버지가 뭘 잘못했을 것이다. 그래서 이렇게 됐거든요. 그 랬는데 얼마 안 있어서 자기도 당한 거야. 보위부장 하다 가 뭐인가 하면 검찰국장 했어. 그렇게 하다가 자기도 당 한 거야. 당해서 제대된 거야. 그다음 내가 가서 말하니까 이해가 되는 거예요. 그런데 이미 늦었잖아, 자기 정복 벗 었는데 어디 가서 해보겠어…….

연구자 예. 김일성 사망하고 김정일이 권력을 장악하니까 고위간 부들도 아버지의 억울한 문제해결에 모두가 외면했군요?

천연화 예. 그카고 …… 그다음에 내가 이야기했지 "강일형이가 보증인이다." 항일투사거든요. 그다음에 "유임창이 보증인이다." 항일투사 2명이 보증인이면 일반인 15명이 보증인이에요. 일반인 15명 보증 서기 어려워요! 못 서거든요. 그런데 강일형이는 김일성 경위 소대장이었어요. 그다음에 유임창이란 사람은 함경남도 지하공장 책임자였고, 그 사람이 대성산 열살음 관장이에요. 그래서 황순희를 찾아 갔어요. 황순희가 사돈이에요. 항일투사, 김정일이 업어 키운 여자, 98세인가 되잖아요. 그래서 찾아갔어, 찾아가 니까 황순희 아주머니가 "나는 말을 못 하겠다" 그러더라 고. "김정일 성격이 검었다 퍼랬다, 검었다 퍼랬다 이렇게 하는 이런 성격인데 감히 어느 누가 거기에다 말을 들이 밀 사람이 있겠느냐? 자기가 직접 싸인을 했다는데." …… 우리 아버지 처리하라고 김정일이 싸인을 했거든요.

연구자 아, 김정일 성격이 변덕스러웠나 봐요?

천연화 예. 그래요. …… 또 할 수 없어 중앙당 누구를 내세워서 또 만났어. 김정일한테 손을 여섯 번 씻고 들어가는 사람 이에요. 그래서 만나니까 날 보고 이야기하더라고 "교원인 데, 내 이쯤 말하면 이해를 하겠지요. 누가 누구를 믿어야 되는지 모르겠습니다." 이 말을 하더라고요. 그다음에 본 부당비서는 우리나라(북한)에서 세 번째로 큰 끈입니다. 그 본부당비서가 "전국 수사가 붙어야 됩니다. 그런데 내 힘으로 하기는 힘듭니다." 이 말을 하는 거예요. 그다음에 의과과장은 "우리 힘으로는 못 한다." 그래서 도로 내려왔 어요. 그렇게 하고 이제 뛰는 길밖에는 없는 거지요. 뛰어 서 이제는 3국으로 가서 해보는 길밖에 없거든요. 그래서 정말 그걸 이야기를 했어요. "그래 이제는 뛰는 길이다." 그렇게 하고 준비를 하기 시작했어요. 그때부터 준비하기 시작했다가……

연구자 딸을 어떤 방법으로 중국에 보냈나요?

천연화 이모네 집으로 보냈어요. 이모하고 같이 중국 가라고! 이모가 ○○에 있었거든요. 두만강 변에 있어요.

연구자 두만강 변에 이모가 살고 있었나 봐요?

천연화 예. 그리고 중국 연길에 들어가면 큰아버지 있어요. 그러니까 사촌 시형이 있거든요. 그래서 (딸에게)주소와 사진을 쥐어 보내면서 "(연길)가서 큰아버지를 찾아가라"고 했어요. 그런데 (딸은)중국에 들어가서 (큰아버지를)찾지 않고 다른 사람을 잘 만나서 청도에 가서 한국사람 식당에서 일을 했더라고요.

연구자 딸이 그때는 몇 살 정도 됐어요?

천연화 18살! 그런 걸 보냈어요. 그런데 갈 때 그러더라고 "어머니, 나는 무서워서 못 가겠습니다."

연구자 그때 학생 때 같은데.

천연화 예. 고등중학교 6학년인 걸 보냈지요. 무서워서 못 가겠다는 거야. 그래서 제가 "우리는 가야 할 길이다. 가라! 무조건 먼저 가라. 어머니 인차(곧) 따라갈게" 하고 보낸 게 2년이나 걸렸어. 그렇게 하고 2년 만에 다시 걔(딸)한테서 기별이 온 거예요. 그래서 출발을 했는데 (중국에)와서 3일 만에 한국으로 간다는 거예요.

연구자 그런데 거기에서 따님을 설득할 때 뭐라고 말씀을 했어요?

천연화 딸이 아버지 문제를 아니까…….

연구자 아, 아버지에 대한 내용을 알고 있었구나.

천연화 예. 아버지(정치범으로 억울하게 몰렸던 내용) 말씀을 녹음한 녹음 테이프를 다 가지고 넘어섰어요. 우리(북한) 중앙당에 호소한 38통의 편지를 다 안고 (중국으로)넘었거든요.

연구자 예. 아버지의 억울함을 해결하려고 중국에 갔군요.

천연화 예. 그렇게 하고 중국에 와서 김정일한테, 북한에서는 절대 안 되니까 38통의 이런 편지를 넣었는데 가만 놔두는 것 보세요. 한 통만 들어가도 잡아가요! 그런데 학교에 내가 앉아 있으면서 계속 공공연히 그랬어요. 장성택 저 사람은 도대체 누구일까? 이 문제는 분명히 집안 안에 누가 있다! 있기 때문에 이것 처리 못한다, 계속 그랬거든요. 계속 장성택이 수수께끼다. 그런데 장성택 삼촌이 일제 때 순사였어요. 내가 계속 그랬거든요. 그랬더니 한번은 보위부에서 오라고 그래 갔어요. 가니까 일제시대 그딴 말하면 붙들어 간다고, 잡아간다는 거예요. 말하지 말라고 애매한 거는 아는데 말은 하지 마! 그러더라고. 그런 걸 그냥 앉아서 계속 말을 했어요. 이렇게 하면서 뛸(탈출) 궁리한 거지요. 그렇게 됐는데 와보니까 한국 간다는 바람에 이래갖고 졸도했어. 졸도 안 하겠어요? 대한민국 나쁘다고 선전하던 사람이. …… 그리고 가지고 왔던 자료를 다 거기서 소각했어요.

연구자 아, 중국에 넘어가서 아버지의 억울함을 녹음한 녹음테이

프와 민원편지를모두 태워버렸군요?

천연화 예. 연길에서 다 불태우고 깨고, 소각 다했어요.

연구자 그러면 중국 연길까지 어떻게 가셨어요?

천연화 ○○에 있는 여동생이 아는 사람을 연결해서 갔어요.

연구자 예. 여동생이 안다는 사람이 브로커였나요?

천연화 예. 맞아요. …… 그렇게 되는데, (딸한테서)전화가 와서 자기가 지금 현재 북경으로 가는 길이다, 어머니는 (브로커를)따라만 오라고해서 거기서(전화로) 말싸움을 하다가 까무러쳐서 못 일어나고 있다가 조금 의식을 차리니까, 그다음에 브로커한테서 전화가 왔어요. 거기에서 또 (브로커에게)내 딸 내놓으라고, …… 우리는 한국까지 안 간다고, …… 말다툼을 심하게 했어. 이렇게 됐는데 브로커가 끝내 딸하고 전화연결을 안 시키는 거예요.

연구자 그럼, 따님이 먼저 중국에 가고 언제 뒤따라갔나요?

천연화 2년 걸렸지요.

연구자 그러니까 중국에 간다고 하면 그냥 바로 보내줬어요?

천연화 여동생이 국경 경비대하고 연계를 해서, …… 그렇게 해서 간해 놓은 거지요.

연구자 경비대하고? 그러니까 그것도 브로커 통해서.

천연화 그렇지요. 브로커 통하는 거지요.

연구자 연결이 돼서 자연스럽게 넘어간 거지요?

천연화 자연스럽지는 않지! 목숨을 걸고 넘어오지, 넘어오기는…….

연구자 그런데 여동생은 두만강변의 ○○ 그쪽 지역에 있었는데 천연화는 그때 어디에 계셨어요?

천연화 저는 함흥에 있었고, 함흥에서 ○○로 들어왔고.

연구자 ○○하고 함흥하고 멀어요?

천연화 아, 멀지요. 정시로 24시간 넘어 오는데.

연구자 그러면 그 이동로가?

천연화 기차로 일주일 걸려요.

연구자 함흥에서 ○○ 오는 데 일주일 걸려요?

천연화 차가 제대로 못 뛰니까(정해진 시간에 못 다니니까), 그렇게 해서 그다음에 와서 (브로커와)연결을 해서 넘은 거지요. 넘을 때도 숨어서 넘어야 돼요. 어째 그런가 하면 경비대원[129]들을 다 아는 게 아니고 딱! 한 사람만 알아가지고 해야 되니까? 나머지 사람(다른 경비대원들)이 발견하면 총 쏘잖아요!

연구자 그러면 그 과정이 따님이 먼저 가고 나서 2년 후에 갔잖아요. 넘는 것은 기차를 타면 그것이…….

천연화 그것은 너무 깊이 알면 루트가 드러나고 보복이…….

연구자 예. 그냥 전체적인 흐름만이라도…….

천연화 그런데 거기까지 들어오는 데는 증명서를 떼 가지고 들어와야 돼요. 그 전에는 못 들어와요.

연구자 이동은 되나 보지요?

천연화 돈 주면 증명서는 다 떼요.

연구자 아, 그래요.

천연화 그렇게 해서 (목숨 걸고 어렵게)두만강을 넘어서 두만강

---

129) 국경연선을 지키는 군인들.

○○에서 하룻밤 자고, 다음에 연결(계속)해서 걸었다가 ○○이라는 데를 와서 쓰러졌어. 그다음에 일어난 게 한 일주일 만에 일어났던가! 그래요. 그렇게 해서 거기에서 (딸하고는 연결이 안 되고) 브로커하고 다시 연결이 돼가지고 브로커가 나한테 왔던 거지요.

연구자 딸 소식은 전해주고?

천연화 그러니까 브로커가 날 데리러 왔단 말이에요. 거기에서 (나를)데리고 연길까지 걸어 들어갔어요. …… 거기(연길)에서 또 북경까지 (기차를)아침 10시에 타니까 그 이튿날 아침 11시에 내리더라고요.

연구자 기차로 연길에서 북경까지 타고 갔군요.

천연화 예. 연길에서 북경까지 기차를 타고 갔어요. 그렇게 해서 (북경에)도착하니까 브로커가 둘이 나와 있더라고. 젊은 남자하고 나이 든 영감탱이 하나 나왔는데 보니까, (한 사람이)북쪽에서 조사받다 본 교화출소자[130] 그 사람이더라고! 한국 사람이 그쪽 브로커들은 다 쥐고(잡고) 있잖아요.

연구자 그러면 브로커가 중국 사람이에요?

천연화 한국 사람이지.

연구자 예! 우리 한국 사람이라고요?

천연화 예. 그러니까 탈북자들 오는 맨 밑바닥에 한국사람 있고, 그다음에 그 앞에 탈북자 있고, 중국 조선족 있고, 북한사람 있고, 이렇게 단계가 되어 있어요.

---

130) 교화출소자란 교도소를 갔다가 나온 사람을 말한다.

2) 중국 북경영사관에서 제3국을 거쳐 한국입국 전까지 경험

천연화 (브로커를 통해서)북경 들어와서 오후 2시나 되니까 바로 영사관으로 들어가야 된다는 거지요. 그래서 그다음에 영사관에 뛰어 들어가라고 해서 뛰어 들어갔어요. 들어가니까 고슴도치같이 생긴 안기부 형사가 와아~ 하고 소리치더라고요! 이런 사람들 들어오는가 하고. 그러니까 겁먹어서 눈이 커다래지면서 이렇게 하고 가만히 봤지요. 그랬더니 오라고 그래서 가니까, 종이쪽에다 쓰라고 해서 썼지요. 그런데 그 안에 보니까 이미 아이 넷인지 데리고 온 여자 하나 앉아 있더라고. 그래 같이 앉아서 써 냈어요. 그다음에 밤 10시나 됐는데, 온몸을 다 수색해서 들여보내더라고. 그래 들어가니까 딸이 앞에서 "어머니!" 하고 부르는데…….

연구자 아, 딸이 먼저 와 있으니까.

천연화 예. 그때는 알아 못 보겠더라고요. 아이가 거기를 들어오느라고 어떻게 신경전을 했는지 아이를 못 알아보겠더라고요. 그래서 영사관에 들어와서 70일 있었어요. 그런데 계속 저는 앓으니까, 거기서 충격을 받고 쓰러져서 계속 의사가 드나들며 치료해주었어요. 그러니까 제가 어떻게나 많이 앓았든지 거기 탈북자들이 이 여자를 먼저 보내자! 이렇게 됐거든요. 그러니까 이 여자를 먼저 보내면 딸하고 같이 들어와야 되거든요. 그러니까 국정원은 딸하고 나하고 분리시켜야 말이 다를 거 아니에요.

연구자 그렇지요.

천연화 그러니까 (국정원 조사관이)둘이 갈라서 딸을 먼저 보냈어요. 그렇게 하고 (그 이후에)나를 한국에 보내서 왔어요.

연구자 그 이후에는 영사관에서 다해 준 것인가요?

천연화 예. 그러니까 여기에서 우리가 일단 북경영사관으로 들어가면 나머지는 해외 공관에 있을 때는 UN에서 지원해요. 그다음에 해외 공관을 떠나서 여기로 들어온 다음에는 국가에서 제공하고. 그러니까 돈 엄청 들어가는데 그러다 보니까 탈북자들한테 돌아오는 건 없어요. 여기(한국)에 와 보니까 브로커 비용이 제일 무서워요.

연구자 그렇지요.

천연화 그거 대주는 일이 더 제일 바쁘거든요.

연구자 브로커한테 주는 비용?

천연화 지금 브로커한테 주는 돈은 압록강, 두만강 넘는 데만 1,000만 원 다 돼요. 단속이 심하니까 비싸요. 그다음에 여기까지 오려면 한 1,300~1,500만 원은 들어가야 되거든요.

연구자 그때는 한 얼마 정도 들었어요?

천연화 400만 원씩.

연구자 1인당?

천연화 예. 800만 원 줬어요.

연구자 한국 들어올 때까지 두 분이 800만 원?

천연화 예. 딸까지 800만 원 줬어요.

연구자 요즘은 더 많은 비용이 들어간다는 거 아닙니까?

천연화 그러니까 두만강 넘는 데는 원래 있지! 돈이 안 들었어요. 동생이 거저 넘겨줬으니까. 그렇게 됐는데, 우리가 200만 원을 줘도 돼요. 원래 선돈[131]은 150만 원이에요. 그런데 브로커들이 가운데 끼우고, 끼우고 하다 보니까 그렇게 준 거지요. 북경영사관에서 그러더라고, 브로커 비용 준 가격 부르면서 손들라 하는데, 우리는 600만 원으로 각서를 쓴 거야! 그러니까 우리만큼 돈을 제일 많이 준 건 우리 모녀 밖에 없더라고. 그냥 와서 하도 붙어서 그렇게 400만 원 준 거에요. 그렇게 해서 800만 원을 내놨지! 둘이서. 그렇게 하고 여기 와서 적응하려니까 너무 힘든 거예요. 그런데 지금 보니까, 이제 한 5년 되니까 실제는 힘든 거는 아니었구나! 우리가 몰라서 헤맸구나, 이게 보이는 거예요. 솔직히 말해 저는 처음에 들어올 때 그랬어요. 60년이라는 세월이 대한민국 자본주의로 길들여진 나라인데 우리가 발붙일 곳이 있을까? 안 그럴까요?

연구자 그렇지요. 그런 생각이 들지요.

천연화 그 생각을 하며 저는 왔거든요. 그런데 5년이 지나니까 머리만 잘 쓰면 직업은 제대로 찾겠구나, 할 일은 다 있구나, 남한사회에서 사는 사람들은 그 생활에 묻혀서, 스쳐서 못 보지만 탈북자들은 타 곳에서 오면서 보기 때문에 들어가는 길을 공부만 하면 잘 찾아가요. 그래서 탈북자들 보고 "잘 들여다봐라! 너희는 이 사회에서 너희들 들어갈 자리

---

131) 남한말로 '선급금'이라고 하며, 미리 지불하는 돈을 말함.

는 다 있다. 한국사람 눈에는 안 보지만 그러나 너희 눈에는 보인다. 공부해! 공부하면 보인다" 그렇게 말했어요.

연구자 그런데 북경영사관에서도 조사받고 그래요?

천연화 영사관에 들어가니까 먼저 초보적인 것을 써내라고 하면서 간단한 조사만 했어요. 그리고 3일 만에 정확한 조사를 했어요. 조사가 끝나면 바로 여기(한국) 국정원에 넘어옵니다. 그다음에 거기에서 우리를 조사합니다. 북한에서, 중국에서, 영사관에서 조사를 하는 거예요. 조사를 해서 신분이 정확한 사람은 괜찮은데 신분이 정확치 못한 사람들이 많거든요. 왜 그렇겠어요? 계속 떠돌이 하다 왔으니까. 그렇게 하다 보니까 주로 중국 체류자들이 떠도는 사람들이거든요. 그것들은 좀 문제가 있는 거지. 그런데 나같이 바로 전날까지 일하고 도망친 사람은 가서 바로 확인하면 그 사람 지금 어디 가 있어? 이렇게 되거든요. 그렇잖아요? 우리 앞에 있었다. 그런데 지금 결근한다, 이렇게 되거든요. 그러니까 신분이 우리는 정확히 나타나는 거지요.

연구자 그럼 조사하다가 거짓말인지 아닌지를 어떻게 알아서 잡아내죠?

천연화 예. …… 거기에서 조사를 해서 넘겨준 거 가지고 그쪽에서 조사하고, 이쪽에서는 이쪽대로 조사를 해요. 양쪽. 그렇게 조사를 해서 맞아떨어지면 괜찮고, 안 맞아 떨어지면 거짓말탐지기에 드나들고 막 나올 때 형사들이 두서이 들러붙고 그래요. 제대로 돼서 조사가 확인이 되는 사람은

당분간 형사를 붙여놓은 거고, 그다음에는 형사들이 관리
도 안 해요. 그런 사람들은. 그러나 문제가 되는 사람들한
테는 정상적인 관리가 들어가는 거지. 그러니까 그렇게 해
서 나와서 그때 당시 제가 조사를 받을 때에는 제 정신이
아니었어. 그렇게 하고 제가 교도훈련 안 갔다 왔기 때문
에 기억을 못한 거지. 혼이 지금 빠진 상태고, 그러니까
그것을 어떻게 말했는가? 교육실습이 6개월, 교도훈련 1개
월 거꾸로 쓴 거야.

연구자 교도훈련이 6개월, 교육실습이 1개월인데 당황해서 순서
를 바꿔 썼군요?

천연화 예. 정신이 나갔으니까! 온전한 정신이 아니니까, 세 번 다
그렇게 쓰고 나왔어. 그다음에 다시 학력인정을 받자고 그
거 써서 내다보니까, 내가 이거 교육실습이 1개월인 걸 왜
6개월이라고 했을까! 교도훈련이 6개월인데 왜 내가 1개
월이라 했을까! 그때 정신이 들어오는 거예요. 그러니까
그렇게 써서 올라가서 학력인정 받아서 내려오는 거지. 그
러니까 일부 사람들은 국정원에서는 내가 대학 졸업했다
고 말을 했지만 다시 재심사에서는 떨어져 나갔어요. 거짓
말을 했기 때문에. 정확하고 세밀하게 나오지 못하면 못
나와요. 실제 학교를 내가 다녔다 해도, 학교 저기 뭐야?
교원 수가 몇 명이며, 학교 평방수가 어떻게 되고, 학교가
몇 연도에 생겼고 이거 모르거든요.

연구자 쉽지 않지요. 학생들이 그걸 어떻게 알아요? 일부러 알 필
요도 없죠!

천연화 지금 놓고 볼 때 나도 그래요. ○○대 교원들이 총 몇 명인지 나도 몰라요. 그런데 뭐인가? ○○년도 생긴 학교다, 이건 알아요. 왜 그러냐! 너무 이름이 없는 학교라서 ○○년이나 됐는데 ○○대를 아는 사람이 없더라고. 그러다 보니까 내가 그걸 기억한 거고, 이렇게 되는데 그러니까 우리는 우리 대학을 다닐 때 철없을 때 갔잖아요.

연구자 그때 학생들은 대부분 그렇다고 봐야죠.

천연화 애들 때 갔으니까, 가서 정말 천진난만하게 공부를 하고 오는 나이인데 가서 보니까 그 학교가 몇 연도 생겼는지도 모르고, 교장이 ○○○이라는 것만 알고, 학과는 몇 개 학과로 되어 있다는 거는 그거는 공부하니까 아는 것이고. 교원이 몇 명이라는 거는 어느 누구도 모르고, 총 학생 수 몇 명이라는 것도 어느 누구도 모르고, 내 소대 인원만 알면 되는 거예요. 우리는 소대별로 나가거든요. 군대 체계에요! 대학기관이. 그러니까 일반 아이들은 모르는 거지! 저 같은 경우는 후방참모를 했기 때문에 학생 인원수를 알게 되는 거예요. 교원 인원수, 급식을 다뤘으니까 알게 되는데 여기(남한) 와서 보니까 조사를 할 때 잘못 쓴 적이 있다는 거, 그런데 나만 잘못 쓴 게 아니고 다른 탈북자들도 잘못 쓰는 사람들이 있긴 있더라고. 왜 그런가 하면, 그런데 나도 솔직히 올 때 겁이 나서 공산대학 졸업을 저기 뭐야? 뭐라고 했더라? ……

연구자 잘못 기록할 수도 있지요.

천연화 아니, 잘못 기록이 아니고, 내가 그렇게 썼어! 6개월짜리

군당학교로 써냈어. 1년짜리 공산대학인데 어쩐가 장애를 받을까봐! 그걸 위조했어. 그런데 아휴! 왜 그런가, 엄마가 교원대학 다녔고 교원이라는 거까지는 딸이 알아요. 전공이 교양원이란 것 까지도. 그러나 엄마가 공산대학 갔다 왔는지? 뭐 했는지? 이런 거는 딸이 모르거든요. 그러다 보니까 그거는 내가 속인 게 그대로 됐더라고. 군당학교 다녔다고 했어요. 공산대학을 내가 군당학교를 6개월 다녔다고 했거든요.

연구자 그런데 왜 알았나 보지요? 밝혀졌나 보지요?

천연화 밝혀진 게 아니지, 그러니까 내가 그렇게 써서 냈는데 우리 딸이 모르니까 내 말한 말이 그대로 먹혀들어갔다는 거지. 그러나 통일되면 알릴 거예요. 그런데 사실은 겁이 나서 그렇게 했어요. 안 그럴까요? 군당학교 졸업생인데 공산대학을 졸업했다 하면 오히려 취조가 더 심하고, 더 많이 달구고, 더 많이 그럴 걸로…… 나는 느꼈거든. 그러니까 우리가 북한에서 뭐인가? 거지 만들고, 피 뽑고, 사람 죽이고 그런다 하니까 겁이 안 나겠어요.

연구자 아, 북한에서는 남한 가면 피 뽑아 죽이거나, 거지 만든다고 선전했나 봐요?

천연화 예. …… 그런데 여기 먼저 온 사람도 없고 혈육 한 점 없는 이 땅에 도착해서……, 그런 걸 놓고 볼 때 우리가 그런 실수가 있겠다는 게 보이는데, 이번에 탈북자 하나가 국정원에서 조사해서 또 그런 실수가 났었어. 고등중학교 중퇴, 대학 중퇴, 이거는 조사관이 잘못한 거예요. 본인이 말을 잘못한 것도 있지만 조사관이 잘못한 거야! 왜 그러냐? 고등학교 중퇴가 대학 중퇴가 될 수 없어요.

연구자 그렇지요. 잘못 기록한 것 같네요.

천연화 대학에 갈 수가 없는 거야.

연구자 그럼 중국에는 얼마나 계셨지요?

천연화 내가 북경 영사관에 70일 있었어요. 그런데 내가 계속 앓다 보니까……, 그래서 한국의사가 계속 와서 치료해줬어. 그다음에 한국에 오자면 중국 공안에 가서 조사를 한번 받아야 되요. (조사관이)누구를 통해서 어떻게 넘어섰는가? 물어보거든요. 글쎄 나는 모르겠다고! 어쨌든 무작정 넘어섰다고 이름도 모르고, 아무것도 모르는 사람이라고. 그래서 특별히 조사할 게 없는 거예요. 그래서 그냥 바로 들어갔어.

연구자 북경영사관에서 조사는 잘 넘어갔네요.

천연화 예. …… 그리고 비행기를 탔어요. 비행기 탈 때 50명이 탔어요. 그런데 브로커들이 "아무 말하지 말라!"고 그러더라고요. "말하면 바로 북한사람인거 티 나니까!" 그래서 모두 겁에 질려서 말 한마디 못하고 오는데, 필리핀 마닐라로 가는 거였어. 그런데 마닐라 비행장이 진짜 좋아 보였어! 정말 멋있더라고요. 그러면서 앞일에 대해 겁은 나고……, (옆자리에 앉아 있는)중국에서 살았던 아이들은 계속 좋다고 하는데 나는 모르니까……. 그런데 떠나기 전에 북경영사관에서 TV를 봤는데, 글쎄! 노래가 북한에서 부르던 노래가 지금 대한민국에서 부르는 거예요. "북한

노래를 왜 여기서 부르냐?" 그러니까 "언니! 이게 다 한국 노래여" 그러는 거요. 그런데 방송하는 거를 하나도 못 알아듣겠어. 그래서 옆에서 통역을 해줬어요. 앵커가 하는 말 하나도 못 알아듣는 거죠. 그래서 탈북자들끼리 뭐라고 하냐면 "어디서 저런 숙맥이 들어왔냐!" 그러는 거여. 그렇게 해서 어쨌든 70일 보내서 마닐라까지 온 거여.

연구자 아, 그럼 중국 북경영사관 조사받고 난 후에 브로커를 통해서 필리핀 마닐라 공항까지 간 거네요. 마닐라 공항에서 또 어디로 이동하셨나요?

천연화 예. 마닐라 공항에서 한국으로 오는 비행기를 탔어요. …… 4시간 기다린 거 같아요. 음식도 좀 주고 비행기에서 식사 주더라고요. 그렇게 하고 아무튼 무서워서……, 그런데 비행기를 탔는데 북한이 보인 거 같아! 그 비행기에서 내리다 보니까 절반이 새까맣고, 절반은 환하게 불이 있더라고 우리가 인천공항으로 들어 올 때 지상에서 봐도 북한이 보이는 것 같아. 북한이 보이죠? 그런데 우리 딸이 계속 아니라는 거여! 그래 있지……. 필리핀 마닐라공항에서 4시간 기다렸다 다시 탔어요. 인천공항으로 오는데 나는 계속 머리털 나고 비행기 처음 타 봤으니까, 비행기를 타고 오는 동안 밖에만 내다보고 있어요. 창문에 앉았거든요. 그래 밖을 내다보고 보는데, 한밤중이라 불(야경)을 보는데 다른 데는 불이 다 켜 있는데 절반은 새까맣더라고……. 그런데 인천공항에 다 왔다고 알려주더라고. 그래서 '(북한이)보이는구나!' 이런 생각이 들더라고요. 비행기는 지금 어디로 가는가? 이렇게 하는데 인천공항에 거의 다왔다는 거지요. 그리고 인천공항에 아침 5시 정도에 도착했어요.

2. 한국사회 적응을 위해 겪어야만 했던 역경

이 글은 연구 참여자가 한국사회 적응을 위해 겪어야만 했던 역경 등의 이야기로 재구성하였다.

글의 구성은 1) 한국에 입국 하자마자 국정원에서 받은 조사, 2) 한국사회에서 적응하지 못하고 방황, 3) 하나원 교육과 병원치료, 4) 하나원 퇴소 후, 아파트 입주하고 나서 갑자기 나타난 브로커, 5) 영구임대아파트 입주하면서 겪은 어려움, 6) 기초생활비 지원을 받았지만 어려운 형편, 7) 남한사회의 북한이탈주민에 대한 사회적 차별, 8) 북한이탈주민으로부터 일자리 소개받음, 9) 인터뷰 도중 갑자기 걸려온 북한이탈주민관련 상담 문의전화 통화, 10) 북한에 남아 있는 가족에 대한 그리움과 돈을 부쳐줌, 11) 남한사회에서 갈등하는 북한이탈주민, 12) 다시 북한으로 끌려가는 공포의 꿈, 13) 북한이탈주민의 범죄노출, 14) 남한생활에 어려운 북한이탈주민을 위해 북한에서 돈을 보내줌, 15) 한국사회에서 북한이탈주민들이 겪는 사건, 사고 이야기 등으로 정리하였다.

1) 한국에 입국하자마자 국정원에서 받은 조사

천연화 (중국을 출발한 후), …… (대한민국)인천공항에 아침 다섯 시인가? 내렸어요. 내리니까, 버스가 이미 와 있더라고요. 내리는 순간에 (국정원에서)거기 대기하고 있었어요. 그런데 버스에 타니까 "커튼을 들지 말라!" 그러더라고요. 그렇게 하고 처음 간 게 국정원 OO공사 들어간 거예요. 그런데 우리는 OO공사인지 어떤지 모르잖아요? 그렇게 하고 우리가 그 한 20명 넘게 있었어. 그런데 거기서 내가 파릇너무 신경전 하니까! 대상포진이 걸린 거여. 좀 앓은 소리 지으니까! 그 싸가지들이 밤에 재수 없다고 바람소리 들린다고 막! 그러는 거여. 나는 막! 코피 터지고 난리에요. 그렇게 되니까, 말 한마디 못하고 그러고 계속 그러지…….

연구자 드디어 한국에 도착했군요. 그런데 인천공항에 도착하자마자 국가정보원에서 대기하고 있다가 신변인도를 했나봐요?

천연화 예. 국정원에서……, 그런데 캄보디아에서 온 아이들이 먼저 들어갔거든요. 조사를 받으러 들어가서 그 가족이 이 여자를 이렇게 한다, 이렇게 말을 한 거여. 그런데 그 역설이 끼었을 거여! 어쨌든 설이. 그런데 서글서글 나와서 내가 대상포진이 나서 앓으니까 "아픈 사람이 없는가?"고 물어보더라고요? …… (주변에서) "여기 한 사람 있다"고 그러더라고요. 그래서 나는 이러고 누워 있었어요. 너무 아파서. 그러니까 들어보라고 하더라고. 들더니 "이 사람 건들지 말라! 이 사람은 입원해야 하는 사람인데 대상포진이라 잘못 건드리면 앞으로 눈도 못 본다"고 딱 경고를 주더라고. 걔네를 이렇게 하고 나갔어요. 그렇게 하고 이 여자 목에 갑상선 있는데, 어디에 있는지 모르겠어? 그 여자가 계속 찜질해줬어! 나를. 뜨거운 물 받아서 찜질해주더라고. …… 조사를 받으러 토요일 날 들어갔는데 (일반 조사관이)날 보고 (종지쪽지를 주면서)쓰라고 그래요. "(그리고)딸이 예쁘더구먼요! 어쩌고 …… ○○○ 같다"는 둥, …… 이렇게 하면서 날 보고 말을 하는 거예요. 내는 긴장되어 있는데. 그러면서 정말 딸이 착하더라, 중국에서도 팔리지 않고 왔다고……. 처음에 들어온 사람(일반 조사관)이 그러더라고. (나는)내 딸이 어떻게 되었는지 모르잖아요? 영사관에서는 나한테 말할 틈도 없고……, 그렇게 됐는데…….

연구자 한국에 도착하자마자 너무 힘들어서 대상포진이 걸렸군요. 탈북과정에서 너무 많은 고생을 했네요.

천연화 예. 너무 힘들었어요. …… 월요일 아침에는 다른 (심리 조사관)이 들어왔어요. 들어와서 막 조사를 하다가 한참 나가 있더라고요. 그래 지금 독방에 들어왔는데 밤에는 지루하잖아요! 그래서 지긋이 창문을 내다봤는데 뒤가 ○○회관이야! ○○회관이 보여요. 그래 있지! 내다보면 다 보여요. 여름이니까 연애들 하는 게 보여요. 거기서 내다보면. 그래 있지, 좋을 때다! 부럽더라고요. 그거 보면서. 그런데 나는 뭐야! 독방에 갇혀서. 그 안에서 혼자 계속 돌아가는 거여. 그렇게 했는데. 그다음에 저기 뭐야? 조사관이 조사하다가 가서 북쪽사람이라고 해서 데려 왔단 말이야. 그런데 그 사람이 막 있지 도로 뛰어 나갔거든요. 그 사람을 왜 끌고 들어왔냐? 이해가 안 돼. 여기서도 북한에서 일하는 사람이 있으니까 정확히 대답해라. 그것 때문에 데려오지 않았는지? 그런데 그 사람이 모르고 들어온 거야. 그런데 데려왔다면 들어와서 자세히 보고 그렇게 했을 거여. 그런데 막 달아났거든요. 그래서 뭐 때문에 데려왔는지 이해가 안 돼? 그게 지금도 수수께끼여! 순간적으로 얼굴을 봤는데 철색이나! 얼굴이 작고 한 50대 정도였어요. 그런 사람이었는데…….

연구자 국가정보원 조사 도중에 모르는 북한사람을 데리고 온 것은 추측하기에 천연화의 신분을 정확히 확인하려고 데리고 온 것 같네요.

천연화 예. …… 그때가 제정신이 아니니까, 나가는가 보다 하고 관심이 없었어. 그렇게 되었는데 웬걸 그리고 조사 때 또 써요! 학교를 언제 댕겼으며, 어디 댕겼으며, 그런데 계속 대학교에 간 거에 대해 물어보더라고, 교장은 누구였고, 학교 이름은 뭐였고, 대학 졸업생이니까 그 사람은 그게 궁금한 거여? 계속 묻는 거여. 다 써서 냈는데. 정신이 하나도 없으니까! 그리고 내가 교도대훈련[132]은 나는 안 가고, 전국 전문화경기[133] 나갔거든요. 겨울이니 스케이트 타고 다니다 보니까! 그러다 보니까! 그런데 원래 그게 승인이 안 떨어져요. 그런데 내가 군사복무 했잖아요? 그거 때문에 승인을 받아 떨어진 거여! 군사학 시간에는 군사공부를 했건 안했건 간에 무조건 참석이에요. 그런데 대학을

---

132) 교도대훈련이란 대학생들이 자기지역 군부대에 입소하여 6개월간 받는 훈련을 말한다.

133) 전문화경기란 전국 대학교별로 대표 선수들이 참가하여 경기를 치루는 대학생 전국대회 경기를 말한다.

위해서 경기를 나가야 되니까! 이미 군대를 갔다 왔고 하
니까! 그게 허용이 된 거여. 그래서 교도대훈련 6개월인가
안 가고, 훈련 댕겼는데, 그거를 써야 되는데. 내가 한 달
갔다 왔다고 썼어. 정신이 없으니까! 그렇게 하고 교육실
습을 6개월 한 거여. 그다음에 생각해보니까 학정과는 6
개월이고, 뚱딴지 같이 쓴 것이, 그런데 지금 보면 여기
와서 학력 인정을 받느라고 다시 쓰다 보니까, 내가 잘못
썼구나! 그때 느끼는 거여. 오락가락 하는 거여. 어쨌든 썼
어. 3번 다 그렇게 썼던 거 같아! 그렇게 하고 나왔어.

연구자 조사과정에서 같은 내용을 여러 번 반복해서 써내라고 하
는 것은 거짓인지 아닌지를 확인하려고 일부러 번거롭게
한 것 같네요.

천연화 …… 그런데 이 사람도 아리송한 게 보이거든요. 그런데
자기네들도 생각하겠지. 내가 정신이 없이 쓴다는 거. 오
후 몇 시에 끝났는가? 나를 보면스리 다했다는 거야! 그런
다음 나가드라고. 그래서 있지! 그 사람이 내가 들쳐보길
기다린 거 같아. 그런데 들쳐보지 않고 이렇게 하고 여서
(멀리서)만 봤어. 왜 그런가? 아무래도 자리를 비웠을 때
나를 검토(감시)하는 건데 뻔하잖아! 북한법이나 남한법이
나 똑같아! 뻔한 거잖아요? CCTV 어디서 돌아가겠는데!
그러다 보니까, 내가 북한에서 법에 관해서도 일부 공부했
으니까 뻔한 거잖아요. 뒷짐 지고 이렇게 보니까 교화출소
자[134] 드라고요. 나를 데려온 사람이. 거기에 이름 다 써
있더라고요! 그래 있지! 그것만 보고 안 봤어! 대체 어떤

사람을 데려 왔나 보니 교화출소자[134] 드라고요. 그렇게 다시 자리에 앉았어. 조사관이 한 시간 나가 있다가 들어오더라고. 그런데 이 사람이 내가 들추지 않고 이렇게만 보고 뒤에 가서 ○○회관 연애하는 것만 봤지요. 그러니까 이 사람이 있지, 다시 나갔다가 한 시간 만에 들어왔더라고요 "거기서 뭐! 보이는가?" 물어봐서 "저기 연애하는 거 보인다"고 하니……, 막 죽겠다고 웃더라고. 자긴 조사 끝났으니까! 힘들지 않았냐고 물어보더라고. 그래서 힘은 들지 않았다고 쉽게 말했지.

연구자 독방에서 조사받느라 고생하셨네요. 조사 도중에 독방 창문너머 남한의 젊은 남녀가 데이트하는 모습을 바라보았을 때 정말 만감이 교차했겠네요.

천연화 예. …… 그리고 뭐인가? 브로커들이 올 때 나를 보고 조사받을 때 "딸이 아니다 그래라" 그랬거든. 그래서 북경 영사관에 들어가서는 "(내 딸이)아니다!"고 했어요. 그런데 한국에 들어와서 딸을 만나고 보니 '이건 아니다! 사람은 죄를 지으면 안 되겠다'는 생각에 그래서 다시 들어가서 브로커가 알려준 대로 모르는 사람이라고 했던 거 다시 수정하고 딸이라고 했거든요. 3일 만에 다시. 그런데 국정원에서 그 내용을 다 기록을 하더라고요. 그래서 "딸이다. ○○와 ○○ 사이에는 딸이 정확하다!" 이렇게 됐거든요. 그렇게 하고 "조사를 끝마쳤다" 하면서 6시가 되어서 나가

---

134) 교도소 같다온 사람을 말함.

더라고. 그다음에 너무 신경 써다 보니까, 막 토하고 이러
는 거여. 머리털 나고 그런데는 처음이니까! 그렇게 하고
막 문 두드렸어. 내 토하고 이렇게 되니까, 경찰들이 욕실
에서 올리뛰고, 내리뛰고, 내 때문에 뛰어다니고 헤맸어요.
그런데 지금은 건물을 새로 지어서 각 독방 안에 화장실
이 있지만 우리 때는 화장실이 밖에 나가야 있어요. 그러
다 보니 경찰들도 심부름하기 힘들잖아요! 내가 와아~
하면 뛰어나오고, 또 열어줘야 되고, 또 문을 못 채우는
거여. 그렇게 두어 시간 볶은 거 같아요! 수면제 줬는지 모
르겠지만 잤어.

연구자 아, 브로커가 일부러 딸과 천연화를 서로 모르는 사이로
했던 것은 아마도 브로커 비용을 많이 받아내려는 속셈이
었을 같네요. 국정원에서 조사받는 과정에서 몸이 아파 정
말 고생 많이 했었군요.

천연화 …… 그리고 이튿날 독 감방에서 나왔거든요. 한 닷새 있
었던 거지요. 그다음에 자유야! TV도 보고 다 보는 거야.
그런데 보니까 떠나기 전날 딸이 편지를 남겼더라고. 어머
니 아프지 말고, 걱정하지 말고, 뒤따라오라고……. 거기
서 내가 앓을 때 남자들이 나를 먼저 보내자고 했어요. 그
러면 나랑 딸이랑 같이 들어와야 되는데 끝내 둘을 갈라
놓은 거야. 그렇게 하고 계속 앓던 나를 거기 두고 딸을
먼저 보내고……. 그런데 딸이 2003년 ○월 ○일 한국에
들어왔어. 나는 2004년 ○월 ○일 들어왔거든요. 그러니까
(일반 조사관이)딸이 조사받고 나서 떠나기 그 전날에 편지

남겼다고 그러더라고. 그 편지 읽어보고 울었어요…….

2) 한국사회에서 적응하지 못하고 방황

천연화 2004년 ○월에 대한민국에 들어와서 2004년 ○월 ○일 하나원에 ○기로 퇴소해 가지고 나왔는데, 앞이 막막하고 아무 생각도 없더라고. 그런데 신문광고를 보니까 어디에서 교사……, 받는(뽑는)다고 해서 찾아가서 면접을 보니까 학습지 판매하는 곳이더라고요. 그렇게 (취직해서) 두 달 동안 죽어라! 해봤어요. 해봤는데! 단 한 건도 못 팔았어…….

연구자 예. 그렇게 쉽지는 않겠지요.

천연화 그러다 보니까 끝끝내 못하고 두 달 만에 그만두었어요. 그리고 방황이 시작되는 거예요. 그런데 딸도 방황하고, 나도 방황하고 지금 둘이 같이 막 방황하는 거예요. (그래 내가)딸을 앉혀놓고 "네가 나를 왜 남한에 데려왔냐? 아니 내가 그 땅(북한)에서 먹고사는데 너만 올 것이지! 왜 나를 데려왔냐?" 그러니까 딸이 그러더라고요. "어머니 나도 힘듭니다. 나를 두 달만 시간 주세요." 그 소리를 듣는 순간에 내 머리를 크게 자극한 거지요. "아차! 야, 공부한 내가 이렇게 힘든데 야는 얼마만큼 힘들겠냐!" 그 생각이 드는 거예요.

연구자 그렇지요.

천연화 여기 오기까지에는 시련이 없는 것은 아니에요. 시련은 있

었어요, 있었지만 그것을 어떻게 타개(해결)하는가 하는
게 문제잖아요. 그래서 솔직히 말해 제가 '성인문해교
육'[135]을 ○○에서 할 때 "빨갱이한테서 글 안 배우겠다"
해서 내가 이렇게 말을 했어요. "글을 배우자면 치안대[136]
든 빨갱이든 그 사람의 머릿속에 좋은 게 있으면 그걸 빼
앗아서 자기 지식으로 만드는 사람이 똑똑한 사람이다."
그렇게 하고 내가 ○○을 가르치는 것을 그만둔 거예요. 그
렇게 하고 ○○구에 올라와서 다시 봉사를 했거든요. ○○구
에서 '문해교육' 봉사를 하면서 그 앞에 노인복지관에서
또 했어요. 계속 어쨌든 봉사는 미친 것처럼 뛰어다니며
했어요. 그렇게 해서 했는데 하다가 대학원에 입학해서 공
부를 하면서 집에서 개인 학습교사를 했어요. 학비를 마련
해야 하니까! 학습 교사를 했는데 솔직히 말해 생각해보세
요! 탈북자한테 학습교사를 붙이기까지는 정말 힘든 시간
이었어요. 그래도 내가 대학원 석사, …… 다니는 걸 알았
기 때문에 이 사람들이 아이를 보낸 거예요.

연구자 예. 그렇지요! 쉽지 않지요.

천연화 그래서 가정교사를 하는데 학습지를 물어봤거든. 좋은 학
습지가 어떤 것인가? 어째 그런가? 가정교사 한다고 했거
든. "무시기 탈북자한테 배우겠는가?" 교회 사모가 그 말
하는 거예요. 저는 그 말 듣고 아무 말도 못 했어요. 말문

---

135) 어려운 가정형편상 초등학교도 제대로 못 나온 사람들을 위해 한글을 가르치는 교육 프로그
램에 자원봉사자로 참가하여 교육을 시켰을 때 생긴 일.
136) 천연화의 말에 의하면 치안대란 말은 전쟁 시기에 나쁜 사람을 지칭한다고 함.

이 턱 막혀서 그다음에는 소리조차 안 나오더라고, ……
내가 한 6개월 동안 대학원 다니며 말 한 마디도 못 했어
요. 그러니까 옆에서 "어찌 말 안 하고 속 아니 주는가? 하
고, 곁도 아니 주냐?" 그래 그거 의논한 때가 보육실습을
할 때 어느 한 원장님이 내가 수심에 잠겨서 실습을 하니
까, 바로 앉아 이야기하다가 그 말을 한 거예요. 그런데
나하고 지금은 같이 공부하는 사람이거든요. 그런데 그 말
했어, "너무 기막히다, 내가 대한민국 이 땅에 태어났으며
저런 거하고 대상이나 되겠는가 하고, 나는 저런 거 사람
취급 안 했을 거다." 내가 그랬거든요. 그러니까 원장님이
"그거는 (그 사람이)말을 잘못했다. 우리가 말하겠다! 잘못
했다고 빌게 하겠다." 그래요. 그래서 내가 "원장님! 그 사
람 수준이 그 정도까지 입니다. 말이라는 것은 그 사람의
사상의식입니다. 그 사람의 정도가 그것밖에 안 되는데다
말해서 뭐하겠는가? 이대로 넘어가겠습니다." 이렇게 이야
기했어요. 그러니까 원장님이 "아! 힘들었겠다. 선생님 정
말 힘들었겠다." 이 말을 하더라고, 거기에서 160시간이라
는 시간을 실습을 마치고, 그렇게 하고 내가 석사 졸업할
때 사이버 ○○대학교수로 임명된 거예요.

3) 하나원 교육과 병원치료

연구자 하나원 교육은 몇 주 했어요?
천연화 우리는 8주, 2개월 했어요.

연구자 하나원 교육은 느낌이 어땠어요?

천연화 저는 하나원 교육을 제대로 안 받았어요.

연구자 아, 그때는 하나원 교육이 없었나요?

천연화 있었어요. 있었는데 제가 앓으며 왔다 했잖아요. 국정원에 있을 때는 국군 수도병원에 치료받으러 다녔고, 수도병원에 가보니까 내가 평양 만유병원에 가서 입원했을 때 그 시스템이더라고요. 만유병원에 가면 환자로 차트가 만들어지면 다 밀차(휠체어)에 밀고 다녀요. 걸어 다니는 환자 없어요. 국군 수도병원에 가니까 그렇더라고. 그렇게 돼서, 와! 이게 만유병원하고 시스템이 똑같네! 이런 게 먼저 머리를 치는 거예요. 그러니까 뭐인가? 모든 것이 내 눈에서는 북한하고 남한을 비교하는 거예요.

연구자 그렇지요, 비교를……

천연화 예. 비교가 먼저 되는 거예요. 그렇게 하고 하나원에서 나오자 열흘 만에 내가 아프니까 나를 병원에 보냈어요. 열흘 만에 ○○병원에 보냈는데, ○○병원에서는 이거는 종합병원 가야 된다고 그래서 종합병원으로 온 거예요. 그런데 내 거를 검사하자면 ○○병원도 못 하더라고. 그걸 가지고 일주일 동안 어디 가서 검사해오더라고. 다음에 그 검사를 또 다시 해야 돼요, 지금 어느 정도 수치가 됐는가.

연구자 예. 검사를 여러 가지 했나 보군요.

천연화 예. 하나원 교육은 제가 못 받고 그냥 나왔고, ○○대학병원에 가서 입원했다가 (하나원)퇴소하는 날에 나와서 퇴소를 했어요.

연구자 그래서 하나원에 입소하고 나서 병원에 많이 계셨군요.

천연화 예. 그러니까 하나원 교육의 좋은 점도 모르고, 나쁜 점도 몰라요. 뭐가 뭔지도 모르고. 그런데 제가 탈북자상담소와 쉼터를 운영하다 보니까, 하나원의 심신 교육을 없애치워라! 뭘 없애치워라! 이렇게 모두 이야기하더라고요. 그다음에 하나원에서 볼 것 같으면 계속 벌점을 어떻게 하면 주겠는가, …… 하는 연구만 해서 벌점 줘서 정착금을 자른다는 등……, 이런 이야기들을 하더라고요.

연구자 하나원 퇴소한 북한이탈주민들이 하나원 교육에 불만이 많았나 보군요.

천연화 예. 그렇다고 봐야죠. 하나원에서는 좋은 강사, 좋은 유능한 사람들을 데려다 강의는 시키지만, 탈북자들이 말을 못 알아들어요. 그런 상태에서 그들한테 교육을 하면 그들이 한마디도 못 알아듣고 나오는데, 그걸 듣기 싫다고 그들이 자고, 빠지고 한다고 벌점을 줘서 그들을 낙오자로 만드는 것은 그 사람이 잘못한 게 아니고 하나원이 그들을 낙오자로 만드는 거예요. 그러니까 여기(남한) 잘못이거든요. 이걸 가지고 누군가가 말할 줄도 모르고 탈북자들이 그저 목을 매서 끌면 끄는 대로 움직이는 거예요. 정착금 잘려 가지고 나오거든요. 그러니까 이런 것이 문제가 된다는 거, 그렇기 때문에 우선 그들은 어떻게 하면 밖에 빨리 나오겠냐? 오직 머릿속에 이것밖에 없다. 오랫동안 수용소 생활[137]을 해서 오는 사람들이기 때문에…….

연구자 그러면 그 문제들은 어떻게 해결하면 된다고 생각하세요?

천연화 …… 그러니까 그걸 잘 이용하면 된다는 거. 그 이용이 무엇이냐? 그들은 지금 바깥세상을 보고 싶은 사람들입니다. 그러면 바깥에 있는 걸 많이 해야 된다. 그러면 어떻게 해야 되냐? 그들을 체험활동을 많이 시켜라! 그렇게 하고 컴퓨터 교육하고, 운전면허는 그 안에서 필수적으로 따게 만들어라! 그렇잖아요?

연구자 아, 그렇겠군요.

천연화 그렇게 하고 바깥에 문화체험 계속 시키고, 쓸데없는 강의는 하지 말고, 그다음에 가정폭력하고, 성폭력 전문가를 데려다 강의시켜라! 전혀 그런 게 없어요. 그러니까 이 안에 나오니까 방지대책이 없는 거야.

4) 하나원 퇴소 후, 아파트 입주하고 나서 갑자기 나타난 브로커

천연화 나를 하나원에 내놔두니까 계속 아프더라고. 아침 예배 5시에 하는데 계속 참가했어요. 참가하고 끝나고 바로 내려갔거든요. 그다음에 거기서 토요일, 일요일 계속 교회에 예배드리러 가고 그렇게 하다가 하나원 퇴소를 해서 오는 날 저녁이었습니다. 담당형사가 차를 몰고 내가 뒷좌석에 앉았어요. 계속 오면서 서울시를 통과할 때 "야, 땀은 똑같이 흘린 3세인데, 대한민국은 이만큼 일어섰는데, 북한

---

137) 천연화 말에 의하면 수용소 생활기간이란 해외공간(중국 70일~1년)과 국정원에서 조사기간 2~3개월, 제3국(태국, 캄보디아, 라오스 등)에서도 약 1~6개월 정도의 조사를 받기 위해서 갇혀 있었던 기간을 말한다고 하였다.

은 뭐했냐?" 내가 그 말을 귓속말로 했거든요. 그러니까 형사가 뒤돌아다 보면서 "이제, 지금 뭐라고 그러는겨?" 이러더라고. 그래 내가 "아니, 내 나이가 전쟁을 겪은 3세인데, 45년 전쟁 겪은 사람들이 1세이고, 그다음에 또 50년대 전쟁을 겪은 사람이 2세이고, 그다음에 내가 3세인데 솔직히 말해놓고 볼 때, 우린 대학 때 공사를 정말 많이 댕겼고, 일도 정말 많이 했는데, 왜! 남한이 저렇게 발전하고 있는 게 이해가 안 된다." 내 그랬거든…….

연구자 그렇게 말하니까 형사가 뭐라고 했나요?

천연화 …… 자기(형사)가 몇 명을 싣고 댕겼는데 나처럼 말하는 사람이 없었더래요. 그러면서 "와! 벌써 생각이 다르네요" 그러더라고. 그러면서 왔어, 아무 생각 없이. 긴장되니까, 밥을 사주는데 소고기 같았어요. 그런데 제대로 못 먹었어. 국물만 몇 번 떠먹고 밥이 안 당기는 거여! 이제 내 운명이 걱정인 거지…….

연구자 그렇죠, 앞날이 걱정이 되니까 밥이 제대로 넘어갔겠어요?

천연화 예. …… 형사가 여기저기 수소문 다하고 그렇게 해서 올라왔어. 올라오니까 맨 먼지봉당[138]이야! 먼지봉당인데, 12평집이라 했지만 실 평수가 7~8평이잖아요. 탁 들어서 보니까 무슨 창고 같았어요. "형사님, 대한민국이 선진국이라는 데 이런 집이 있어요?" 이해가 안 되는 거야! 말이 안 나와……, 형사가 가만히 있더라고. 그렇게 하고 바깥

---

138) 먼지가 쌓여 있는 거실을 두고 하는 말.

에 나가 종이 가져다 펴고 앉았어. 그래 앉아서 "무슨 치료를 받아야 될 거 같다"고 그러면서 "일할 생각하지 말고, 치료 먼저 받아라"고. …… 그런데 치료받을 상황도 못 되니까, 그러더니 그 사람이 며칠 안 있다가 내보고 그러더라고 "혼자 있겠냐고?" 하기에 "있겠다고, 내 집이니까! 나 혼자 있어야죠" 그래서 있었어.

연구자 어차피 살아야 할 집이라고 생각하니까.

천연화 그카고 어느 날 밤 10시가 다 됐는데 문을 '똑똑' 두드리는 거여! "누구요?" 그러니까 옆집에서 왔다는 거야! 아무 생각 없이 문을 덜커덩 열어줬어. 그랬더니 남자 둘, 여자 둘이 훅! 하고 밀고 들어오는 거야. 내 겁이 났겠어요? 안 났겠어요? …… 이건 뭐여! 그래서 내가 저기 뭐야 브로커 비용[139] 받으러 왔다는 거지. 당신들이 뭐 길래 브로커 비용을 받으러 당신들이 오냐! 그러니까 자기네가 돈 댔다는 거지. 그렇게는 안 된다! 못 준다! 그렇게 됐어요. 그런데 그 사람들 그거는 알았어요. 왜 그런가 하면, 내가 중국에서 이 사람들이랑 싸움 엄청 했거든요. 그러카면스리 저기 뭐야? "야! 너네 60년 동안에 사회주의에 길들여졌는데 자본주의에 거기 가서 어떻게 살려고 거기를 가냐!……, (내

---

139) ○○시에 거주하고 있는 북한이탈주민 I씨(30대 여성)는 북한에서 벗어나 7년간 중국에서 생활하다가 2014년에 남편과 아들하고 3명이 브로커를 통하여 한국에 입국했다고 하였다. 브로커 비용은 중국에서 왔기 때문에 한족인 남편을 제외하고 본인하고 아들하고 1인당 350만 원을 요구하였으나, 사정을 하여 본인은 300만 원 6살 된 아들은 150만 원으로 깎아서 총 450만 원의 브로커 비용을 주었다고 말하였다. 중국에서 한국에 입국하면 보통 1인당 350만 원 정도의 브로커 비용을 주어야 하고, 북한에서 직접 한국으로 입국하는 경우 북한에 어느 지역이냐에 따라서 최하 1,000만 원 이상의 브로커 비용을 주어야 한국에 올 수 있다고 말하였다.

딸을)내놔라!" 이렇게 하면서 싸움 붙었거든. 그러니까 이
것들이 안 된다는 걸 알았거든. 그렇게 하고서는 나를 전
화 못하게 만들어가지고, 그래 할 수 없이 내가 왔잖아요.
그렇게 됐는데, 웬걸! 뛰어들었어. 저기 뭐야? 1,200만 원
달라는 거야. 그런데 우리 딸이 각서를 썼더라고. 그러니
까 1,200만 원 달라는 거지! 600만 원씩 "여보쇼! 당신들
이 그걸 말이라고 하냐?" 이렇게 됐거든. 600만 원을 어떻
게 받겠다 하냐? 생각해봐라! 북경 영사관에서 보니까 150
만 원 주고 하는 사람도 있더라. 그런데 너는 이게 뭐야?
제일 최고로 많이 주는 사람이 400만 원이더라! 우리 먹을
것밖에 없더라! 600만 원짜리. 그러니까 이것들이 아니야!
막 이러면서 보이더라고, 통장들 몇 개 가져와서. "그래,
그건 그기고." …… 비행기 타고 온 아들이거든요. 그때 비
행기 타고 온 아(이)들인지 모르잖아요? 싸움, 막 붙다가
"못 준다" 그러다가 까무러쳤어.

연구자 예. 충격으로 쓰러졌군요. 쓰러진 뒤 어떻게 됐나요?

천연화 예. 그러니까 이것들이 달아났어. 달아나서 경비원한테 달
려가서 "○층 아줌마 쓰러졌다고!" …… 이카고 달아난 거
야. 그러니까 경비가 올라온 거지. 올라와서 보니까 내가
쓰러졌거든. "아줌마! 아줌마!" 막 소리치더라고, 소리치는
바람에 좀 있다 깨어났거든. 내가 병원 가야 될 거 같다고
내 그랬거든. 그런 다음에 담당형사 번호를 준다고 그랬던
거 같아요. 담당 형사한테 이 아줌마 쓰러졌다고, 119 불
러주라? 이런 거 같아. 119가 왔더라고. 그러니까 경비가

그러더라고 "내려가서 119 타고……." 그래서 내가 ○○병원에 갔어요.

연구자 갑자기 나타난 브로커 때문에 쇼크 받아 쓰러졌군요.

천연화 예. …… 가서 지금 누웠는데 의사가 와서 "집 주소?" "모릅니다." "전화번호?" "모릅니다." "이름은?" 이름은 대는 거지. 그런데 생각해도 1시간이 지나도 놔두고, 2시간이 지나도 놔두고, 나는 매스껍고, 머리 쏘고 하는데 치료가 안 되는 거야! 어쨌든 가만 있었어. 너무 아프니까! '아, 이 사람들이 내 신분이 확인이 안 되나 부다.' 그 생각이 드는 거야! 그리고 주머니 들추니까 형사가 준 명함이 생각나는 거야! 그러더니 조금 있다 주사 바늘 끼고, 피를 뽑고 난리인 거여. 그렇게 하고 나서 아침 9시까지 잤어. 그런데 형사들이 우리 딸한테 전화했더라고! 암튼 9시까지 침대 맡에서 잤는데, 수액이 다 들어가서 오더라고. 가도 된다는 겨. 그래서 "난 집을 모르는데요?" 그 사람들이 난처하잖아요? 그래서 있지! 그 사람들이 특이한 대상을 본 거는 사실이지. 그렇게 나를 싣고 왔던 119가 다시 싣고 거기로 간 거야, 집까지.

연구자 참, 난감했겠어요. 아파트 주소도 제대로 알기도 전에 충격으로 쓰러져 병원에 실려 갔으니.

천연화 예. …… 그런데 우리 딸이 앞에 서 있는 거여. 그렇게 하고 이야기를 하면서 집에 도착했어요. 쫄딱 굶고. …… 생각해봐 사람이 얼마나 힘이 없고 맥이 없겠어요……. 딸이 "어머니! 자꾸 이렇게 앓아서 어뜩하냐." 북한에서도 내가 많이 앓았잖아요! 그런데 여기 와서도 또 앓으니까 막 우는 거야, 발버둥치는 거야! 그 광경을 본 나도 안타깝더라고. 점심 먹고 나니까 옷 사러 가자는 거야. 조그만 게 나가서 돈을 무섭지 않게 쓰더라고. 감으로 다 사들이는데, 그걸 보니까 기겁하겠더라고! 그렇게 하고 가스기(가스렌지)도 설치하고, 세탁기 사다 놓고, 냉동기(냉장고) 사다 놓고. 난, 너무 기가 막혀 말이 안 나와. 그래서 그다음에……, 어머니! 자기를 부르라는 거야. 그래 내가 "부를 것도 없다. 내 값으로 600만 원씩이나 써 댔는데." 이렇게 됐거든.

연구자 아, 딸이 어머니 생각해서 집안에 필요한 가전제품을 600만 원어치나 구입했군요. 한 번에 몇 백만 원이나 썼으니 기가 차고 화도 많이 났겠어요?

천연화 예. …… 그런데 우리는 200만 원 정도면 됐어요. 한 사람에 200만 원씩. 왠가! 중국으로 우리 손으로 넘었잖아요! 야(딸)는 영사관 여는 것만(연결하는 것만) 했거든. 그래서 150만 원이여. 그런데 돈의 가치를 모르고……. 그러고 있지, 이것들이(브로커) 올까봐 경찰들이 지키고……. 그러더니 우리 딸 남자친구들을 세워놨어. 이것들도 보다가 안 들어오는 거야. 일주일 동안 안 들어왔어. 그러다가 철수하니까 온 거야. 이번엔 여자 둘이 왔어! 남자 없이 둘이 와서 사정하는 거야. 내가 "야! 너네 생각해봐라. 600만 원을 달라는 건 말이 안 된다." 그러니까 500만 원을 달라는 기야? 하나에 500만 원씩. "그렇게도 못 준다! 어째 못 주냐." 이제부터 연길에서 북경까지 데려준 거 돈 주겠다. 돈 준 거 봤으니까! 그랬거든요. "……재판에 걸어라." 그러니까 이것들이 골치 아프다는 걸 알았어요. 그러니까 재판에서 너 네가 나한테 들어간 돈만 딱 지불하겠다. 그것도 100만 원도 안 들어갔어요. 얘네들 바쁘잖아요? 연길에서 차비 값이 얼마겠어요? 아, 그다음에 자기네가 북경영사관 이런 데서……, 그 사람 100만 원밖에 안 들어갔어요. 그래 있지 "그렇게밖에 못 준다." 이렇게 됐어요.

연구자 아, 브로커들이 한 사람당 500만 원을 달라고 했는데 연길에서 북경까지 안내했으니까 100만 원 준다고 했군요?

천연화 …… 그렇게 주는데 "너네 있지! 나를 한국으로 데려온 사람을 데리고 와라." 그랬어요……. 그런데 그 사람(브로커)이 소원이 뭐냐면? 그 여자(탈북여성)가 자기를 한국으로 안 부른다는 거야. 자기 부인이에요! 브로커가 조선족이고. 그 여자를 8,000만 원 주고 샀대요! 그런데 그 여자가 한국에서 오지 못하게 한다는 거지……. 내가 "그 남자 데려오기 전에는 너 네 절대 안 된다." 그래서 갔어. 갔다가 또 왔어, 갈라져(따로따로) 와서 주춤주춤하고 자기 돈만 달라는 거지. 그래 내가 "꿈 깨라!" 그렇게 하고 또 다시 와서 "좀 앉아도 될까요?" 하기에 "일전도 안 준다. 둘이 같이 오라! 니 남편 데려오라?" 그래서 그 남자를 초청해서 데려다 놓고 "그러면 1,000만 원만 내놔라……." 이러기에 내가 "너 네 계속 그렇게 나오겠냐? 그러면 법대로 하겠다." 이렇게 됐거든. 그렇게 하고 "너 네 그 안에서 최하

가격으로 150만 원 주던지, 그렇게 계산하겠다." 그랬더니 개네들이 애걸복걸해요. 그럼 얼마를 주겠냐? 하기에, 그 래 내가 앉혀놓고 내가 연길까지 왔다가 다시 북경 저기 두만강까지 가서 경찰이랑 다시 전화 연락하고 들어왔거 든요. 그러니까 수고스럽잖아요! 왔다갔다 그 위험한데 서…….

연구자 그렇죠. 북한 탈출하는 데 위험을 무릅쓰고 안내를 했겠 지요.

천연화 예. 그래서 "너 남편을 봐서 내가 400만 원씩은 내놓겠다! 너 이기면 상당히 많이 주는 거다. 까겠다" 하니까 "그럼 400만 원 달라" 하기에 "그럼 서류에 도장 찍어라!" 그렇 게 하고 각서 써서 있지, 입술연지로 손 지장 딱 찍었어. 두 사람 다. 그렇게 하고 밖에 있는 딸보고 "넣어줘라!" 그 래서 우리 딸이 나가서 계좌이체 해줬거든요. 나는 계좌이 체 모르니까, 이렇게 됐거든. 그렇게 하고 그것들이 갔 어요.

연구자 지난 조선일보 2015. 3. 10자에 북한이탈주민들이 한국에 입국해서 브로커 비용 때문에 상당히 아주 곤경에 처한다 는 내용이 기사화가 된 적도 있었어요. 천연화는 그래도 일시불로 브로커 비용을 지불했지만, 그렇게 지불하지 못 하는 북한이탈주민들도 많이 있을 거 아닙니까?

천연화 그렇죠. 브로커 비용도 모자라니까.

연구자 브로커 비용도 일시적으로 줄 수 있는 것도 아니고…….
그거는 어떻게 생각하세요?

천연화 그거는 어떻게 되는가? (남한에)처음 왔을 때 돈을 300만 원 주죠. 300만 원 주는 거 가지고 뒷돈을 내요. 우리가 월세로 들어가요. 그러니까 180만 원이 들어가던가? 보증금이 180만 원 들어가고, 한 달에 한 3만 원인가 내더라고. 그래도 이래저래 뭐 하고 나면 6만 원 정도 두 배 들어가더라고요. 전기세, 세탁기 비용 이렇게 하면 6만 원 나가요. 그렇게 되는데, 180만 원 주고 나면 돈이 없잖아요. 그런데 우리 때까지만 딱 그렇게 줬어. 어떻게 줬냐! 300만 원씩 분할해준 게 아니고 한 번에 천 얼마를 줬어. 우리 딸하고 나 둘 1,200만 원인가? …… 어쩐가. 그래서 브로커 비용을 800만 원을 줬죠.

연구자 그때는 정착지원금을 지금처럼 몇 번 나눠서 지급하는 것이 아니라 일시불로 지급해주었나 보군요?

천연화 예. 그랬어요. 그렇게 하고 우리 이후부터 정부에서 지원제도를 변경하여 다 잘랐지! 그들은 지금 놓고 볼 때 중국에서 체류하다 온 아이(탈북자)들은 중국에서 돈을 벌어서 가지고 한국에 와요. 그런 아이들은 여기(남한)서 브로커한테 돈을 주거든요.[140] …… 그런데 북한에서 한국으로 바로 온 사람(탈북자)들은 가져올 돈이 없기 때문에 한국에 올 때 빈손으로 와요. 그 사람들은 (한국에)와서 집을 먼저 배정받으니까……, (정부에서)보증금으로 현금만 줘요. 현금 300만 원[141] 주면, 그 300만 원이 전부 브로커한

---

140) 연구자 주: 브로커에게 브로커 비용을 지불한다는 내용.
141) 연구자 주: 정부에서 초기정착금으로 지급하는 금액.

테 (브로커 비용으로)가요. 그렇게 하고 300만 원 분할 지급하죠. 통장을 브로커한테 가져가라고 줘요.[142] 그렇게 하고 나머지 부족한 브로커 비용은 벌어서 준다고(갚는다고) 브로커들한테 말해요. 지금은 정부에서 1,300만 원은 정부가 보증금을 쥐고 있어. 정부가 그 돈은 탈북자들이 없애 치울까봐 몇 년간 찾지 못하게 하고 있는 것이에요.

연구자 한 번에 안 주니까? 그러면 브로커 비용을 지불하는 데서 오히려 문제가 생기지 않나요?

천연화 문제 생기지요. 브로커 비용 갚을 길이 막막하죠.

연구자 브로커 비용은 어차피 갚아야 되잖아요?

천연화 예. 그러니까 몸을 회복할 시간도 없이, 나가 일하거든요. 그래 나갔다간 열흘 버티지 못하고 쓰러져. 또 그랬다가 회복하다 나가, 또 뛰어……. 그렇게 살아가는 거여.

연구자 돈이 모이면 또 갚고, 그러면 그것을 해결할 수 있는 방법이 없을까요? 브로커 비용 때문에 힘들어 하는 부분을, 지불은 안 할 수 없는 상태이고.

천연화 내 생각에는 정부가 공개적 지원하지 말고, 지원을 했으면 좋겠어! 비공개로. 어째 그런가? 지금 두만강 넘는데 800만 원이여. 그러면 생각해봐! 여기 와서 1년 벌어도 800만 원 벌기 힘들어요. 조금 먹고 쓰고 나면 800만 원 모으기 힘들어요. 그리고 오는 비용 1,500만 원 정도 들어가는데,

---

142) 천연화 말에 의하면 정부에서 초기 정착금 600만 원 중 현금으로 먼저 300만 원을 지원해주고, 나머지 300만 원은 분기에 나눠서 통장에 입금하는 관계로 브로커한테 정착금 입금되는 통장과 도장을 주어서 분기에 입금되는 돈을 브로커 비용을 찾으라고 통장을 브로커한테 넘겨준다는 내용.

국가가 브로커들을 손아귀 쥐고 "더 이상 못 올린다! 이렇게 하면 안 되겠는가?" 하는 거지요. 올리면 법적 처벌하겠다! 그렇잖아요? 그게 제일 간단한 거예요.

5) 영구임대아파트 입주하면서 겪은 어려움

연구자 남한에 와서 거주지 배정[143]을 받았잖아요? 처음에 왔는데 창살 없는 감옥에 갇혀 있는 것 같고, 주변에 환경은 어디에 뭐 있는지 잘 모르잖아요?

천연화 그 거는 올 때 형사가 정리를 하죠. 그다음에는 알아서 해야 돼.

연구자 천연화가 직접 집 주변을 걸어 다니면서 익혀요?

천연화 그렇죠! 누가 주변이 어떻고, 뭐가 어떻고 안내해주는 사람이 없으니까.

연구자 그 입주한 아파트 적응을 위해 안내해주는 사람[144]은 없었나요?

---

143) ○○시에 거주하고 있는 2013년에 입국한 C씨(40대 여성)의 사례를 살펴보면, C씨는 하나원을 수료한 후 경상남도 어느 지역의 임대아파트를 배정받았다고 하였다. 그러나 경상남도 지역에 가면 먹고살기 힘들다는 다른 북한이탈주민의 말을 듣고 바로 배정된 임대아파트를 포기했다고 하였다. 그는 경기도 ○○시에서 살다가 다시 ○○시로 이사 와서 지인의 도움으로 그 집에서 같이 어렵게 살면서 취업을 준비하고 있다고 하였다. 이러한 C씨의 사례를 통해서 알게 된 임대아파트 배정 시 충분한 지역에 대한 설명 부족과 아울러 북한이탈주민들에게 지방에 가서 살면 먹고살기 힘들다는 부정적인 인식을 갖고 있다는 문제점이 나타나고 있음을 알 수 있었다. 경상남도 지역에 배정되어 살고 있는 북한이탈주민의 생활수준 및 취업여부를 더욱 심층 있게 연구하여 직업훈련을 장려하여 취업지원에 대한 연구가 필요하다는 것을 느꼈다.

144) ○○시에 거주하고 있는 2010년도 입국한 북한이탈주민 K씨(30대 여성)의 경우 ○○시에 임대아파트를 배정받아 살아오면서 지역하나센터나 전문상담사의 도움을 제대로 받아보지 못했다고 말하였다. 1년에 한두 번 전화로 ○○에 취업 박람회가 있으니 한번 가보라는 전화통화가 전부였다고 하였다. K씨는 안내해준 대로 취업박람회를 찾아가보니 ○○시에서 한 것도 아니고 다른 지역에서 하는데 취업박람회 내용이 ○○시에서 취업하는 것과는 거리가 먼 내용들이라 도움이 되지 않았다고 말하였다.

천연화 없죠! 지금은 정착도우미[145]가 도와주게 되어 있는데 안 해요! 없어져야 돼. 쓸데없는 돈만 거기 낭비하고……. 나는 아직 정착도우미 보지도 못했어. 하는 지역은 한다는데, 안 하는 지역은 안 해요. 내가 알아서 다녀야 해요. (북한)산골에서 산 아이들은 오면 좀 벙(어리벙벙) 하거든요. 그런 아들은 좀 힘들죠. 그런데 나 같은 경우는 큰 도시에서 움직이던(살았던) 사람이니까 어느 정도 바로 간파하는 건데…….

연구자 정착도우미가 어느 정도 스스로 적응할 때까지 역할을 해야 하는 거 아닌가요?

천연화 안 해요! 내 조카 왔을 때도 보니까 정착도우미 한 명도 못 봤어. 그리고 그 감옥 갔다는 아이도[146] 일주일에 한 번씩 우리 집에 자주 왔었거든요. 갸 왔을 때도 정착도우미 한 명도 못 봤어. 정착도우미한테서 전화 한 통도 받아 본 적이 없고 담당형사 데리고 있더라고. 이게 무슨 정착도우미 필요하냐고. 왜 그런가? 정착도우미가 연결을 해가 주고 자기네가 같이 돈을 나눠먹는 거지요. 그렇게밖에 볼 수 없잖아요? 거기다 예산까지 지원해주잖아요.

연구자 그럼 천연화는 남한에 와서 정착도우미 도움을 전혀 받은 적이 없었나요?

---

145) ○○시에 거주하고 있는 2010년에 입국한 북한이탈주민 F씨(40대 여성)의 말에 의하면 한국에 입국하여 하나원에서 교육수료 후 ○○시에 임대아파트를 배정받아 입주하였으나, 현재까지 정착도우미로부터 전혀 도움을 받은 적이 없다고 하였다. 정착도우미가 있다는 자체를 모르고 있다고 말하였다.

146) 마약 밀수범으로 잡혀서 감옥 갔다는 북한이탈주민을 말함.

천연화 예. 없어요. 내가 단편적 실례를 하나 들면, 나도 정착도우미가 역할을 안 해줘서 스카이(유선방송)를 한 번 당해서 돈을 애끼운(낭비한) 적이 있어. 어떻게 됐는가? 모르니까 리모콘을 자꾸 눌러봤어! 그랬더니 그 영화를 다 본 거로 된 거야. 그렇게 돼서 전화해서 "당신들이 이거 눌러본 게 돈이 나가냐? 당신들이 눌러 보고 안 본 게 보이지 않냐? 왜 청구하냐? 해약시키자!" 막 걸고 들었어요. 그러니까 "몇 달 돈 안 내게 하겠다!" 이렇게 되더라고 "아니 나 당신들하고 해약하겠다! 재미없다! 사기꾼이다!" 그랬더니 끝내 변상하고 말았어. 그리고 스카이랑 해약했어.

6) 기초생활비 지원을 받았지만 어려운 형편

연구자 기초생활비 지원에 대해서는 어떻게 생각하세요?

천연화 현재 그 40만 원 가지고 못 살아요. 그러니까 아무것도 없는 탈북자들이 그 40만 원에, 브로커 비용에, …… 한번 생각해봐요? 어떻게 감당이 되겠어요. 그러니까 이런 것도 좀 연구해볼 필요가 있다는 거지요. 그들만 적응 못 한다고 자꾸 문제시만 하지 말고, 그들이 적응 못 하는 유형이 어디에 있냐? 이것도 한번 좀 찾아봤으면 좋겠어요. 그렇다고 지금 내가 기초생활수급자를 2~3년을 주라 하는 것은 내가 자꾸 떠들어대는 말이지만 이번에도 안 됐더라고요. 안 됐으니까 종합검진 두 번에 걸쳐 하자, 해서 두 번 다 똑같은 진단이 나오면 수급자 조건부를 걸지 말고 '그냥 수급자다!' 그렇게 할 수 있게 만들고, 전부 할 수 있는 일이잖아요.

연구자 그렇죠. 기초생활지원금이 40만 원이면 생활비로 많이 부족하겠죠.

천연화 그렇게 하고, 그들이 마음의 상처가 더 많아서 두 번에 걸쳐 종합검진을 해서 볼 것 같으면, 마음의 병은 잘 나타나지 않아요. 그런데 마음의 병은 정신과 진단에서 나오게 될 겁니다. 정신과까지 다 받게 해야 되거든요. 그렇게 해서 두 번에 걸쳐서 진단을 뽑아내야 되거든요. 그렇게 해서 수급자를 만들어주는 방법이고, 그다음에 너무 생계비가 정착하기에는 작다……. 무슨 정착금도 없고, 안 그래요?

연구자 그렇죠. 목숨 걸고 북한을 탈출한 과정에서 얼마나 많은 몸과 마음의 상처를 받았겠어요. 그때 받은 정신적 충격이 병원검진으로 잘 안 나타날 수도 있겠죠.

천연화 그렇게 하고 지금 현재 일을 못 하는 사람들한테는 정착금이 없어요.

연구자 일을 못 하는 사람들은?

천연화 그렇지요. 나머지 정착금[147]을 떨구고(남겨놓고) 그것을 (남겨둔 정착금은) 일을 해야만, 4대 보험에 들어 있는 것이 확인되어야 주잖아요. 그 사람들한테 그 돈을 주게끔 해야 돼요. 일 못 하는 사람, 그 사람들이 일하기 싫어서 일 안 해요? 자기 몸이 말 안 들어서 일 못 하잖아요?

---

147) 정부에서 지원하고 있는 정착금 중에서 일시금으로 지불한 금액을 제외한 나머지 정착금을 말함. 통일부(2015), 「북한이탈주민 거주지 정착지원 매뉴얼」, p.23에 상세함.

연구자 그렇지요! 아파서 못 하는데.

천연화 그러니까 그 사람들한테 그걸 주게끔 해주는 게 지금 해야 할 일이거든요. 그렇게 하면 그 사람들 마음속에라도 희망이 생길 거 아녜요.

연구자 수급자 6개월 지원이 끝나고 나면?

천연화 나가 일해라! 그 사람이 몸을 회복할 시간이 없어. 이게 지금 문제가 되는 거예요. 그러니까 제가 먼저도 말했지만 2년 아니면 3년은 수급자를 주되, 조금 거기에다 치료비로 더 해서 20만 원 더 올려서 60만 원은 주자. 그러면 그들이 마음 놓고 치료받을 수 있다. 그런데 지금 60만 원이 안 되니까, 그 아픈 몸 끌고 알바(아르바이트)하러 뛰어다녀요. 뛰었다가는 또 나가서 쓰러지고 그럼 몸은 점점 더 악화되고 기초생활수급자 기간은 점점 길어지고 그렇게 되는 거예요.

연구자 그런데 6개월이라고 했는데 수입원이 없으면 우리가 남한 사람하고 똑같이 기초생계비를 받는 대상으로 할 수도 있거든요.

천연화 그런데 그걸 안 해줘. 왜 그런가 하면 동사무소에서 나와 일해라…….

연구자 아, 그걸 안 해 준다고요?

천연화 나와서 일을 해야 생계비를 줘요. 그런데 그 사람들은 그 일을 못 하겠으니까! 못 하잖아요. 그런데 병원에 가서 검사해보면 특별한 병이 없다는 진단을 해줘요……. 온 육체가 피곤한데.

연구자 그걸 입증하기가 어렵지요. 병원의 진단서가 있어야지.

천연화 본인은 아픈데, 그러니까 그들이 마음의 병을 앓고 있거든 요. 그러니까 수급자로 2~3년은 조건 없이 무조건 줘라! 몸을 회복할 수 있게. 저는 그게 하는 소리에요. 마음의 병 인데 진단도 안 나와, 아무것도 안 나오는데 본인은 아파. 제가 ○○병원에서 나와서 나한테 진단서 떼어 오라고 하 더라고, 그래서 진단서를 떼러 갔어요. 가니까, ○○병원에 서 쫙 나를 검진하는데 보름 동안 나를 가만 놔두는 거예 요. 침대 위에다가. 그래서 제가 그런 경험이 있기 때문에 그래요. 그래서 제가 가만히 있어 보니까, 다른 데는 다 의 사들 들어오는데 나한테만 안 들어오는 거예요. 난 병원만 지키는 거예요. 의료보험 1종이니까 병원비 나갈 거는 없 지만, 걱정은 없어요. 그런데 내가 뭐 일하기 싫어 들어온 거는 아니거든요. 할 일이 가득한 사람인데. 그래서 보름 동안 기다리다 못해 담당의사 찾으니까 간호사고 뭐고 다 나를 피하는 거예요. 그 사람 눈치만 봐도 벌써 알잖아요.

연구자 예? 병원진단서 발급받으려고 병원에 갔는데 15일이나 병 원에서 아무런 조치도 안 하고 입원실에 내버려둔 건가요?

천연화 예. 그래 내가 '이게 뭐야? 이것 무슨 문제가 있구나!' 그다 음에 복도에 서 막 소리를 쳤어. "이거 어디서 이딴 것들 인가!" 하고. "이렇게 하고도 의사인가? 내가 침대 지키러 왔는가!" 하고. "나를 검사해서 진단서 떼 달라는데 무엇 때문에 다 이 모양인가!" 하고. "나 시간이 없는 사람이다. 이게 뭐야? 보름 동안에!" 이렇게 됐거든요. 그렇게 하니까 거기 사람들이 쫙 모였어, 소리치니까. 그러니까 나를 끌어다가 놓더라고. 놓고 그다음에 검사를 하는 거예요. 오후 2시나 되니까, 남자 여섯이 우르르 밀려드는 거예요. 검사를 하는 거예요. 꽥! 하고 소리쳤더니, 그래 검사를 하는데 마취과 의사가 올라와서 "이 사람 딱 사고당한 사람 같다" 이렇게 하는 거예요. "차 사고 당한 적이 없는가?" 그러더라고. 그래서 "차 사고 당했다"고 했어요.

연구자 아, 그랬군요. 15일 동안이나 아무런 진단도 하지 않고 있으니 화가 날만도 하지요. 갑작스런 행동에 의사나 간호사가 놀랐겠네요?

천연화 예. 의사가 당황하더라고요. …… 그때 이 팔도 못 올렸어! 이렇게 올리지도 못 하고, 이런 상태였거든요. 그런데 얘네는(병원에서는) 그게 오십견이라는 거야. 오십견이 아니거든요. 그다음에 마취과 의사가 나를 데리고 가면서 하는 소리가 뭐 인가 하면 "담당의사 보고 피검사를 한번 뽑아서 의뢰해봐라!" 이렇게 됐거든요. 그런데 그 마취과 의사가 결국은 내막 있는 사람이더라고. 그래서 마취를 받고 올라와서 8시간 동안 소변 받아내요. 기저귀 깔고……. 뼈마디에 다 넣는 통증 주사를. 그거 맞는데 수술상(대) 들어가 맞고 나와서 그렇게 되는데, 와! 막 있지. 그거, 내가 2개월 동안 치료를 받으면서 그거 맞았는데. 그렇게 하고 검사로 한 열댓 번 피를 뽑아요. 이만큼씩 뽑는데, 한 리터 더 뽑은 거 같아. 그렇게 되니까, 그다음에 내가 열다섯 번인가 뽑고…….

연구자 예. 병원에서는 검사에 필요한 만큼 피를 뽑지요.

천연화 그런데 피를 너무 많이 뽑은 것 같아요. 그다음에 일어나니까 얼굴이 아주 핏기가 없더래요. 맞은편에 앉은 환자가 "어머나! 저 사람 봐라! 저 사람. 어떻게 얼굴이 이렇게 창백하니" 이러는 거예요. 그렇게 됐는데, 그다음에 가서 일주일 만에 그거 해 가지고 왔는데 희귀병이란 진단이 나온 거예요. 그러니까 의사들이 정확한 진단이 못 나와서 진단을 못 할 때도 있다는 거, 그런데 나같이 그래도 돌직구[148]니까 말이라도 했잖아요. 그러니까 진단을 또 받잖아요.

연구자 병원에서 빨리 진료를 안 해줘서 소리치니까 그때서야 검사를 해줬다는 거네요?

천연화 예. 그런데 그렇게 못하는 사람은 어떻게 하냐는 거지. 탈북자들 진실한 사람도 말 안 해요. 그런데 나는 나이가 50에 들어와서 시간이 촉박하니까 막 닦달질을 했지. 나도 젊은 나이에 들어왔으면 가만 있었을 거예요. 해주는 대로 기다리고. 그런 아(이)들이 많다는 거지. 그러니까 우선 일을 시키려면 건강진단을 해서 아픈 데를 찾아서 먼저 치료시켜줘라! 그리고 벌써 북한에 두세 번씩 잡혀 나갔다 오고, 이런 아이들이라고 보면 온전하지 않아요. 그다음에 중국에 가서 방치되어 있던 아이들도 육체가 온전할 거 같아요? 강심장 같으면 건강할지 몰라도, 대개 다 이미 망

---

148) 상대방의 입장을 고려하지 않고 직설적으로 표현하는 말.

가진 상태로 들어왔거든요. 그러니까 그런 사람들의 노동
력으로 봤으면, 그들이 노동을 할 수 있도록 건강을 회복
할 수 있게끔 방도를 찾아야 된다는 거…….

7) 남한사회의 북한이탈주민에 대한 사회적 차별

연구자 그러면 사회적 차별에 대한 부분은 주로 어떤……, 직접
겪은 적이 있다면?

천연화 사회적 차별[149]이 탈북자라는 게 우선 꼬리표여! 그렇게
하고 두 번째가 뭐인가? 간첩이 아니냐? 계속 뉴스마다 떠
드는 게 탈북자가 간첩이다……. 먼저도 보니까 탈북자 몇
%가 간첩이라고……. 북한이 머저리요? 탈북자를 그렇게
간첩으로 보내겠습니까? 지금 다 ○○족으로 들어와요. 간
첩으로 들어오는 거는. 탈북자를 감시하는 거 아는데, 그
러니까 ○○족들은 감시를 면하잖아요! 그러니까 ○○족으
로 다 들어오는 거예요. 그쪽으로 그렇게 쥐고 들어온다
고. 그런 게 그들한테 아픈 상처가 되는 거여…….

연구자 오해를 살 필요가 없는데 괜히 오해 사게끔…….

천연화 예. 그렇게 하고 회사마다 가면 뭐 있는가? 탈북자들이 그
런 건 있어요. 북한에서 아침 일찍 나가서 먼저 청소하고

---

149) ○○시에 거주하고 있는 2007년에 입국한 북한이탈주민 H씨(40대 여성)의 말에 의하면 ○○
시 ○○음식점에서 종업원으로 일하면서 일어난 일을 말해주었다. 어느 날 한 손님이 홍어
뼈를 가지고 음식에 뭐가 들어갔다고 트집을 잡고 사장 불러오라고 하여 사장을 불러서 호통
을 치고 생트집을 잡은 적이 있었다고 하였다. 사장은 종업원이 북한에서 왔기 때문에 "말귀
를 잘못 알아들어서 그러니 이해해 달라"고 손님에게 사정을 하였다고 하였다. H씨는 그 손
님의 말을 분명하게 다 잘 알아들었으며 그 손님이 생트집을 잡는다는 것을 알았는데도 사장
은 본인이 말을 잘못 알아들어서 그렇다고 몰아붙이는 바람에 너무 자존심이 상한 일이 한두
번이 아니라고 하면서 북한사람이라고 무시하고 차별당하고 있다고 속상하다는 말을 하였다.

간부들 책상 닦고 이런 게 있거든요. 남한에서 그렇게 할 것 같으면 있지! 아첨 피운다고 왕따주고 그래요. 그런데 여기 아이들은 오니까 그런 게 없네요. 와서 자기 자리만 딱 앉아 있어요.

연구자 남한에는 사무실 청소를 본인들이 직접 안 해요.

천연화 그러면 그 청소는 누가 해요?

연구자 용역업체 직원들이 하고 자기 책상은 자기가 닦아요. 각자 알아서 본인들은 다…….

천연화 예. 그러니까 그런데도 있지만, 용역이 없는 데는 본인들이 해야 되잖아요. 그런데 그걸 먼저 나와서 이렇게 할 것 같으면 아첨한다고 왕따주고 또 그런데요. 그러니까 어떻게 하면 좋겠어! 어느 장단에 맞춰야 되겠어요.

연구자 주변에 많은 북한이탈주민들한테 남한생활하면서 애로사항 등을 많이 상담해 주셨잖아요? 그 사람들이 힘들어하는 게 뭐라고 생각해요?

천연화 제일 힘든 게 지금 경제적 생활이 힘들다는 거지요. 그리고 몸이 아프다는 거.

연구자 경제생활이 왜 힘들다고 그러지요?

천연화 돈을 못 버니까, 돈이 없으니까 힘들다는 거지요. 그다음에 자식을 낳아서 남과 같이 키우자니까 힘들다는 거지요. 그게 안 되는 거지요. 그러니까 지금 탈북자들이 거의 다 술집에 뛰잖아요.

연구자 취업이 안 돼서 그런가요.

천연화 그렇지요. 취업150)이 안 되고 몸이 아프고, 또 제대로 된

데서는 돈을 주자니까 (남한사람과)똑같이 줘야 되잖아요?
그런데 나가 일하면 남한사람들보다 돈을 조금 주지 않아요.

연구자 그렇죠. 똑같이 줘야죠.

천연화 예. 그러나 외국인을 받으면 돈을 적게 주고도 쓸 수 있는 거예요. 그 사람들은 시급만 내기 때문에……, 그런 차이로 차별151)을 받는 거지요. 그러니까 지금 더 탈북자들은 당당하게 달라! 또 이거거든. 그런데 두 가지 양면성이 있어요. 왜냐하면 내가 놓인 환경은 이런 높이 보고 지금 밑에 있을 때는 따라 못 가는데, 그런데 지금 이렇게 하고서 보니까 양면성이 있다는 거죠. 제대로 적응하는 사람들은 약게 '나 죽었어!' 하고 가서 경력을 쌓는 거죠. 그렇게 하면 월급이 더 올라가는 거죠. 그런데 우둔하게 팽개치고

---

150) ○○시에 거주하고 있는 2011년도에 입국한 북한이탈주민 M씨(30대 여성)는 ○○시에서 취업을 하려고 많은 노력을 하였으나 결국 올바른 직장을 구하지 못하고 ○○시 관내 식당종업원으로 일하면서 살아가고 있다고 하였다. M씨는 ○○시에서 취업하려면 ○○시는 서비스업종과 병원이 많기 때문에 사회복지사 자격증이나 간호조무사자 자격이 있어야만 취업이 가능하다고 하였다. ○○시나 다른 지역처럼 생산 공장이 많이 없기 때문에 취업하기 어렵다고 하였다. 그렇다고 ○○시나 다른 지역에 있는 공장에 다니면 어린아이를 돌보는 데 너무 어려움이 있어 그것도 쉽지 않다고 하였다. 그래서 M씨는 사회복지사 자격증을 취득하기 위해 대학교에 가서 공부하거나 간호조무사학원을 다니면서 공부를 해야 한다는 걸 알면서도 당장 먹고사는 게 더 급하다보니까 할 수 없이 식당에라도 나가서 일을 해야만 생활을 할 수 있는 처지라고 말하였다. 그러면서 ○○시에서 북한이탈주민 개개인의 능력에 맞는 일자리를 연결시켜주었으면 좋겠다는 의견을 말해주기도 하였다.

151) 서울에서 살다가 ○○시로 이사 온 2010년도 한국에 입국한 북한이탈주민 O씨(50대 여성)는 열심히 공부하여 사회복지사 자격을 취득하고 서울에 있는 ○○구청에 가서 일자리를 연결해 달라고 하였으나 거절당한 적이 있다고 하였다. O씨는 여러 군데 다니면서 일자리를 알아보았으나 제대로 된 일자리를 구하지 못하였다고 하였다. 결국 O씨는 ○○시로 이사를 와서 대안학교에서 근무하면서 살고 있다고 하였다. O씨는 대한민국 사람들하고 북한이탈주민들하고 너무나도 차이점이 있다는 것에 크게 실망하였다고 하였다. O씨는 북한을 벗어나 중국에서 8년간 체류하면서 많은 차별을 받았다고 말하였다. 북한이탈여성들은 15,000원이나 20,000원에 팔려서 현지남성과 동거생활을 하고 있는 실정이라고 하였다. 그런 상황에서 희망을 가지고 한국에 입국하였지만 대한민국에서도 역시 중국에서 차별을 당한 것처럼 북한이탈여성들은 직업이나 모든 것에서 차별을 받으면서 살고 있다고 안타까운 현실을 말해주었다.

내가 제일인 것처럼 그렇게 하고 아주 그 직업은 내 환경이 그게 아닌데, 왜 내가 거기까지 못 가냐! 이런단 말이에요. 그런 면도 있고. 윗사람도 그렇게 보는 면도 있고. 사실은 그 사람은 성실한 사람이지만 탈북자란 이유로 안 쓰려 하고, 돈도 적게 줄려고 하고 이런 게 있단 말예요. 그러니까 양면성이 있어요.

8) 북한이탈주민으로부터 일자리 소개받음

천연화 하나원에 들어갔다가 몸이 아파서 병원에 입원했다가 하나원을 퇴소해 나왔잖아요. 나와서 두 달 동안은 내가 일했잖아요. 일하면서 탈북자들에 대해 잘 모르잖아요. 그렇게 하고 하나원 생활을 제대로 못했으니까, 친구도 없고 이렇게 됐는데, 어떻게 돼서 우리 (하나원)기수에 여자 하나가 북경영사관에 같이 온 여자가 있는데 내게 전화가 왔어. 오라고 해서 갔는데 '다단계 판매'였어……. 3일 동안 날 쥐고(잡고) 안 보내요. 나를 고기 사다 맥이고 난리야! 나를 집을 못 가게 얼리느라고(설득시키느라고). 그 '다단계 판매'에 가입하기 위해서. 그런 걸 가서 3일 딱 들어보고 "강요하지 마라!" 그렇게 하고 내가 물어봤어요? "한 달에 얼마를 써야 되냐?" 물어보니까 "10만 원은 써야 된다"는 거예요. 그래 있다가 "나는 혼자 사는 여자기 때문에 10만 원 쓸 돈이 없다. 1년에 10만 원밖에 안 쓴다" 이렇게 됐거든요. 그렇잖아요?

연구자 그렇지요.

천연화 6개월에 10만 원 쓰면 많이 쓴다고 봐야지. 돈 40만 원으로 한 달에 살아가는 것도 힘든데. 그래 내 있다가 "그렇게 하면 그럼 나는 자동탈퇴 된다. 그러니까 이거는 강요하지 마라! 보람이 없다." 그랬더니 알았다고 하더라고. 그렇게 하고 집으로 왔거든요. 그런데 거기에서 ○○에서 컴퓨터 학원이 운영된다는 이야기를 들어 가지고……, ○○ 컴퓨터 학원으로 아침 일찍 집에서 6시에 나오면 8시 30분에 학원에 도착했어요. 그렇게 해서 가서 컴퓨터를 배우고…….

9) 인터뷰 도중 갑자기 걸려온 북한이탈주민관련 상담 문의전화 통화

천연화 (인터뷰 도중에 갑자기 전화가 걸려옴) 여보세요? 예. 어떤 내용인데요? 예. 맞아요. 탈북자예요? 아, 그랬어요. 어떤 요청? 지역이 어디예요? ○○○라고요? 음, 알아요! 예. 그러면 마사지 취업을 한 것 같으면 한번 찾아보지…….아이가 있어요? 그 여자 중국에서 살다왔어요? 나갈 때는 무슨 이유가 있어서 나갔겠지요. 아주바이(아저씨) 이름이 뭐예요? 아주머니 이름이 뭐예요? 한○○. 나이는 몇 살쯤 되요? 나이가 어리네! 몇 년 같이 살았어요? 그러면 중국에서 같이 산 사람이에요? 아니면 남한사람이에요? 중국 사람이에요? 그러면 북한에서 어느 지역에서 왔어요? 그 여자가. 그러면 좀 찾기 힘들겠네.

그러면 아이가 몇이에요? 당신하고 그 여자 사이에…….
하나예요? 몇 살이에요? 9살. 그러면 시간 낼 수 있어요?
우리 사무실에 한번 오시겠어요? 주중에 한번 오세요. ○요
일 날 제외한 나머지…….

그러면 아주머니 이름하고, 나이하고, 그다음에 온 지역
있지요? 북한에서……. 현재 주소하고 문자로 좀 찍어 주
세요. 응! 전화번호 그쪽에 있어요? 그러니까 전화번호 필
요 없고요! 그 여자 그 전화번호로 쓰겠어요? 바꾸겠지.
예. 그 여자 전화번호가 아주머니 전화번호 있는 가구요.
글쎄, 그 여자 전화번호 바꾸지, 쓸 수 없다고. 그러니까
그 여자 이름하고, 나이하고, 북한에서 어디서 왔고, 지금
현재 당신하고 같이 살고 있는 데가 어디고 그것만 보내주
세요! 문자로.

글쎄……, 노력해봐야죠! 010에 ○○○에 ○○○○이예요? 예.
○○○에 ○○○○이예요. 예. 알았습니다. 거기다 문자 보내
주세요. (차량 이동 중에 걸려온 전화통화 내용)

연구자 무슨 전화예요?

천연화 네편네[152]가 달아났데. 탈북잔데…….

연구자 예. 그냥 놔두면 들어오지 않나…….

천연화 술집에 빠져 들었대요…….

연구자 예! 술집에요?

천연화 ○○○가 어디든가요?

---

152) 남한말로 '여편네'의 평안남도 방언, 네이버 북한말 사전에 상세함.

연구자 ○○○가 따로 있는데, 경기도 지역인데요.

천연화 집 나간 여자가 거기 산데요.

연구자 거기가 경기도예요.

천연화 아이고 머리 아픈 아이들이 가끔 있어. 석 달을 같이 살았 대요.

연구자 남자나 여자나 문제가 있는 사람들 같네요.

천연화 팔려서 갔다니까! 본인의 의사에 맞지 않게 갔잖아요. (인터뷰 도중 갑자기 전화가 걸려옴) 여보세요! …… 그러면 너 있지? 집에 들려가지고 화장품 있지…… 다 왔어? 그러면…… 알았다. 그래. (전화 통화 끝났음). 딸이에요. (핸드폰에 저장된 사진을 보여주며) 이이가 내 사우(사위)요.

연구자 저기 얼굴이 아이고! 굉장히 선하게 생겼다.

천연화 예. 그래요. 착해요.

연구자 예. 착하게 보이네요.

천연화 (이동 중 전화가 또 다시 걸려옴) 예. 전화번호가 내가 줬 잖아요? 010 ○○○ ○○○○. 예. 알았어요. 다시 들어와 봐 야 알지, 그렇죠! 같이 보내주세요. 지금은 들을 수 없고 다른 날에 찾아오세요. 예. 그러세요. (전화통화 끝남). 여 자가 안 들어왔다고……. 얼마나 떨떨하면(바보 같으면) 여자가 바람났나?

연구자 부부간에 뭔가 있었겠지요. 서로가 사랑하는데 달아날 이 유가 없지요. (웃음) 서로의 책임이에요. 한쪽보다도……, 저 도 결혼해서 살아보니까 서로에 책임이 크다고 생각해요.

천연화 그런데 탈북자문제에서는 서로 책임이라고 못해요! 그것은 어째 그런가? 본의 아니게 팔려서 갔지 않아요.

연구자 예! 팔려갔다고요?

천연화 팔려서 갔는데 아이가 있으니까 남편이 데려와서 십 년을 같이 살았대요. 그 여자하고. 그러니까 걔가 지금 36살이니까 26살에 만났다 치면, 걔는 비싸게 주고 샀을 것 같아요. 8,000만 원 정도 주고 샀을 거 같아요. 거기서(중국) 사 가지고 지금 살았는데……, 도망가 버렸지. 전화번호 바꿨다는데, 신의주 쪽에서 오는 아이들은 더러 문제가 있어…….

연구자 지역마다 틀리죠. 순수한 사람은 순수할 거고.

천연화 여자가 집을 나간다는 것은 남자가 일을 안 한다는 것 같은데, ……술집으로 갔다는 자체는 일을 안 한다는 거잖아요? 남자가 돈이 없어서…….

연구자 뭔가, 남자가 원인 제공을 했겠지요. 오죽 했으면 자식 놔두고…….

천연화 (돈을 주고 사서) 데려올 정도였으면 능력이 있어 데려왔겠죠! (전화문자 보고) 9년 차이네!

연구자 나이 차이가 많이 나네요?

천연화 그런데 저! 뭐라 그럴까? 중국 체류하는 아들이 문제가 있다고. 그쪽에서 못된 것을 배워온 거죠.

연구자 그렇죠. 중국 체류기간에 좋은 것도 배우겠지만, 나쁜 것도 배우겠죠.

천연화 순수하지 못한 거죠.

연구자 예. 그쪽에서 안 좋은 것만 배웠을까요?

천연화 예. 그렇다고 봐야 해요.

연구자 어떡하면 좀 더 잘 안정되게 살 것인가? 고민해야 되는데. 순간 유혹에 빠져……, 그렇게 살다보면 인생 말년에 아주 불쌍해지는 거죠!

천연화 아이만 놓지 않으면 되는데 이 남자하고 살면 이 남자 아이를 놓고, 저 남자하고 살면 저 남자 아이를 놓고, ……수급자하고 연결되지 않아요.

연구자 대단하네요.

천연화 여기(한국)에 들어오는 탈북자는 거의 70%가 중국 체류자라고 보면 되요.

연구자 70%가 중국에서 체류하다가 왔다는 것인가요?

천연화 예. 그렇게 봐야죠.

연구자 돈 계산에 대해서는 밝겠네요. 어떻게 쓰라고 따로 교육이 필요 없겠네요? 그냥 알아서 잘 쓸 테니까.

천연화 예. 그렇다고 봐야죠.

10) 북한에 남아 있는 가족에 대한 그리움과 돈을 부쳐줌

연구자 고난의 행군 시기에 어떻게 보면 사업을 한 거나 다름이 없네요. 그렇죠?

천연화 예. 그렇게 넘긴 게 지금 생각해보면 감사하고, 그런데 우리 애를 볼 것 같으면 "어머니, 그때 준 돈을 가지고 집을 샀습니다." 그러더라구. 그때 우리 집을 팔아서 그 돈 가지고 아파트로 이사 왔나 봐요, 아래층에 물이 나오니까.

옛날에는 아래층에 값이 없었어요, 1층에. 그런데 1층에 물이 나오니까 비싸다는 거지, 꼭대기층보다. 그래서 집을 샀다고 하더라고요. 그래 돈 줘서 보냈거든요. 그리고 한 번 또 아래층이니까 자전거를 밖에다가 놨는데, 자전거가 비싸요. 그러다 보니까 그것을 도둑 마쳤다는 거지요. 전기밥솥하고 그걸 도둑맞았다고 하더라고. 그래서 돈을 또……. 그런데 한 번에 줄 때 100만 원씩밖에 못 줬어요. 돈이 없어서……. 그런데 (대학원에서 공부했을 때 학교에서)장학금을 주면 북한에 누가 기별하는지는 모르겠는데, 돈 가지러 와요. 그러니까 돈을 가져갈 기회가 되니까 오는 것 같아. 그런데 돈이 없을 때는 안 오더라고…….

연구자 연락도 안 했는데?

천연화 그렇죠! 돈 가지러 와요. 그래서 내가 연락을 안 했는데도 어떻게 알고 오는지, ……그게 참! 신기했어요. ……북한에 남아 있는 우리 애가 또 마음이 착해요. 그러니까 시어머니를 알아봐주는 것 같아. 가서 자는 것은 맏며느리 집에 가서 자도, 맏며느리 집이 딸만 셋이에요. 우리는 아들 하나, 딸 하나. 작은 애는 딸 하나, 아들 하나 이렇게 낳았거든요. 그러니까 그 애는 첫아이가 아들이에요. 그러니까 시어머니가 막내아들한테 아들까지 있고 하니까 내 생각에 거기 와서 살 것 같아요.

연구자 같이 합쳐서 그냥!

천연화 예. 그러니까 우리 애가 또 못 오는 것 같아. 나를 보고는 시어머니 죽으면 오겠다고 하더라고. 신실한(건강한) 사람

죽으라고 할 수는 없는 거고.

연구자 그렇죠! 올 마음은 있겠지. 그래도 엄마가 여기 와 있으니까.

천연화 오면 울어요. 붙들고 애도 울고 내 울고……. 그런데 어떻게 하겠어! 저도 새끼를 버리고 올 수는 없지요. 그래서 저는 이제는 할 수 없다! 운명에 맡기자. 이제는 그렇게 생각해요.

연구자 그렇죠, 시간이 또 흐르면 어차피 모든 게 억지로 되는 게 아니니까.

천연화 내 그래 그것은 하느님이 선택해준다고 생각해요.

연구자 그렇죠, 인간의 힘으로 억지로 되는 건 아니니까.

11) 남한사회에서 갈등하는 북한이탈주민

연구자 그럼 6개월까지는 정부에서 지급하는 기초생활 수급비로 어떻게 겨우겨우 생활한다지만, 결국은 다른 누구의 보호의 손길이 있어야겠네요?

천연화 그러니까 탈북자들이 어디서 돈 일 원이라도 준다고 하면 가요. 그다음에 교회도 돈 준다는데만 따라가. 그야말로 탈북자들을 남한사회가 돈의 노예로 만들었다고 생각해요.

연구자 예. 영구임대아파트만 지원해주고 나머지는 알아서 살아라! 그러면 북한이탈주민들한테 취업 상담은 어떻게 해주나요? 정부에서도 취업지원[153]을 해주잖아요?

---

153) 김선화(2011), 「북한이탈주민 취업지원 정책 연구-정착장려금 제도를 중심으로-」, 서울여자대학교 대학원 박사학위 논문에 상세함.

천연화 그런데 취업은 저도 ○○○에 있으면서 했어요. 시켜주고 소개시켜주고 했는데 나가 보니까, 육체가 안 되니까! 다 나가 넘어지고. 그다음에 있지, 안 되더라고. 그래서 '이건 아니다!' 저는 그렇게 생각했어요. 지금 정착지원 하는 게. 내 이제 말했잖아! 그 사람 특기가 뭐 있고, 그 사람 나이가 어떻게 돼 있고, 다 포착을 해서 그걸 해주는 거여. 직업으로 가는 게 아니라 직업 훈련을 제대로 시켜야 돼요. 한국에 온 지 3년 되는 아이가 주유소에서 아르바이트를 하고 있으면서 상담소를 찾아왔기에 너는 간호조무사로 가라! 왠가, 대학 공부할 능력이 안 돼요. 그러면 조무사로 가라. 조무사 가서 머리 싸매고 공부해라! 그게 일생으로 갈 수 있는 직업이거든요. 그래서 그쪽으로 빠져라! 그러니까 그 아이가 "선생님! 내 선생님 안 만났으면 공부했겠노" 이렇게 하는 거여.

연구자 예. 그랬었군요. 남한에 와서 주유소 아르바이트 하는 북한이탈여성을 간호조무사 직업에 대해 지도를 해주셨군요.

천연화 예. 그리고 상담소를 찾은 또 다른 50대 아주머니는 한국에 온 지 1년밖에 안 됐어요. 그런데 지금 놓고 볼 때 그 사람이 뭘 잘하는가! 의학에 민감한 사람들이 있어요. 그러니까 본인이 그쪽에 신경을 쓰고 책을 좀 보고 하다 보니까, 혈을 잘 잡는 거여. 마사지 쪽으로. 그래서 그 마사지회에 들어갔는데, 돈을 80만 원밖에 안 준다는 거여. 그래서 내가 그랬어. "좋다, 그쪽으로 하고 싶으면 오라!" ○○ 건강원 있잖아요? 그 사람도 탈북자예요. "당신이 월세 없어 그러지 말고 사람을 끌면 이 사람이 끌고, 마사지로 끌고, 당신이 월세를 이 사람하고 같이 부담해서 내라!" 내 그랬거든. "당신이 마사지 안 하는데, 이 양반 다리에 침이나 놔주고 하는데, 이 사람 하게 하라!" 그러니까 오라. 내가 마사지 교육을 받아서 마사지 자격증을 딸 수 있게끔 해줄 테니 그다음 나머지는 알아서 해라!

연구자 50대 북한이탈여성에게도 직업 상담을 해주시고 북한이탈주민들에게 많은 도움이 되고 계시네요.

천연화 예. 그런데 그 아주머니 집이 지금 현재 경기도 받았거든요. 그러니까 지금은 자기가 어디 있음 좋겠냐? 하기에 "좋다, 올라오라! 올라오면 집도 이동할 수 있게끔 도와주겠다." 그러니까 홀 놀라는 거야. 이 탈북자는 어떻게 생겼는데 자기네 집까지 주냐? 정부도 못 주는데, 그런 거죠. 어쨌든 올라오면 내가 유동해서 올라올 수 있게끔 도와주겠으니까! 오라. 지금 집으로 간다잖아요. 갔다 올라오겠다고. 그러니까 대한민국이 이렇게 보면 너무 많은 거여. 탈북자들이 오면 내가 "야, 허공만 바라보지 말라! 가만히 서 봐. 여기서 보면 있지! 그 남한사람들 밑에 있지! 우리 들어갈 자리 정말 많다." 제가 그래요. 지금 보세요? 왜 그런가? 아니 간호조무사 따면……, 남한사람들은 간호조무사를 잘 안 해요. 그거 들어가서 탈북자가 하면 신선하고 좋잖아요.

12) 다시 북한으로 끌려가는 공포의 꿈

천연화 딸이 걱정되는 거여. 그렇게 되고 그다음에 뭐인가? 우리
　　　　 가 힘든 거는 밤에 잘 때 꿈속에서 북한으로 잡혀가는 꿈
　　　　 을 꿔요! 아직도 그 꿈 꿔요. 막 도망치는데, 막 추격당해
　　　　 뛰면서……, 막 있지, 그런 꿈을 종종 꿔요. 그럼 나는 중
　　　　 국에 열흘밖에 안 있었고, 이런 사람이 현재 그런 꿈을 10
　　　　 년 되도록 그 꿈을 꾸는데 다른 사람들은 어떨까요? 그런
　　　　 데 저희 딸하고 같이 있어 보니까 딸이 어느 날 밤에 막
　　　　 우는 거여! 울음소리가 나는 거야. 그래 (딸 방에)들어가
　　　　 보니까 정신없이 아가 울고 있어. 그래서 흔들었어요. 흔
　　　　 드니까 "어머니! 나 공안에 잡혔어." 자기가 지금 중국 공
　　　　 안에 잡혔다는 거야! 그래서 지금 막 울고 있는 거여. 그
　　　　 모습을 보니까, 제가 다른 탈북자들이 중국에 체류했을 때
　　　　 얼마나 힘들어했는지 느낄까요? 안 느낄까요?

연구자 아, 딸이 자다가 중국 공안에게 잡히는 꿈을 꿨군요. 중국
　　　　 공안에게 잡히면 북한으로 보낸다고 들었는데 그게 사실
　　　　 인가요?

천연화 예. 사실이에요. 저희 딸은 (중국에)2년밖에 안 있었어요.
　　　　 그것도 인신매매 간 것도 아니고, 저희 여동생이 데려다가
　　　　 인계를 해주고 가서 그렇게 하고 왔는데. 아니 생각해보
　　　　 오! 남처럼 팔려가고 이래서 문제가 났는데, 그냥 그런 게
　　　　 없이 갔다 왔는데. 걔가 막……, 자기 말하는데 그 청소년
　　　　 기에 청소년지도사 과정을 수료하면서 리포트를 썼다 해

서 그 리포트를 읽어보니까 청소년기 발달과정에 대해서 써 놓은 게 있었어요. 그런데 그거 썼는데 자기가 그러더라고요. 나는 내 인생에서 아버지 없는 아픔이 제일 크다. 그렇게 하고 말하는 게 뭐이냐? 사람들은 배고픔이 힘들었다 하지만 나는 아버지 없는 아픔이 제일 힘들었다. 그 이유는……, 이렇게 하고 썼는데. 나는 어린 나이에 어머니가 나를 중국에 밥통 매여서 보냈는데, 정말 나는 죽기보다 가기 싫었다. ……그런 나를 억지로 가야 된다 하면서 보냈는데……, 나는 혼자 기차를 타고 이모 집까지 갔다. 가서 그런 다음 자기가 거기서 중국을 넘어가니까 그 사람들 말을 하나도 못 알아듣지! 살라살라 하지! 그다음에 겁이 많은 아인데. 자기가 정말 무섭더라! 내가 왜 왔는가 하고. 자기가 '나 차라리 여기서 죽어버릴까!' 이 생각도 들었다는 거지. 그렇게 하면서 나 정말 어머니를 원망한다. 지금도 어머니를 보기만 해도 막 뜯고 싶다. 그렇게 써놨더라고요.

연구자 북한에서 딸을 먼저 중국에 억지로 보냈는데 그때 어머니를 엄청 원망한 내용을 리포트에 써놨네요.

천연화 예. 나를 많이 원망했나 봐요. 그렇게 하면서 어머니에 대해 원망스럽다고! 그렇게 쫙 썼는데 중국 공안이 저기 멀리서 보이기만 해도 자기는 이 심장이 부르르 떨려서 아무것도 못한다는 거지. 식당에 뛰어 들어가서 숨는다는 거야. 공안이 오기만 해도. 이런 생활을 우리 어머니가 알기나 하겠느냐고. 그렇게 하면서 있지, 머리로는 내가 그러지 말자고 하지만 마음에서는 내가 우리 어머니를 허용 못한다는 거! 어머니에 대한 원망이 나는 너무 크다. 아버지가 죽지 않았으면, 어머니가 날 여기까지 보내지 않았을 거다. 내 저기 뭐야? 그거 내 사무실 직원이랑 같이 보는데 울었어요(천연화는 말하면서도 눈에 눈물방울이 살짝 비쳤다). 그러면스리 "○○님도 대단했다. 그리 무서워하는 아이를 어떻게 보냈냐!" 우리 여기서 군대 보내는 것도 가슴이 찢어지는데…….

연구자 너무 아픈 사연이군요. 딸이 아버지만 살아계셨어도 그렇게 고생을 안 했을 거라 생각했군요. 오히려 어머니 원망하는 마음만 커지고.

천연화 예. 내가 그걸 보고 '야, 내가 딸한테 수그리고 살아야 되겠구나.' 이 생각을 했어요. 그때까지 내 그 생각을 못했어. 지금은 딸이 나를 보고 어떤 날은 신경질 써요. 나하고 부딪히는 말도. 그런데 내 가만히 있거든요. 말 안 하고 그걸 봤으니까, 그전까지 몰랐어요. 그런데 그걸 딱 보니까 이제처럼 이런 힘든 상황을 가지고 2년을 견뎌냈으니까! 그럴 만도 하다. 그렇게 하고서 "내가 잘못했다!"고 그랬는데, 지금은 딸이 뭐라 그러는지 알아요? "우리 어머니 성격이 달라졌네! 내 막 짜증내도 가만히 있다." 내 그걸 본 걸 모르니까! 그래서 딸 보고 내 그랬어 "내가 그 너한테 반응 안 하는 이유에 대해서 말해주자면 '용서'라는 프로그램 나가자 그랬거든요." 그러니까 "어머니 가서 전람회하세요! 전람회할 필요 있느냐고" 이러면서 나에게 막

화를 내는 거여.

연구자 딸이 쓴 리포트를 읽고 딸에게 미안한 생각을 했군요.

천연화 예. ……우리 딸도 자기가 거기(리포트)다 그랬더라고, 나는 어머니하고 사이가 좋고 이렇게 지내고 싶은데, 우리 어머니도 남편 없이 혼자 살며 외로운데 자기가 이상하다는 거지. 그래서 자기가 심리치료도 받고 싶은 생각도 가져본다! 이래 썼더라고. 내 그걸 보면 내가 반응하지 않는 게 걔한테 치료가 되겠구나. ……처음에는 걔가 나한테 달려들면 그랬어요. "야! 이 다음에 내 있지! 나를 가르쳐 떠넘기겠구나." 이러면서 싸움했거든요. 그랬는데 그런데 우리 딸은 지금 내 사업하는 걸 막았잖아요. 어째 그런가 돈을 빌려서 여기다 넣고 있으니까.

13) 북한이탈주민의 범죄 노출

연구자 인터뷰 중에 초기 정착금 지원 부분 말씀하셨는데 정착금을 나눠서 주지 말고 한꺼번에 주는 게 좋다고 말씀하셨잖아요? 그 부분을 다시 말씀해주시겠어요?

천연화 그러니까 탈북자들이 몸을 회복할 시간도 없고, 브로커 비용도 걸렸고, 북한에 가족이 걸려 있고 하다 보니까! 돈이 없는 거여. 그러면 그들한테 브로커 비용을 물고, 시름 놓게 해주고, 그렇게 하고 무슨 통장인지 만들어서 법을 개조했어요. 걔네들이. 그것보다 그냥 정착금을 첫 번에 이제처럼 300만 원 주는 게 아니고, 천 몇 백만 원 주고.

……브로커 비용이 그렇게 되니까 방법이 없지 않냐? 비용을 물 수 있는 돈을 주고, 나머지 거는 오늘 있다가 분할 지급해 주던지! 어쨌든 첫 번에 브로커 비용이 있기 때문에 좀 주고, 그들이 몸을 좀 쉴 수 있게 시간을 줬으면 좋겠다.

연구자 브로커 비용이 많이 드니까, 브로커 비용을 벌어서 갚으려고 쉴 틈이 없이 일하러 다녀야 하니까 몸이 아파도 병원 진료도 제대로 받지 못한다는 거네요?

천연화 예. 한 3년도 그게 몸이 회복이 안 돼요. 내 솔직히 10년이 됐는데도 아직 아픈데, 종합병원 두 개씩이 나돌아 댕기는데. 그런데 그거는 그렇다 쳐도 사람마다 건강한 사람도 있고, 건강하지 않은 사람도 있으니까, 그러나 3년만 주어도 건강한 사람은 바로 나가서 수급자로 살려고 안 해요. 그렇게 하게끔 만들어주고 그다음에 종합검진 두 번만 해라. 그들을 종합검진 하는데 암 검사 이런 거 하라는 게 아니다. 종합검사와 정신과까지 해라. 다 해서 진단을 때려서 이 사람이 정신과에 문제가 있구나 하는 게 떨어지면 수급자로 들어오라. 나가서 일 못한다. 다른 진단이 나타나지 않는 상태에서 본인이 정신과 증세가 나타나면 그대로 떨어뜨려라. 수급자로 주고 나머지는 나가 일해라! 그렇게 하면 정부도 할 말이 있는 거잖아요! 최선을 다해서 이만큼 해줬는데 너 왜 이렇게 나오냐! 할 말이 있거든요.

연구자 그런데 북한이탈주민들이 의외로 범죄에 많이 노출되어 있어서 언론에 가끔 범죄사건이 기사화되고 있는데 이거랑 연관성이 있다고 봐야 하나요?

천연화 연관성이 있죠. 브로커 비용은 안 되고 그다음에 자기 살 자니까! 돈은 없고 정착금은 안 주고 하니까, 중국에 가서 마약을 들고 온 거여. 북한에 줄이 있으니까. 북한은 마약을 생산하는 데 잖아요. 그래서 거기로 가서 얼음(마약)이나 빙 두르고 오는 거지.

연구자 마련할 방법이 없으니까. 그러니까 그게 브로커 비용과 무관하지 않는 거네요! 그 사람도 죄를 범하러 들어온 것도 아닐 텐데.

천연화 그렇죠! 이 땅에 와서 잘 살아보자 하고 하던 사람들이. 왜 이 소리를 하는가? 나하고 우리 딸하고 내 전 기수 나왔어요! 그 사람들이 오성에서 온 사람들인데 북한포로를 데리고 왔어요. ……걔네들이 북한포로를 데리고 오는 바람에 내 저기 뭐야? 중국에서 넘어 오는데 너무 힘들었어. 지금은 (공안이)쫙 깔렸었거든요. 이 안(남한)에 데리고 있으니까. 저기 뭐야? 북한포로 가족을 데리고 11명이 달아났더라고…….

연구자 북한에서 가족 11명이 한 번에 탈북하는 바람에 중국에서 검문이 강화되어 한국으로 오는데 더 고생을 하셨다는 말씀이네요.

천연화 예. ……그리고 형제가 둘이서. 이 안에서 둘 다 갈라졌어. 더러는(일부는) 캄보디아로 들어가고, 더러는(일부는) 북경영사관으로 들어왔어요. 그래서 내가 들어오니까 조금 전에 들어왔다는 기지. 그래 말하는데, 걔네 그렇게 하는 바람에 (공안이)쫙 깔려서 정말 힘들었어요. 그런데 갸네 보니까 그거 했대요. 밀수를 했대. 중국에서 쌍둥이들이 밀수를 했는데 아이들은 착하더라고. 그러면서 팔개고 하는 그런 아이들이 아니더라고. 아이들은 순해요. 그런데 먹고살자니까 했겠죠. 그렇게 하고 여기 나와서 걔네가 열심히 핸드폰 회사 댕겼어. 아(이)들이 열심히 일을 했어요. 그렇게 하다가 걔네까지 정착금을 다 줬잖아요? 일시불로 주었는데 사기당했어.

연구자 그때는 정착금을 일시에 줬네요. 그런데 왜 정착금을 사기 당했어요?

천연화 왜 사기당했냐! 몸이 좀 아프고 그러니까 수급자로 남아서 좀 더 그러자니까! 남의 통장에 돈을 넌 거여. 그래 넣다 보니까 사기당한 거야! 달아난 거야. 그러다 보니까 돈이 없잖아? 그다음은 쌍둥이 둘이서 얼음(마약) 하러 갔거든. 중국 넘어가서 그러다 잡혀가지고. 쌍둥이 간 게 아니고 걔 이름 뭐야? ○○이라는 아인데, 아가 정말 착해요. 인물도 잘났고 예쁘게 생겼어요! 걔가. 그런데 그런 구렁텅이에 들어갔어. 그래 교화(감옥) 갔잖아요? 그래 나왔겠지. 그러니까 억울하게 죄인이 되었잖아요? 그 내 말하는 거는 수급자 때문에 야들이 갈 만하는 거여. 수급자를 3년간 지원해주란 말이여! 그럼 돈을 은폐하고 나비번지고(사기당하고) 하는 거는 없어요. 그렇기 때문에 일부 수급자들은 돈을 다 뽑아 집에다 지우고(감추고) 있어요. 남을 주니까 그런 현상이 일어나지 하니까. 정부는 이런 거까지 세세히 모르니까?

연구자 초기 정착금은 이전처럼 한 번에 다 주고 브로커 비용 등 해결할 거는 다하고 해서 안정되게끔 살게 하는 것이 오히려 도움이 된다는 거죠?

천연화 그렇게 하고 정부가 몸이 아파 못 일어나는 사람들에게도 정착금을 줄 때…….

연구자 거기서 정말 몸이 아파서 일을 못 하는 사람이 당연히 있잖아요. 그분들은 정부에서 계속 도와줘야 하는 거고.

천연화 도와주는 거는 다른 게 아니라 정착금을 한 번에 다 주는 게 도와주는 거죠.

14) 남한생활에 어려운 북한이탈주민을 위해 북한에서 돈을 보내줌

연구자 그리고 김정은 정권 들어서고 나서는 북한을 탈출하는 북한이탈주민의 수가 감소[154]되었어요. 국경을 강화시켰다고 그래서, 그래도 원하면 얼마든지 한국입국이 가능한 거죠?

천연화 그들이 안 오겠다고 그래요! 남한에 오면 못 산다고…….
남한에 가면 살기 힘들다고. 그래서 안 오고 돈 달라고 그래요. 그것도 문제가 되는 거예요. 지금 그게 벌써 북한사람들한테 그렇게 연락이 들어가면 어떻게 될 것 같아요?
북한에서 대비한 게 있어! 여기로. 도리어 북한에서 장사

---

154) 2012년 말 기준 1,502명으로 전 연도인 2011년도 말 2,706명보다 무려 1,204명이나 감소되었다.

해서 아이들이 일어나(연구자 주: 살기가 나아졌다는 뜻)
가주고 한국에 돈을 부쳐줘요. 지금 그 정도 되고 있다고.

연구자 의외로 충격적이네요?

천연화 중국에서 살 때, 숨어 살면서 벌었던 돈을 북한으로 보내
줬어. 형제들한테. 그런데 형제들이 그쪽에서 생활이 부쩍
일어났거든요? 여기(남한)에 언니가 와서 사는데 너무 힘
든 거예요. 좀 나이 들어왔단 소리여. 취업이 잘 안 되고
힘들어하니까, 거기서 오히려 동생들이 브로커 통해 돈을
부쳐오는 거예요.

연구자 지금 북한에 있는 동포들이 남한에 와서 적응을 하는 데
어려움을 겪는 걸 알고 있다는 거네요?

천연화 남한의 안 좋은 소리[155]가 북한에 간다는 얘기지. 돈이 온
다는 안 좋은 소리[156]가 간다는 소리예요. "……나를 데려
갈 돈이면 (차라리 북한에 있는)나한테 부쳐달라"고 이렇
게 말을 해요. 더 잘 살 수 있잖아요? 1,500만 원 현금이
그대로 간다고 계산하면, 우리가 3,000만 원을 보내야
1,500만 원[157]이 도착하거든요. 그러면 크게 보내주게 되
니까! (북한에서)더 잘 산다는 거지요. 이 말을 그저 스쳐
들을 말이 아닙니다.

---

155) 연구자 주: 남한사회 적응을 제대로 하지 못하고 어렵게 살고 있는 북한이탈주민이 많이 있
다는 소식.

156) 연구자 주: 남한사회에서 적응하지 못한 어려운 북한이탈주민한테 북한에 남아 있는 가족이
그 북한이탈주민을 위해 북한에서 남한으로 돈을 보내준다는 소식.

157) 천연화 말에 의하면 북한으로 돈 3,000만 원을 브로커를 통해서 보내면, 브로커가 50%인
1,500만 원을 브로커 비용을 받고, 나머지 50%인 1,500만 원은 북한에 남아 있는 가족에게
전달이 된다고 함.

15) 한국사회에서 북한이탈주민들이 겪는 사건, 사고

연구자 북한이탈주민 그 자체가 자랑스럽고 환영의 분위기가 되어야 하는데!

천연화 여기(남한) 와보니까! 처음에 온 사람들이 고난의 행군 90년도 뛴 사람들이에요! 그러다 보니까 다양한 사람들이 먼저 뛰었거든요! 뛸 때는.

연구자 처음에는 배고파서 들어온 세대잖아요?

천연화 예. 배고파서 뛴 사람도 있고, 일하기 싫어서 뛴 사람도 있고, 죽을까봐 뛴 사람도 있고, 도둑질하고 뛴 사람도 있고, 그다음에 사기친 후 뛴 사람도 있고, 살인하고 들어온 사람도 있고, 죄인도 있고, 여러 가지 형태거든요. 그때는 중국이 이렇게 안 막혀 있었어요. 북경 검문이 심하지 않았어요. 그냥 다 넘어갔다, 넘어왔다 했어요. 그러니까 90년도는 이제처럼 어떻게 했는가? 함흥에서도 있지! 중국 넘어가서 저기 뭐야? 장사물건 이렇게 들어놓고 12시 되면 금을 훔쳐놓고, 식사하러 들어간 사이에 금을 뺏기고, 그걸 다 모두 도둑질해서 도로 함흥으로 넘어왔어……

연구자 아, 90년대에는 중국 국경 검문이 심하지 않아서 북한에서 중국을 넘나들기가 쉬웠나 봐요?

천연화 예. ……통제가 심한 북한에서도 범죄를 하는데, 통제가 약한 여기(남한)서는 더 범죄자지! 사기꾼은 더 사기꾼이고. 그런데서부터 범죄자가 탈북자다 하는 게 뉴스에 뜨니까 이미지가 나빠지게 생겼고, 그거는 솔직 말해 소수에요.

연구자 몇 년 전에 20대 북한이탈여성이 암매장 당한 사건이 있었잖아요?

천연화 아, 그 아이스하키 선수여? 아이스하키 선수였어요! 여기 와서 처음에 훈련했어요. 훈련하다가 남한 남자를 만나 살게 되었어요. 살게 됐는데 돈을 사기 맞았어. 내 말하잖아요? 수급자로 있자니까 돈을 다른 사람 통장에 넣어 보관해 났는데, 통장 소유자가 그거 들고 뛰는 바람에 여자가 돈이 없으니까, 그다음에는 호프집을 뛰었어요. 호프집을 뛰었는데 동거하는 남자가 계속 그거 하지 말라 그랬거든……. 그런데 돈 잊어먹었으니까 어떡하겠어! 돈이 없잖아요? 그러니까 그거 계속 뛰었는데 그 남자가 가정에 충실하지 않고 바람피운다고 그 여자를 살해해서 암매장했어! 다 각을 떠서. 닷새 만에 찾았잖아요! 그런데 탈북자들한테서 전화가 온 거야! 아 소식이 없다는 거지. 그래서 경찰한테 알렸어! 탈북자들 뭔가 알리라 그러지. 그렇게 해서 전화를 해서 찾기 시작했어? 그런데 그 형이 동생을 보고 "사죄하라! 사죄하라!" 해서 그렇게 해서 자수한 거예요. 그런데 호프집에 나가는 데 무슨 큰 문제여? 그것도 각을 떠서 암매장했어! 그러니까 정신이 없단 소리지.

연구자 우리 이쪽에서도 사건, 사고가 많이 있잖아요? 그리 큰 사건 아니면 언론에서 떠들지도 않아요! 그런데 북한이탈주민들에 대한 부분에 대해서는 언론이 너무 크게 다루어서 그런 거 아닐까요?

천연화 아니에요! 그게 다 떠드는 건 아니에요. 특이한 사건만, 소리 없이 죽은 아들 얼마나 많은지 알아요? 저기 뭐야? ○○ 아파트 10층 꼭대기에서 떨어뜨려 죽인 것도 있고. ……각을 떠서 암매장 했으니까 나온 기(거)지. 그다음에 노원에서도 살인하고 남자가 달아난 게 있어. 그 탈북자예요! 죽인 게. 또 그다음에 저기 뭐야? 노원인 게 아니고 그건 논현동에서 일어난 거고. 노원에서 이제처럼 여자가 탈북자 남자하고, 중국 조선족 남자와 한 집에서……, 데리고 살다가 이렇게 되니까! 탈북자 남자하고 또 좋아했거든요! 여자가. 그러니까 그다음에 중국 조선족을 칼로 찔러서, 아니다! 중국 조선족이 탈북자를 칼로 찔렀어! 남자를. 많아요! 이렇게 죽은 기 한두 건이 아니에요. 큰 것만 내는 거지.

이상과 같이 연구 참여자의 북한탈출 후 한국생활 경험에 대한 이야기를 요약해보면, 북한탈출 후 중국을 거쳐 한국에 입국하여 겪었던 경험을 생생하게 알 수 있으며, 브로커와 거래, 국정원의 조사, 하나원 교육과정, 북한이탈주민의 남한사회의 차별 사례 등 북한이탈주민의 북한탈출 이후 생활상을 재조명해 볼 수 있다.

제3절 한국사회에 성공적으로 적응하기까지의 경험

이 절에서는 연구 참여자가 한국사회에 성공적으로 적응하기까지의 경험에 대한 인터뷰 내용을 전사한 현장 텍스트를 연구 텍스트로 재구성하였다.

이 절의 구성은 1. 북한이탈주민을 위한 지원제도에 대한 부정적 인식, 2. 한국사회에서 고난을 딛고 적응에 성공, 3. 남북한 문화의 차이로 인한 남북의 인식차이, 4. 지원제도의 부분별 연구 참여자의 수혜 현황에 관한 이야기로 구성하였다.

연구자는 2015년 4월 5일 연구 참여자가 한국에 와서 한 번도 가보지 못했다는 강원도 강릉에 있는 경포해변으로 여행을 하면서 이동 중에 승용차 안에서 스마트폰을 이용하여 서로의 대화내용을 녹취하였다. 강원도 경포대해수욕장에 도착하자, 연구 참여자는 "이렇게 넓고 푸른 바다를 직접 본 것은 난생 처음 있는 일"이라고 말했다.

연구자는 연구 참여자가 한국에 입국한 지 10년이 되었지만 한국의 다양한 문화를 경험하지 못하였다는 것을 인지하고 안타까운 마음이 들었다. 한국사회에 성공적으로 적응하고 안정적인 생활을 하고 있는 연구 참여자가 다양한 한국문화의 체험이 부족한 것으로 보아 다른 북한이탈주민들의 실상은 어느 정도인지 짐작되었다.

인터뷰를 진행하는 과정에서 연구 참여자의 기분상태를 배려하여 차 안, 커피숍, 어시장, 식당, 바닷가 등지로 이동해가면서 자연스럽게 이야기를 할 수 있도록 분위기를 조성하였다.

이야기의 내용을 구체적으로 살펴보면, 1) ○○○재단 운영에 관한 부정적 인식, 2) 정착금 지원제도 변경으로 어려움에 처함, 3) 남한의 기초생활수급자와 동일하게 취급하지 말아 달라, 4) 고용지원금 지원에 대한 북한이탈주민의 부정적 인식, 5) 북한이탈주민을 위한 신변보호담당관, 6) 한국사회 적응하기 위한 돌파구를 찾는 과정, 7) 남한사회 적응을 위한 몸부림, 8) 북한이 두려워하는 북한이탈주민의 남한사회 성공적 정착, 9) ○○교과서와 교원잡지 등에 등재, 10) 컴퓨터 배우기와 대학교 공부에 전념, 11) 교회의 도움을 받다, 12) 학비지원을 해준 ○○기관과 고마운 분들, 13) 한국에서 대학교에 입학하여 겪었던 경험, 14) 남북한 상담사의 상담방법 차이, 15) 남북한 아파트 문화의 차이, 16) 남한생활의 고독감, 17) 남북한의 인간미 차이, 18) 천연화의 남북한 차이에 관한 소견, 19) 북한의 오리고기 요리방법과 외식문화, 20) 연구 참여자의 수혜 현황 이야기 등으로 정리하였다.

1. 북한이탈주민을 위한 지원제도에 대한 부정적 인식

이 글은 천연화가 북한이탈주민을 위한 지원제도에 대한 부정적

인식 등의 이야기로 재구성하였다.

글의 구성은 1) ○○○재단 운영에 대한 부정적 인식, 2) 정착금 지원제도 변경으로 어려움에 처함, 3) 남한의 기초생활수급자와 동일하게 취급하지 말아 달라, 4) 고용지원금 지원에 대한 북한이탈주민의 부정적 인식, 5) 북한이탈주민을 위한 신변보호담당관 이야기 등으로 정리하였다.

1) ○○○재단 운영에 관한 부정적 인식

천연화 ○○○재단을 보세요? 몇 십 명이 들어가 앉아 일을 하는데요! 지금 거기서 탈북자들한테 제대로 전달(지원)이 되요! 안 되잖아요? 지금 거기서 소비(낭비)하는 게 우리는 보이거든요.

연구자 예산이 북한이탈주민한테 지원해야 하는데 중간에서 인건비 등으로 사용함으로써 북한이탈주민에게 지원되는 돈이 없다는 건가요?

천연화 예. 그렇죠! 걔네 벌써 건물유지비(건물 임대료)만 해도 얼마요? 그 여의도 한복판에 사무실을……, 그 임대료만 해도 지원비로 충분히 쓸 텐데…….

연구자 그럼 북한이탈주민 입장에서 재단에서 운영하고 있는 것을 별로 탐탁지 않게 생각하고 계신다는 건가요?

천연화 예. 우리는 없애라고 그러지요! 그들은 탈북자들한테 혜택을 주는 것이 아니라 자신들의 밥그릇만 챙기거든요. 자기네들한테 맞게 운영하니까 역작용이 된 거지요.

연구자 그러면 재단을 없애고 그 비용으로 북한이탈주민에게 지원해주는 게 낫다는 말씀인가요?

천연화 그렇지요! 그렇게 주면 낫지요. 그렇다고 재단에 탈북자를 위해 일자리를 주는 것도 아니고……. 한국 사람만 들어가 일하잖아요! 바로 배긴 사람은 못 들어오게 하고. 그다음엔 아첨이나 하고 어수룩한 사람이나 시키는 일만 말없이 하는 사람들만 쓰는 것은 북이나 남이나 똑같은 겁니다. 안 그래요?

연구자 아! 재단에서 실질적인 도움을 받지 못하셨군요?

천연화 북이나 남이나 똑똑한 사람은 밑에 두지 않잖아요! 참, 안타깝다는 거지요.

2) 정착금 지원제도 변경으로 어려움에 처함

연구자 한국에 입국해서 현재까지 여러 단계를 거쳐서 공부하면서 적응하였는데 정부가 지원한 정착금이 그 당시에 일시불로 주었을 때는 오히려 도움이 되었던 거죠? 브로커 비용도 한 번에 줘버리고 스트레스 안 받고…….

천연화 예. 그런데 저는 그거예요! 정착금[158]을 저렇게 해서 "나

---

158) ○○시에 거주하고 있는 2013년도 20대 딸과 함께 입국한 북한이탈주민 L씨(40대 여성)의 경우 하나원 교육을 수료하고 ○○시에 임대아파트를 배정받았다고 하였다. ○○시 임대아파트가 다른 지역보다 좀 더 비싸다는 말을 하였다. 다른 지역은 임대아파트 보증금이 1,300만 원인데 ○○시는 1,380만 원이며 80만 원이 더 비싸다고 하였다. 결국 다른 지역보다 생활비 80만 원을 적게 지원받았다고 하였다. ○○시에 임대아파트를 배정받았을 때 정부에서 정착금으로 총 2,000만 원을 지원해 주는데 그 중에서 임대아파트 보증금 1,380만 원은 주택공사에게 지급하고 나머지 620만 원은 하나원 교육수료 후 나올 때 400만 원을 통장에 입금하여 주고 나머지 220만 원은 분기에 100만 원씩 나눠서 지원해 준다고 하였다. 400만 원은 임대아파트 입주하자마자 브로커 비용으로 다 빼앗기고 결국 2명의 기초생활수급비 80여만으로 딸과 함께 생활하면서 어렵게 생활을 하고 있다고 하였다.

가 일하면 준다" 그거는 잘못됐어. 그들이 브로커 비용 때문에 진짜 몸을 회복을 못해요. 그러니까 그러지 말고 먹고 죽는 한이 있더라도 일차적으로 얼마 줘라! 나오는 것만큼 주고 나머지는 국가가 관리해라. 브로커 비용 때문에 지금 저들이 골 아파하고 여기 도착하는 순간부터 자기 가족을 찾아요. 가족을 찾아 놓고 그런 다음에 숨을 쉬거든요. 그런데 쉬고 나면 어떻게 돼. 여기저기서 병이 발생하는 거예요. 간암이다, 위암이다, 자궁암이다, 뭐이다…….

연구자 건강을 보살피지 못했으니까!

천연화 그런데 정부가 돈이 아깝다고 잘라냈다는 거예요. 먼저 번 내가 저기 뭐야? 하나원에 들어가서 그 말을 했어요. ○○과로. 그 사람들 일을 시키려고 하면 그 사람들이 일 못하는 원인을 알아봐라! 그 원인만 나오면 그걸 해결해주면서 일을 시켜야 하지 않냐! 왜 거기다 머리를 안 쓰냐고, 내 그랬거든요. 그러면서 그다음에 정착금도 일 못하는 사람, 알아서 못하는 사람, 그 사람들한테다가 그걸 주어서 탈북자들에게 도움이 되게 해줘야지. 그걸 그 사람들이 일 안 한다고……, 그 사람도 환자인데, 그 사람들 노동능력 상실자로 되면 그 사람들한테 정착지원금이 들어가야 되지 않느냐! 그런데 잘라 내버리면 어쩌느냐! 막 그랬어요. 결국은 오지 말라는 소리와 같다고. 일단 온 사람은 책임을 져야 할 것 아니냐고.

연구자 그럼 정착금을 일시불로 지원해주는 게 오히려 정착하는 데 효과적이라 생각하세요?

천연화 예. 효과적이에요. 처음 온 사람들은 이 생활을 겪지 못하고 왔기 때문에 돈의 가치를 몰랐어요. 그런데 지금 사람들은 돈의 가치를 알아요! 탈북자들이. 그렇죠! 어떻게 하면 저 사람 돈주머니 빼먹을까! 하고 살아난 사람들인데…….

연구자 그 전에 일시불로 주던 시절과는 다르다는 말씀이시네요. 지금 일시불로 주면 자기들이 관리를 다하고, 전에는 돈의 가치를 잘 모르고 하다 보니까 사기 당하고……, 이제는 그런 일이 발생될 가능성이 드물다는 거죠?

천연화 그들이 지금 아픈 치유를 못하고 그 돈(브로커 비용) 때문에 일하다가 계속 본인 몸이 약한 상태에서 병이 악화되고, 상태가 나빠지니까 불만만 많아지고. ……그런 걸 조성하지 말라는 거지요. 주겠다고 한 거는 결론적으로 그대로 다줘라. ……일하면 준다! 뭐하면 준다! 무슨 통장을 만들었다고 하더라고요. 거기다 넣어주겠다고. 그런데 그걸 정부가 쥐고 있다가…….

연구자 그걸 나눠서 주지 말고 한 번에 다 지급해 주라는 건가요?

천연화 예. 그렇다고 적응 못하는 게 아니에요?

연구자 나눠서 준다 한들 브로커 비용을 안 줄 수 없으니까! 결국은 그것 때문에 북한이탈주민들이 더 큰 불편을 겪는다는 거지요?

천연화 예. 자기네 브로커 비용 막아야 될 거 아니에요.

3) 남한의 기초생활수급자와 동일하게 취급하지 말아 달라

연구자 근로 능력을 봐서 남한에서 기초생활수급자들 관리하는 것처럼 지원을 똑같이 할 거 아니에요?

천연화 탈북자들! 이 수급자 문제는 한국 사람하고 똑같이 취급하면 안 돼요. 분류해야 되요! 왜 분류해야 되나? 우선 40만 원[159] 가지고는 살 수가 없어요. 40만 원 가지고 살 수가 없는데, 거기다 20만 원 더 얹어줘서 60만 원이 지원되어도 힘든데. 혼자 살아도 150만 원은 있어야 되요, 살아보니까……. 그런데 40만 원 가지고 살라고 하는데, 먼지 하나(없이)[160] 온 사람들이, ……40만 원 가지고 어떻게 살아요? 정부가 아무리 돈 300만 원을 줬다 한들! 그게 다 브로커 비용으로 들어가 버리면 없는데……. 그걸 계산하는 거 같아요? 그러니까 그건 빼놓고 기초생활수급자로서 어쨌든 60만 원 정도 현금으로 나올 수 있게끔 해주고. 그렇게 하고 2~3년만 지원해주면 그다음에 나가서 일하든 말든 관계없이 도와줘야 해요.

연구자 그렇겠죠. 40만 원 가지고 사는데 어렵죠. 정부가 실질적인 북한이탈주민 상황을 좀 더 살펴볼 필요가 있겠네요.

천연화 ……그다음에 종합검사를 해라! 암 검사만 하지 말고 전반적인 종합검사를 다 해서 검사결과 새로 발견되는 질병도 있을 거고, 그동안 가지고 있을 질병도 있을 거고, 여러 가

---

159) 기초생활수급비 40만 원은 2005년도에 지원되었던 금액을 말함.
160) 한국 입국할 당시 가지고 온 재산은 하나도 없고 달랑 몸 하나만 가지고 입국하였다는 말.

지 질병이 있어요. 그럼 그런 사람들을 체크해서 근로능력
상실자로 해서 이제처럼 수급자로 등록하고 나머지는 일
하게끔 만들어서 해라! 조건을 딱 걸어야 되요.

연구자 북한이탈주민은 기초생활수급자 지원을 3년까지 연장해야
된다는 건가요?

천연화 예. 수급자를 그냥 여기(남한 수급자처럼) 40만 원 똑같이
주고, 3년으로 수급자 연장해주고, 그 사람들 나가서 알바
를 하든, 뭘 하든 관계하지 마라.

연구자 일단 적응할 때까지만.

천연화 그러면 정부도 한결 힘들지 않고, 그게 지금 통일비용 절
약하는 거예요.

연구자 지금은 내가 기초생활수급을 6개월 동안 지원받다가도 어
디 가서 수입이 생기고 4대 보험이 있으면 제외를 해버리
잖아요? 그러니까 그런 부분에서 4대 보험가입 하는 데를
기피하려고 하는 거고.

천연화 그렇죠! 네.

연구자 그러니까, 그거와 관계없이 3년 해야 안정이 된다는 말씀
이신지요.

천연화 통장에 돈이 들어오면 그게 또 잘리고 하니까! 남의 통장
에 돈 넣다가(입금했다가) 또 사기 당하고, 그러니까 이래
저래 탈북자를 못 살게 만든다고.

연구자 참! 기초수급자제도를 남한의 수급자와 다르게 체크해야
할 것 같네요.

천연화 예. 그런데 이 제도를 수정하려는 사람은 단 한 사람도 없어.

4) 고용지원금[161] 지원에 대한 북한이탈주민의 부정적 인식

연구자 사업주한테 월 급여액의 최대 50만 원을 지원해주는 게 있어요. 사업주는 나머지 급여를 부담하면 되는 거고.

천연화 예를 들면 120만 원짜리 월급인데 사장한테 50만 원 주고, 그러면 탈북자는 70만 원 근로자에요. 그러니까 북한이탈주민들 알기를 우습게 안다고.

연구자 사업주들이 근로자들을 봤을 때?

천연화 그렇죠! 탈북자는 70만 원짜리 근로자잖아요! 온전한 몸에, 온전한 정신에 왜! 70만 원짜리 사람이 되고, 이쪽(남한) 사람들은 120만 원짜리 사람인가 말이요? 남한사람하고 똑같이 일하는데……. 그래서 지금 회사 사장한테 지원되는 50만 원을 지원하지 말고, 탈북자한테 통장으로 직접 지원해줘야 해요. 그러면 탈북자는 월 170만 원을 받을 수 있잖아요. 그래야 적응을 빨리 할 수 있지 않겠어요? 그런데 사장한테 50만 원을 지원해주고 사장은 탈북자한테 자기돈 70만 원을 월급으로 주게 되는 것은 (남한사람과 비

---

161) ○○시에 거주하고 있는 2014년에 입국한 D씨(30대 여성)의 경우 ○○시 관내 ○○식당 종업원으로 일을 하였다고 하였다. 혼자인 D씨는 기초생활수급비 40여만 원으로 생활하기가 너무 어려워 부득이 식당일을 하게 되었는데 기초생활수급비 이외에 다른 소득이 있으면 기초생활수급비를 받지 못하기 때문에 식당사장에게 특별히 부탁하여 지인의 통장으로 아르바이트 비용을 입금하였다고 하였다. 그러나 얼마 지나지 않아 그 사실이 담당 공무원이 알게 되었고 그 일로 한때 기초생활수급비가 중단되었다고 하였다. D씨는 곧 식당일을 그만두게 되었고 나중에 알게 된 사실은 식당사장이 북한이탈주민을 고용하면 정부에서 고용지원금 50만 원을 지원받을 수 있기 때문에 그러한 내용을 D씨에게 알리지 않고 관계기관에 고용 신고하여 고용지원금을 받았던 것이었다. D씨는 왜 식당사장에게 정부에서 고용지원금으로 50만 원을 지원하는지 이해가 되지 않는다고 하였다. 차라리 그 50만 원을 일하는 북한 이탈주민에게 직접 지원해주면 남한사회 적응하는 데 도움이 될 것이라며 연구자에게 강하게 불만을 표출한 사례가 있었다. 연구자는 북한이탈주민에게 지원되고 있는 기초생활수급비제도는 비정규직 수입에 한해서는 적용되지 않도록 예외로 해야 할 것이라고 사료된다.

교해서)안 되는 거지요. 사람(탈북자)에 대한 무시지! 인권 차별이에요.

연구자 그러면 정부에서 50만 원을 개인에게 주라는 것인가요?

천연화 예. 그 사람이 취업을 하면 그 기업에서 했다는 취업 지원 금을 지원해달라는 연락이 되잖아요. 정부에서는 연락을 받으면 거기서 재직하고 있다는 증명서만 확인하고 그 탈 북자 통장에 50만 원을 더 입금해주면 되죠. 그게 매달 이어지면 170만 원이지요.

5) 북한이탈주민을 위한 신변보호담당관

연구자 경찰관들이 하는 신변보호담당관 제도가 있어요. 그분들 이 역할을 잘 하고 있다고 생각하세요?

천연화 잘 하는 사람도 있고, 못 하는 사람도 있고 그래요. 그런데 내 ○○사건 이야기했던가요? 안 했죠? ○○ 살인미수 사건 이에요. 제가 ○○에서 아이 하나가 우리한테 가정폭력으로 들어왔어요. 들어와서 상담을 하다가 보니까 남편이 조선 족이여. 그래서 왜 싸움을 하냐! 안 살겠다 해 싸운다는 거지. 그 사람이 때리는 이유가 뭐야? 협박하는 이유가 뭐냐? 그러니까 국적을 따게 해달라고 그런데요. 그래서 내 있다가 그 말에 내가 대뜸 그랬어. "국적을 생각해봐라! 대한민국 가해자도 처리 못해 죽겠는데 남의 나라 사람 갔다 왜 국적을 주냐? 그 가해자를 어디다 처치하자고 그러냐?" 이렇게 됐거든. 그건 못 한다. 그렇게 하고 딱 들어보면 벌써 답이 나오기 때문에 무조건 갈라져라.[162] 저는 단호해요! 딱 들어보면 답이 나오니까. 갈라져라! 갈라지고 네가 갈라지겠다면 내가 ○○에 넣고(보호하고) 갈라 못 지겠으면 못 넣는다! 도로가라. 이렇게 됐거든요. 그래서 섬뜩 무서워하더라고. 그래서 내 책임지마. 추방시키자! 이렇게 됐거든요. 그러니까 나한테 갈라지겠다는 서약서를 썼어요. 써서 싸인을 했어! 그래 ○○쉼터에 넣었어요.

연구자 아, 북한이탈여성이 조선족 남편과 같이 살다가 폭행당하고 살다가 못 견디겠으니까 도망 나왔군요.

천연화 그렇죠. 그래서 상담을 하고 쉼터에 받아들였어요. 쉼터에 넣었는데 전화기도 없고 하니까, 방법이 없어. …… 볼 것 같으면 아침에 "오늘 외출할 사람!" 이렇게 물어보죠. 그러면 가만히 있어요. 나는 어디 가겠다! 나는 어디 갔다 오겠다, 말을 하거든요. 그런데 자기는 가만히 앉아 있어. 그러다가 없어지는 거여, 아이가. 그런데 그 담당형사 왔는데 아이가 없어진 거야! 내 당황 안 하겠어요? 전화기도 없어 전화도 못 하지, 그래서 그다음에 다른 아이 좀 같이 붙었을 만한 아이한테 전화하니까 자기 옆에 있다는 거지. 그런 일이 벌써 한 번 일어나서 경고를 줬어요. 그런데 또 일어난 거야. 우리는 2차 경고에는 무조건 퇴소예요. 강제 퇴소로 되어 있어요. 2차 경고는 그런 다음에 자기 싸인다 했거든요. 그렇게 됐는데 나가라 하니까, 뭐라 하냐? 자

---

162) 헤어지라는 말.

기 3번까지 잘못하지 않았는데 한 번만 봐 달래요! 그게 말이 돼요?

연구자 쉼터에 있는 아이가 아무 말 없이 없어져서 속이 많이 상했겠어요.

천연화 예. 그래서 담당형사가 왔을 때 내 그랬어. "형사님 나 얘를 내보내겠다. 내보내는데 이제처럼 형사님이 잘 받아 안 았다가 형사님이 잘 설득시켜서 나한테 도로 와서 나한테 사정하는 것처럼 해라! 이렇게 받자. 그 전에 우리가 야를 다스리지 못한다." 그렇게 됐거든. 그렇게 돼서 짐을 다 뽑아라(꾸려라). 이렇게 하면서 형사한테 전화했어! 이 아이 데려가라고. 전혀 말 안 듣는데 내가 어떡하겠냐. 담당형사님이 책임지라고. 이러카고스리 형사가 전화 좀 바꿔 달라고 해서 바꿔줬어. 바꿔주니까 형사가 붙들고 뭐라고 하는지 알아. 아, 아 이렇게 하며 둘이 노죽[163] 쓰고 있어. 난 너무 기막혀 있지. 그럴 실력이 안 되는 게 그런 게 또 있어. 그래 그다음에 있지. 전화통에 "형사님! 내 이 사람 택시 태워 보내겠으니까 받으라고." 그다음에 택시를 불러서 저 ○○경찰서로 가라고 보냈거든요. 그다음에 또 들어가서 살인미수 사건이 일어났어. 이렇게 돼서 인터넷에 떴어! 그게 ○○경찰서에서 띄었지. 자기네가 이런 게 일어났다고.

연구자 아이가 말을 잘 듣지 않으니까 담당형사에게 도움을 요청

---

163) 노죽이란 쓸데없이 불필요한 말만하고 있다는 뜻이다.

했군요.

천연화 예. 그리고 …… 우리 ○○에 현재 30살짜리 아이인데 무학력이에요. 그런 게 또 성폭당하고, 이모부한테 성폭당했어요. 그렇게 되는데 지금 아(이)가 어디 갔는지 없어. 행처가[164] 없어. 담당형사도 모른다는 거여 어디 갔는지. 전화도 다 해봤다는 거여. "형사님! 전화해 보세요." 이렇게 됐거든. 그러니까 전화 해보니까 걔 어디 고시원에 가 있고, 어쩌고…….

연구자 이모부에게 성폭행 당해서 쉼터에 있던 30대 북한이탈여성이 어디로 갔는지 모른다는 거죠.

천연화 예. …… 그리고 내 ○○로 올라왔어. 사무실 꾸리다가 저기 그 뭐에요? 그 인테리어(업자가) 나한테 사기 쳤거든. 견적 뽑아 달라 했는데 안 뽑아주고. 이 사람이 사기 치면서 싸움 붙었어. 그래 형사님 오라 하니까 "한국 사람인가? 탈북잔가?" 물어보더라고. 거기서부터 무슨 문제가 있잖아요? 그래서 "한국 사람이다 오라" 하니까, 안 오는 거여. 그렇게 하고 전화 바꿔달라고 해서 바꾸니까 계속 피하는 거지. 그다음에 전화 걸어서 전화통에 대고 "당신이 나한테 보안형사야! 감시형사야!" 이랬거든요. "어디서 이딴 것들이 있냐! 내가 당신에 대고 돈을 달라했냐! 뭐 달라했냐! 당신이 이거 와서 내가 지금 이 사람 이렇게 나오기 때문에 내가 견적을 달라하는데! 안 내놓는다. 이것 때문

---

164) 행처가 없으란 아이가 어디 있는지 모른다는 뜻이다.

에 그런데 당신이 왜 여기 비추지 못하냐. 그게 이럴 때 당신이 필요하지, 낸들 뭐에 필요하냐!" 그렇게 됐거든. 그랬더니 경찰을 바로 바꿨어, 그 경찰서에서. 그렇게 되고 지금 담당형사가 붙었거든요. 여자가 붙었는데 보통 똑똑한 형사가 아녜요!

연구자 그 신변보호담당관이라고 하잖아요? 그런데 그 담당형사들도 어떻게 보면 역할이 중요한데, 그 역할을 하려면 우리가 충분히 북한이탈주민에 대해서 누구보다도 깊이 있게 알고 담당을 해야 하는데.

천연화 잘 안 되는 게 아니라, 똑똑치 못하니까. 그래 내 담당형사를 놓고 그랬어. 본래 내 담당형사는 착하다. 그런데 탈북자를 다루는 데 있어서 착해선 안 된다. 똑똑해야 된다. 내 그렇게 말했어요.

2. 한국사회에서 고난을 딛고 적응에 성공

이 글은 연구 참여자가 한국사회에서 고난을 딛고 적응에 성공한 이야기 등으로 재구성하였다.

글의 구성은 1) 한국사회 적응하기 위한 돌파구를 찾는 과정, 2) 남한사회 적응을 위한 몸부림, 3) 북한이 두려워하는 북한이탈주민의 남한사회 성공적 정착, 4) ○○교과서와 교원잡지 등에 등재, 5) 컴퓨터 배우기와 대학교 공부에 전념, 6) 교회의 도움을 받다, 7) 학비지원[165]을 해준 ○○기관과 고마운 분들, 8) 한국에서 대학교에 입

---

165) 북한이탈주민지원재단에서 대학원 등록금 일부지원, 사랑나눔재단에서 1년간 100% 지원받

학하여 겪었던 경험이야기 등으로 정리하였다.

1) 한국사회 적응하기 위한 돌파구를 찾는 과정

천연화 그래서 제가 이 땅에서 내가 잘 할 수 있는 게 뭐일까? 무엇을 어떻게 찾아들어가야 내가 할 수 있겠냐! 그래서 어쨌든 처음부터 시작해보자. 그렇게 하고 하루는 마트에 갔는데 옷 수선하는 데가 있더라고요. 그런데 북한에서 제가 교사할 때 오전에는 일하고, 오후에는 놀았거든요. 그러니까 옷 가공을 했어요. 그래서 그게 제일 자신 있었어요. 가보니까, 그래서 사람 안 받느냐니까 받는다는 거지. 그래서 두 달을 옷 가공을 했어요. 여기말로 옷 수선.

연구자 아, 마트 안에 있는 옷 수선 가게에서 일자리를 구하셨군요.

천연화 예. 그 일 하다가 탈북자 한 사람이 와서 뭐라고 하느냐? "언니야! 직업을 하나 해주겠는데 오겠냐!" 하고 물어보기에 "그럼 내가 잠깐 갔다 오겠다"고 사장한테 말하고 왔어요. 그런데 더군다나 안 하기로 했는데 왜 왔냐? 첫 번에 계약할 때는 80만 원 주겠다고 했어요, 첫 봉급을. 그런데 내가 탈북자라는 걸 알고 50만 원 주겠다는 거여. 그때부터 나도 마음에 안 들었던 거지. 아침 12시부터 시작해서 밤 10시까지 50만 원 받으러 나온 거는 아니거든요. 그렇게 되면 안 되겠다, 그래 말하고 갔어요. 그렇게 하고 갔는데 보니까, 다단계 판매야! 딱 들어보니까 다단계더라고.

음(성적에 따라 차등 지급하였음).

그래서 이것은 아니다……. 그래서 어쨌든 공부를 해야 되겠다, 공부하지 않으면 내 이 땅에서 살 수 없다. 우선 필수는 컴퓨터, 운전면허구나. 이것은 찾아봤는데 내가 누구를 위해 봉사를 하고자 해도 내가 지식이 있어야 봉사할 거 아니에요.

연구자 맞는 말씀이죠. 옷 수선 가게에서 처음에 80만 원 준다고 하다가 북한이탈 여성이라는 것을 알고 50만 원으로 깎아서 준다는 것은 너무 했네요.

천연화 그래서 공부하자. 그래서 사회복지를 택하게 된 거예요. 그래서 사회복지를 택해서 그 간에 우스운 일도 많았지만 다 말하자면 끝이 없는 거고, 북한에서 등록금이란 거 몰라요. 무료로 다녔으니까. 그런데 남한에 오니까 등록금을 내라고 하더라고요. 그래서 나는 등록금이 없는데요! 탈북자예요. 그렇게 됐거든. ○○○에서 제가 전화 상담을 할 때 장로님이 "탈북자라고 해!" 하는 바람에 탈북자라고 했어요. 그래야 자기네가 승인을 하는 거예요.

연구자 사전에 뭐가 필요한지 검토를 해야 되니까.

천연화 그런데 제가 사회복지를 전공하게 된 동기는 제가 제일 처음에 오니까, 마주하는 게 사회복지사더라고요. 동사무소에서 수속을 사회복지사한테 받으라고.

연구자 그렇지요, 제일 먼저.

천연화 그래서 이것이 우리가 해야 할 1차적인 문제구나. 1차적으로 우리가 그들을 끌어안아야 되잖아요? 그래서 사회복지를 전공하게 되었어요. 그래서 전공하는데 학비를 다 내라

는 거예요. 그런데 지금 학비가 없으니까……, 어느 한 목
사님이 자기가 대주겠대. 그래서 공부를 시작했는데 통일
부에 전화하고, 교육부에 전화하고, 학교에 전화하고 이렇
게 하다 보니까 통일부에서 50%, 학교에서 50% 이렇게
해서 지원이 된다는 거예요. 100%. 그래서 그다음에 학교
하고 다시 조율을 해서 그 돈을 도로 돌려받았어요. 무료
로 공부하기 시작했는데 2년 공부해보니까 너무 쉬운 거
예요. 과목이. 그래서 대학원 석사를 또 뗐어요. 같이. 그
렇게 해서 3년 만에 학부를 졸업하고 4년 만에 대학원 석
사를 졸업했어요.

연구자 와! 남한에 와서 대학원 석사까지 공부하셨다니 열정이 대
단하시군요. 공부하면서 많이 힘들었을 텐데.

천연화 예. 그렇게 해서 ○○○사이버 대학 교수로 발령을 받아서
활동을 시작을 하게 되었어요. 그런데 제가 이 땅에 들어
와서 느낀 게 뭘 느꼈냐! 저는 그 사회에서 대한민국이
나쁘다고만 선전을 했어요. 그리고 아주 못 사는 나라다.
그렇게 교육을 했는데 제가 나와서 중국은 제가 있지 못했
으니까 모르잖아요? 남한에 나와서 하나원 수료하고 나와
서 이 사회를 체험하는 과정에 참 우리가 정말 눈 뜬 장님
으로 살았구나! 철창 없는 감옥. 이 안에서 살았구나! 하는
생각이 머리를 치더라고요. …… 그렇게 하고 일단 온 이
상은 최선을 다해 내가 사는 게 이 나라에 나한테 준 배려
에 내가 보답하는 거다. 이렇게 생각하고 우선 공부를 하
면 누군가를 위해 내가 봉사를 해야 되겠다, 그래서 ○○○

에서부터 전화 상담을 봉사로 시작했어요. 그렇게 하는데
도 상담을 하며, 탈북자 상담을 해보니까! 너무 가슴 아픈
이야기, 나는 체험 못한 그런 내용들이 그들로부터 상담에
제기되고 있더라고요…….

연구자 전화 상담사로 일하면서 다른 북한이탈주민 상담을 해주
면서 가슴 아픈 이야기를 많이 들었겠네요.

천연화 …… 그 상담센터에서 활동을 하다가 2005년도에 장로님
께서 나를 보고 상담원 교육받으러 가라고 해서, 그래 대
학 공부하며 상담원 교육받으러 갔어요. 가보니까 나이 많
은 사람들도 대학원 공부 하더라고요. 이 사회가 나이 있
어도 공부는 할 수 있구나? 하는 것을 느꼈어요. 그러니까
학부만 공부하면 되는 줄 알았는데 이제처럼 되더라고요.
그래서 2년 다니고 2007년도에 대학원같이 공부했고요.
그렇게 하고 2005년도에 상담원 교육이 끝나고 ○○○에
상담원으로 저를 취직시킨 거예요. 거기에서 상담원을 일
년 반을 했어요. 일 년 반 동안에 원장님이 급여를 준다준
다 하면서 일 년 반이 지나도 안 줬어요. 그런데 대학원
석사를 뛰다 보니까 돈이 있어야 되더라고요. 그래서 여기
저기 문건으로 하면 다 되는데 원장님이 또 돈 주겠다고
해서 또 눌러 앉았어요. 이렇게 해서 일 년 반을 급여 못
받고 있다가 학교복지관에서 서류가 올라와서 거기에다
서류 넣으며 공개하지 말아 달라고 했어요. 그렇게 하고
서류 없이 복지관에 합격이 돼 가지고, 그렇게 하고 ○○○
에서 나왔어요.

연구자 전화 상담사로 일하면서 급여를 제대로 받지 못하다가 다른 복지관으로 자리를 옮겨서 일을 했군요.

천연화 예. 급여를 전혀 못 받고 나왔어요. …… 그래서 ○○복지관에서 청소년쉼터를 했어요. 아이들 공부를 가르쳤거든요. 그러니까 그것이 결국 방과 후 교실이나 같아요. 그것을 하다가 그것이 6개월짜리니까 6개월 끝나고 다시 ○○○종합복지관에 특기 적성교사로 서류를 넣었어요. 제가 대학이 ○○구에 있다 보니까 거기에서 공부 끝나고 넘어오며 일하고, 이렇게 넘어가려고, 4시부터 일이니까, 그렇게 하고 집으로 오면 되겠다. 이렇게 생각하고 서류를 또 넣었는데 또 합격이 됐어요. 그래 특기 적성교사를 하다가 힘에 부치니까, 이제 희귀병 환자고, 당뇨환자고, 시각장애인이고, 그렇잖아요. 그러다 보니까 제가 안 돼서 쓰러졌어요. 그래서 그것을 못했어요. 마무리를. (종합복지관) 거기에서 나와 달라, 치료하고 나와 달라……, 그때는 내 몸이 말을 안 듣는 거예요. 할 수 없이 끝내 못하고 나왔어요.

연구자 몸이 불편한데 특기 적성교사 일을 하니까 힘들죠. 정말 고생 많이 하셨네요.

천연화 예. 그땐 너무 힘들었어요. …… 그다음에 사무실을 전적으로 운영하기 시작했어요. 2006년도에 상담을 ○○○와 ○○○에서 봉사하며, 한 주일에 한 번씩 했거든요. ○○○ 사회책임을 한 주일에 한 번씩하고, 이렇게 하다 보니까 가정폭력이 또 제기되는 거예요. 그러다 보니까 가정폭력 상담소를 만들게 됐고. 그다음에 하다 보니까 쉼터가 있어야 되겠더라고요. 그래서 쉼터를 또 만들었어요. 쉼터 만들다 보니까 또 거기에 아이들이 따라 들어와요. 그러다 보니까 대안학교를 만들게 되고, 이렇게 이것이 하나하나 상담을 하며 제기되는 내용에 따라서 하나하나 해결해 간 게, 그렇게 가게 됐고. 그렇게 하고 제가 하는 과정에서 보니까 봉사를 좀 해야 되겠다! 한국 사람들을 위해서 봉사해야 되겠다. 내가 교육자로서 할 수 있는 일이 무엇인가? 고민하다 보니까, 성인문해더라고요. 그래서 저 ○○자치센터에 가서 한글강사를 했어요.

연구자 다양하게 일을 하셨네요. 쉼터와 대안학교를 운영하고, 성인문해교실에서 한글강사도 하시고.

천연화 예. 그렇게 하다가 ○○구청에서도 모집하더라고요. 그래 거기에 서류 넣고 거기에서 강사를 시작하며 시스템을 제가 다 바꾸기 시작을 했어요. 왜냐하면 일반 고등학교 졸업생이 와서 하다 보니까, 이것이 시스템을 하나도 못 만들고 교재도 제대로 안 되어 있고, 그래서 그것을 다 만들며, 그런데 2007년도부터 학력 인정이 된다는 얘기를 내가 들었기 때문에 초등학교 과정부터 시작이 됐어요. 학력 인정 방법으로 가야 되겠다. 그렇게 하고 교재도 다 바꿨고, 시간표도 다 바꿨어요. 그렇게 해서 거기에서 2010년까지 했어요. 2010년까지 하고, 2011년인가? 거기가 학력 인정기관으로 등재되는 바람에. 우리도 ○○구에서 첫 번째로 우리가 학력인정기관이거든요. 그러다 보니까 이제

○○구청에도 하게 됨으로써, …… 그래서 할 수 없이 거기에서 나와서 그때부터 전문 내일의 업무를 하게 됐어요. 이렇게 하는 과정에서 숱한 탈북자들의 상담도 많이 했고, 힘이 모자라서 지금도 못하는 상태에요. 인건비만 해결되면 그들을 영입해서 상담을 해줬으면 좋겠는데, 인건비가 제한되고 행정업무는 많고, 둘이서 10명이 해야 할 일을 둘이서 하고 있어요. 그러다 보니까 과부하가 걸리는 거예요…….

2) 남한사회 적응을 위한 몸부림

연구자 여기까지 오신 게 대단하신 것 같아요.

천연화 여기(남한) 와서 정착하기 위해서 제가 계획을 세웠어요. 5년까지는 무조건 적응하겠다고…… 그다음에 10년이면 내가 정착을 하겠다! 이렇게 됐어요. 그래 금년에 만 10년이거든요. 그러니까 5년이면 내가 적응하겠다, 그런데 내가 무엇을 가지고 적응하겠냐? 이걸 목표로 삼은 거예요. 그래서 우선 첫 번째, 대학 다니는 거. 두 번째는 시설을 만들어서 탈북자를 도와주는 문제. 그다음에 세 번째는 배우러 다녀야 된다. 그래서 자격증 따러 다니는 문제. 그다음에 탈북자들을 교육하는 자유 시민 대학이라고 있어요. 거기 가서 또 다녔고, 선교학까지 하다 보니까 선교학에서는 끝내 쓰러졌어요. 5가지를 하려니까 육체가 안 따라 주더라고……. 그래서 5년 안에 내 이렇게 하겠다 하고 달려

왔어요. 달려왔는데 만 4년 만에 제가 대학교수가 됐어요. 5년도 되기 전에 제가 정착을 하게 된 거예요. 그렇게 하고 이제처럼 10년 만에 박사까지 되고 나니까 이젠 모든 것이 다 되다시피 됐잖아요.

연구자 이제 정착이 된 거지요.

천연화 내 하나는 정착이 됐지만, 내가 지금 하고 있는 일은 정착해 가는 중이에요. …… 그러니까 개인이 내가 대학을 졸업하고 온 사람이 여기까지 적응하는데 10년이 걸리더라. 그러면 중학교를 졸업하고 온 아이들은 돈만 생각하는 아이166)들은 한 5년이면 2억은 만들어요. 돈을 악착같이 쓰지 않고, 그렇게 하면 그 사람들도 적응하는 거잖아요.

연구자 예. 적응하는 거지요.

천연화 그런데 돈이 전부가 아니라는 거. 돈이라는 건 있다가도 없고. 없다가도 있는 게 돈이에요. 그래 내 탈북자들 보고 하는 소리가 뭔가? 너네 전문직을 쥐어야 된다. 너희 그 있지! 그냥 돈을 따라다니지 마라. 돈하고 전문직 쥔 사람하고는 대상이 안 된다. 왜 그런가? 망해도 전문직은 또 그 직업을 해서 돈을 벌면 된다. 그러나 너네 돈을 쥐고 있다가 돈이 망하면 나이도 있고 하니까 제대로 된 직업을 가질 수도 없다. 어떻게 하겠냐? 그래서 공부를 해라! 그런데 오늘만을 생각하지 말고 먼 훗날을 생각해라. 통일 대비해라. 높은 것들 앞에 가서 뭐라고 대답하겠니? "내가

---

166) 다른 북한이탈주민들을 지칭하는 말.

돈을 열심히 벌다 요만큼 쥐고 왔습니다" 하고 …… 다 나눠주고 나면 네 손에 남는 게 "얼마 있냐?" 그렇게 살겠냐. 아니면 네가 여기 와서 공부를 해서, 지식을 습득해서 현장에서 일하다가 "한국 사람들이 돈을 주고 함께 갑시다" 해서 "북한의 가족들을 보살펴줄 수 있는 일을 하는 네가!" 어느 게 더 좋은 거냐? 잘 생각해. 제가 그 말을 해주고 있어요. 그렇게 하고 나이 먹은 사람들 보고도 공부해라. 내 이제 공부해 뭐하냐! 이러거든요. 그래 너네는 자라나는 아이들의 밑거름이 되어 주자. 살아온 연륜이 있지 않느냐! 그래서 공부해 가지고 그들의 밑거름이 돼라.

3) 북한이 두려워하는 북한이탈주민의 남한사회 성공적 정착

천연화 그러니까 여기(남한) 와서 제가 봉사로 시작을 해 가지고 2010년부터 직업이 됐어요. 직업이 되고 보니까 내가 놓인 환경이 너무 힘들어. 지금은 몸이 피곤함에도 불구하고 잘 견디어 내고 있잖아요. 그러니까 좀 힘든 거지요. 그러니까 탈북자들은 똑똑하지 못하다. "왜 머저리처럼 돈만 알고 그러냐!" 이 말을 많이 하거든요. 제가 현재까지 어떻게 왔겠어요? 저는 배고파온 사람도 아니고, 또 돈이 없어서 온 사람도 아닙니다. 그(북한) 사회에서 행복하게 살다가 어느 한순간에 역적이 된 거예요. 그렇잖아요? (아버지가 북한의) 보위부(남한의 국가정보원)에 체포돼 가서 그(북한) 사회에 대한 반발심이 지배돼 있다 보니까, 돈을 떠나서 탈북자들을 적응시키기 위해서 노력하는 겁니다. 그런데 북한에서 제일 무서워하는 게 무엇이겠어요? 탈북자가 이 땅(남한)에 적응해서 잘 살면 북한에 있는 가족에게 돈이 들어가니까 북한이 위험에 처하는 거예요! 무슨 말인지 이해돼요?

연구자 그렇지요. 북한이탈주민들이 남한에서 잘 적응해서 행복하게 살고 있으면 북한 동포들이 동요하겠지요.

천연화 그렇기 때문에 북한이 우리(탈북자)가 적응하는 것을 기를 쓰고 반대하는 거예요. 지금은 탈북자들이 (다시 북에)오면 다 받아주겠다고 북한에는 그러고 떠들고 있잖아요! 그런데 받아주는 게 문제가 아니고 이중감시를 받지요. 남한에서 감시받아서 이들이 머리 아프다는데 또 들어가면 또 감시받잖아요. 그런데 여기(남한)서는 내가 과오를 범하지 않으면 감시하는 데까지 그치지만, 그쪽(북한)에서는 감시하다가 잘못하면 갖다 없애치우는데 어떻게 하겠어! 누군가 그것(밴드167)에)도 퍼 나르더라고, 그래서 "한 번은 속

---

167) 연구자가 천연화의 밴드에 가입하여 내용을 공유하면서 그 밴드에서 퍼 나른 글을 그대로 인용하면 다음과 같다. "북한 민화협, 북한이탈주민들 고향으로 돌아오라"(서울=연합뉴스) 이상현 기자=북한은 28일 한국에 정착한 북한이탈주민들에게 하루빨리 고향으로 돌아오라고 호소했다. 민족화해협의회(민화협) 대변인은 이날 대남사이트 '우리민족끼리' 기자와 문답에서 "남한에 유인 납치된 북한이탈주민들이 지옥의 땅에서 가혹한 천대와 멸시를 당하지 말고 공화국의 품으로 돌아와야 한다"고 촉구했다. 대변인은 "북에서 생활상 어려움이 있다고 일시나마 남조선에 대한 환상을 갖고 유혹과 협박에 이끌려 그릇된 길에 들어선 것은 불미스러운 일"이라며 그러나 '고난의 행군' 이후 "조국은 천지개벽했다"고 주장했다. 대변인은 이어 "공화국은 과거를 불문하고 조국의 품으로 돌아오는 사람들에게 문을 활짝 열어놓고 있다"며 "잘못을 뉘우치고 고향으로 돌아오겠다면 언제나 받아들이고 있다"고 강조했다. 2000년대 후반 들어 한국에 정착한 일부 북한이탈주민들이 생활고를 못 이겨 재입북하고 있는 일이 일어나고 있는데, 현재 공개된 재입북 북한이탈주민은 10여 명 수준이다. 민족화해협의회 대변인 대답·민족화해협의회 대변인은 최근 괴뢰패당에 의해 유인 랍치되어 남조선에 끌려간 '북한이탈주민'들의 비참한 처지와 관련하여 28일 인터네트 '우리 민족끼리' 기자가 제기한 질문에 다음과 같이 대답하였다. "외신들과 남조선 언론들의 보도에 의하면 괴뢰패당에 의해 유인

아도 두 번은 속지 않는다, 꿈을 깨는 것이 좋을 것이다."
나는 그렇게만 글 달았어! 그러니까 그것 나르는 자체도
잘못된 거예요.

4) ○○교과서와 교원잡지 등에 등재

천연화 제가 ○학년 ○○교과서에 제 사진이 나왔어요.

연구자 와! 대단하시네요.

천연화 예. ○학년 ○○교과서에 제가 다문화와 탈북자에 대한 게
　　　　나오는데, 제가 ○○에서 상담하는 사진이 나와 있어요. 우

랍치되어 남조선에 끌려간 '북한이탈주민'들이 인간 이하의 비참한 처지에 있다고 한다. 그들
은 남조선에서 극심한 생활고와 사회적 멸시, 차별과 랭대를 겪고 있으며 그로 인한 절망감
에 견디다 못해 자살하거나 범죄의 길로 굴러 떨어지고 있다고 한다. '북한이탈주민' 자살률
은 남조선주민 자살자의 3배에 달한다고 한다. 북한이탈주민들은 남조선에서 '이방인', '3부
류국민' 취급을 받고 있으며 지어 '간첩'으로까지 몰리며 극도의 고독감과 허탈감, 정신 육체
적 고통에 시달리고 있다고 한다. 괴뢰패당은 유인 랍치해간 우리 주민들을 반공화국모략광
란에 강제로 내몰며 불순한 정치목적에 악용하는 비렬한 행위도 서슴지 않고 있다. 지금 많
은 '북한이탈주민'들은 괴뢰패당의 비인간적 처사와 너절한 동족대결망동에 격분을 금치 못
하면서 괴뢰끄나불들에게 속리며 남조선에 끌려간 것을 후회하고 있으며 남조선에 대한 환
멸로부터 일부는 괴뢰패당에 침을 뱉고 다시 '탈남'하여 3국으로 빠져나가고 있다고 한다. 특
히 대다수의 '북한이탈주민'들은 괴뢰패당의 꾀임에 열리워 한때 잘못된 길에 들어선 데 대해
한탄하면서 죄책감에 모대기고 있다고 하며 북한에서의 화목하고 행복했던 생활과 인민적
시책, 고향과 부모처자들을 그리면서 공화국으로 돌아갔으면 하는 의향을 간절히 표시하고
있다고 한다. 북과 남 두 제도를 다 체험해 본 그들이 이제 와서 어느 제도가 인민적이고 살
기 좋으며 남조선이야말로 권세 있는 사람들에게는 천당이지만 일반 평 백성들에게는 죽음
이고 지옥이라는 사실을 사무치게 깨닫게 된 것은 다행이다. 그들이 북에서 생활상 어려움이
좀 있다고 하여 고마운 제도에서 살 생각을 하지 못하고 일시나마 남조선에 대한 환상을 가
지고 괴뢰패당의 유혹과 협박에 끌려 그릇된 길에 들어선 것은 물론 불미스러운 일이 아닐
수 없다. 고난의 언덕을 딛고 올라선 조국은 그 사이 천지개벽하였으며 인민들의 생활은 새
로운 희망과 량만으로 약동하고 있다. 공화국에서는 인민사랑의 정치가 활짝 꽃펴나고 있으
며 과거를 불문하고 조국의 품으로 돌아오려는 사람들을 위해 문을 활짝 열어놓고 있다. 병
든 자식, 상처 입은 자식일수록 더 마음 쓰는 것이 바로 어머니 조국이다. 어머니 조국은 비
록 죄를 지은 자식이라고 자기의 잘못을 뉘우치고 고향으로 돌아오겠다면 언제나 받아들이
고 있다. 이에 많은 사람들이 돌아와 은혜로운 품에 안겨 행복한 삶을 누리고 있다. 남조선에
끌려간 사람들은 지옥의 땅에서 인간 이하의 가혹한 천대와 멸시를 당하지 말고 공화국의 품
으로 하루빨리 돌아와야 한다. 괴뢰보수패당은 우리 주민들에 대한 유인랍치행위를 당장 중
지하고 반인륜적, 반인권적 범죄에 대해 사죄하여야 하며 이미 끌려간 우리 주민들을 지체
없이 돌려보내야 할 것이다.

리 딸이 뭐라고 하는지 알아요?

연구자 뭐라고 했는데요?

천연화 우리 딸이 하는 말이 "어머니! 나는 저기 빨리 없어졌으면 좋겠다. 우리 딸이 학교 가서 할머니를 알아보면 어떻게 하냐?"

연구자 아니, 그건 아니지요. 그런 부분은 자랑스러워해야지요.

천연화 우리 딸은 그걸 걱정하고 있어. 난 이름 석 자를 남겨서 기뻐 죽겠는데.

연구자 그럼요. 그거는 역사에 남는 거 아니에요.

천연화 그렇지요.

연구자 그거 굉장히 중요한 거예요. 사람은 아무리 많이 살아야 100살 더 어떻게 살겠어요. 100살 지나고 나면 다 흔적도 없지만, 그러나 자료에 남아 있는 부분은 인간사에 영원히 남는 거지요. 더구나 교과서에 실릴 정도면 대단한 거지요. 어떻게 보면 진짜 대단한 일을 하신 거지요.

천연화 야, 그러니! 미친 것처럼 일을 했으니까, 또……

연구자 그러니까 얼마나 꼿꼿하게 오셨습니까.

천연화 이게 지금 ○학년 ○○교과서. 여기에 제가 나오지요. (핸드폰 사진을 보여주며)

연구자 와우! 멋지네요.

천연화 현대 인물사에 나온 건 보셨어요?

연구자 예. 먼저 보여주셔 가지고.

천연화 탈북자들이 책 보내 왔어요. 언니 나왔다고.

연구자 진짜! 대단한 일하셨어요. 그건 자랑스러운 거예요. 두고두고 후손들한테 자랑스러운 거예요.

천연화 그다음에 교원들 잡지에 제가 나왔어요.

연구자 교원들?

천연화 ○○○상 받고 인터뷰한 내용이 교원잡지에도 나왔어요. 그리고 또 ○○○○에서 발간한 책 내용 중 현대 인물 사에 거기에 역대 대통령부터 국회의원들 그리고 나라를 위해 기여한 분들 이름이 나오는데 저도 같이 등재가 되었어요.

연구자 ○○잡지에서.

천연화 너무 따라와 취재하자고 해서 할 수 없이 취재했어요. 그런데 공무원들은 자기네한테 부탁해서 하면 좋아해요. 뭐 만드는 거! 그래야 마지막까지 도와주고 그래요. 그렇지 않으면 아무리 잘 된 것도 퇴짜 놓아요.

연구자 인물 대사전에는 어떻게 올라갔어요?

천연화 몰라요. 그런데 내가 ○○상을 받았어요. 그거 받았는데 기자들이 인터뷰 하자고 해서 반대했는데 ○○기자가 와서 막 붙들더라고요. 그래 할 수 없이 몇 마디 한 거거든요. 거기에 내가 소개가 된 거예요.

연구자 그게 어떤 책인가요?

천연화 ○○에서 발간한 책이에요.

5) 컴퓨터 배우기와 대학교 공부에 전념

연구자 컴퓨터 학원은 서울에 있는 건가요?

천연화 예. ○○에 가서 배웠어요. ○○에 가서 4개월 배우다가 마지막에 쓰러져서 채우지 못했어요. 그런데 제가 보니까 길바닥에다 2시간 반을 버리게 된 거예요. 5시간이면 돈 얼마나 많이 벌어요. 그런데 저는 길에다 버리는 시간이 더 많았어요. 지하철 안에 쓰러져 노인 좌석에 누워 갔는데도 너무 힘드니까 부끄러운 걸 모르겠더라고…….

연구자 그렇지요. 몸이 피곤한데 부끄러운 게 어디 있어요.

천연화 내가 쓰러져서 며칠 못 나갔는데, 송별회를 한다고 나오라고 해서 갔거든요. 갔는데 내 얼굴에 땀을 짤짤 흘리며 들어섰어요. 그랬더니 "야, 괜한 거 오라 했구나! 너무 힘들었겠다." …… 어쨌든 4개월 과정을 채우지 못했어요. 그러나 죽으나 사나 컴퓨터는 배워야 되는 거잖아요.

연구자 그렇지요. 컴퓨터를 모르면 살아가는 데 어려움이 많다고 봐야죠.

천연화 예. 그래서 집에서 열심히 타자를 쳤어. 대학 강의 안을 모두 타자로 쳤어요. …… 타자 치느라 온 밤 새우는 때도 있어요.

연구자 맞아요, 숙달 안 되면.

천연화 집에서 공부했는데 정말 고생했어요. 그렇게 했더니 학생들 속에서 두각을 내기 시작했어요. 학교에서 "저 여자 공부 잘한다!"라는 평가가 났어. 그다음에 학생들이 나한테 집중됐거든요. 그게 대학원 석사과정 올 때까지 나한테 보탬이 된 거지. 어쨌건 7명이 함께 대학원 석사과정을 같이 들어왔거든요. 동기들이. 그러니까 나에 대한 평가는 그 안에서 나오지 않아요. 그렇게 해서 대학원장님한테 "컴퓨터 잘한다! 이 여자 머리 좋다! 정말 똑똑하다! 북한에서 교사했단다." 이렇게 되니까 원장님이 신기하니까 날 호출한 거예요. 그래서 공부하기 시작했는데 어쨌든……, 석사과정까지는 제가 정말 최선을 다해서 공부했어요.

연구자 오로지 공부에만 전념했네요.

천연화 예. 그러면서 쉼터도 함께 운영했어요.

연구자 쉼터까지 운영하면서?

천연화 예. 쉼터도 운영하고, 상담소도 운영하며 이렇게 했거든요. 제가 공부를 이렇게 하고 마지막에 논문을 썼는데 교수님들이 논문을 잘 썼다고 평가를 해주었어요.

연구자 대단하십니다. 상담소 운영하면서 열정을 가지고 대학원 공부도 하고.

천연화 그렇게 됐는데 그걸 졸업하고 그다음에 공부를 해야 되는데 박사과정은 돈이 없는 거예요. 그런데 누가 목회신학 공부하면 돈 대주겠다는 거야. 그래서 목회신학과정으로 진학해서 공부하다가 1년 반이 되니까 나를 불쑥 눕히더라고(힘들어서 쓰러짐). 4학기 차에 일주일 공부했는데 나를 눕게 갔어(쓰러져 못 일어남). 아예 머리도 못 들어요. 이렇게 구부려서 못 일어날 정도로……

연구자 너무 힘들어서 쓰러졌군요?

천연화 예. 그런데 목회신학은 정말 힘들더라고 내가 공부해보니까. 사회복지보다는 목회신학은 정말 힘든 거예요. 그래 내 목회는 신학공부는 하나님 부름받아야 되는구나 하는 거를 느꼈어요.

연구자 그게 그렇게 힘들어요?

천연화 부름을 받지 않고는 이게 안 된다. 제대로 공부하자면 부름받아야 돼요. 그래서 '아, 이게 하나님 부름 아니 받고 내 절로 내가 택한 길이다 보니까 이랬구나' 이런 생각이 드는 거예요. 그렇게 해서 그다음에 있지. 어학 5주 못 나갔어요. 그렇게 하고 학교에 전화하니까, 탈락이라는 거지요. 모르겠다! 자퇴하자! 그럼 쉬자! 하나님이 나를 쉬라는 거다. 여기까지구나! 필수까지 딱 했는데. …… 나를 그렇게 하고 재차 돌아서서 또 박사공부를 시작한 거예요. 그런데 박사는 또 눕히지(쓰러지지) 않는 거지요. 그렇게 힘들게 내가 공부를 했어요. 그만큼 책 볼 시간이 없었다는 소리지. 그렇게 해서 공부를 했는데…….

6) 교회의 도움을 받다

천연화 저 같은 경우에는 하나님 은혜를 받았잖아요. 저는 그래요. 내가 어느 탈북자보다 너무 쉽게 온 거예요. 중국에 딱 70일밖에 안 있었잖아요. 그러니까, 이 광경을 놓고만 봐도 하나님이 내가 아픈 사람이라는 거 알았다는 거지요. 그렇기 때문에 나를 쉽게 여기까지 데려왔을 때는 나를 선택한 사람이다. 그러면 첫 번에는 저는 한 5년 동안은 하나님을 몰랐어요. 그런데 제가 어디서 조금씩 느꼈냐! 제가 ○○○병원에 와서 1년 만에 입원했어요. 입원했는데 그 교회에 가니까 쓰러졌어요.

연구자 교회에서?

천연화 예. 쓰러졌는데 MRI 검사하는데 돈 내야 하잖아요? 그런데 교회에서 병원 원목실(원무과)에다 돈을 낸 거예요. …… 교회는 계속 찾아가요. 내가 믿음이 있든 없든 계속 가거든요. 그러니까 그게 신기했기 때문에 처음에는 간 거예요. 그러니까 하나님이 날 붙들었단 소리잖아요. 그러니까 다른 데 못 가는 거였어요. 불교도 못 가고, 천주교도 못 가고, 오직 거기만 갔다가 퇴원할 때 보니까, 같은 병실에 (다른 입원환자가)네 사람이 있었는데, 내가 퇴원하려니까 탈북자라고 한 사람당 돈을 만 원씩 모아서 4만 원을 나한테 보태주는 거예요. 그래서 내가 4주 동안에 저기 뭐야? 헌금을 4천원 했는데 나한테 4만 원을 준거야. 그게 제일 처음으로 내가 은혜받은 거예요.

연구자 교회에서 많은 도움을 받았네요.

천연화 예. 그렇죠. …… 그렇게 하고 ○○○병원 가서 그랬는데 57만 원이라는 돈을 교회가 댄 거예요. 원목실에서. 그때부터 벗어 못 나는 거야, 하나님한테서. 그렇게 하고 어쨌든 가긴 가요 계속 교회를. 가는데 돈을 헌금하는 게 너무 무서워서 부들부들 떠는 거여. 그러다 보니까 그렇게 4년을 내가 생활했어요. 생활하는데 어느 순간엔가 하나님이 11조도 내야 되지 않냐 하는 응답이 온 거예요. '나는 11조를 낼 수 있는 돈이 없는데' 속으로. 그런데 그다음은 5년 동안 11조를 안 냈어. 그저 헌금만 했어. 그런데 안 내니까 불안한 거예요! 1년 동안. 그다음부터 차곡차곡 11조를

냈어요. 그렇게 하고 내가 하나님한테 기도했어요. 하나님! 내가 돈에 너무 집착한 거 같다고. 하나님 용서해 달라고 그랬더니, 하나님 그래서 그런지 그다음부터는 11조를 꼭 꼭 냈거든요.

연구자 마음 편한 게 제일 좋은 거예요.

천연화 그러니까 갈 돈은 가야 되거든요. 하나님한테 내가 주겠다고 약속한 돈(11조 헌금)은 하나님한테 내가 드려야 된다는 이 개념이 머릿속에 확고하게 있어요. 그러니까 그런 의미에서 제가 항상 기도할 때는 난 내 건강 가지고는 하나님한테 기도 안 해요. (하나님이)나를 죽음의 고비에서 여기까지 끌고 왔을 때는 목적이 있었을 것이다. 그 목적이 지금 내가 하는 일이에요. 그때 신학 공부를 하다 나를 중단시킨 이유도 있을 거예요. 그렇기 때문에 신학 공부는 내가 앞으로 기도해보며 하나님 부를 때 하겠다고 했어요…….

연구자 그렇지요.

천연화 그러니까 내가 (가르치고 있는)학생들 보고 늘상 하는 얘기가 그거예요. 선생님이 여기 '성인문해교실'에다 투자해서 운영하는 이유는 우리 어머니들이 인생이 불쌍해서다. 왜 45년도 전쟁 피해자, 50년 전쟁 피해자, 그 이후에 생활 곤란으로 공부를 못한 어머니들의 인생이 불쌍하지 않느냐! 그래서 우리 탈북자들의 아픈 상처나, 어머니들이 아픈 상처나 내용은 서로 다르지만 상처는 같다. 이런 면에서 내가 어머니들의 마음을 치유해주기 위해서 이 교육을 한다는 겁니다. 그러니까 어머니들이 미안함을 가지지 말고 나한테 미안한 생각이 있다면 공부를 잘해 달라. 나는 바라는 게 이것밖에 없다. (그러면 학생들이) "선생님, 그렇게 하면 어떻게 살아요?"라는 질문에, …… "그렇게 사는 거예요" 답하곤 했어요.

연구자 얼마나 보람돼요. 먼저 밴드에 보니까 졸업했다는 분들 사진이 올라와 있어 너무 흐뭇하던데요.

천연화 한 명이 지금은 12기 졸업생이 고등학교에 갔어요. 그다음 중등 2학년이에요. 이제 내년에 고등 가요.

연구자 정말 그것처럼 보람된 게 어디 있어요.

천연화 그러니까 대한민국에 와서 대안학교를 발기해서 내놓은 것도 내가 첫 사람이고, ○○대안학교를 내가 만들어줬잖아요. 그게 새끼 쳐서 ○○학교, ○○학교, ○○학교가 나왔어요.

연구자 훌륭한 일을 많이 하셨네요.

천연화 그러니까 저는 그거예요. 지금 저처럼 큰 학교, 큰 도시, 이름 있는 학교에서 교사하다 온 사람이 없어요. 그렇게 하고 공산대학까지 이렇게 2개를 졸업하고 온 사람이 없어요. 그러니까 보는 견해가 다르고 활동범위가 다르고 내용이 다르지 않아요. 그런 차이가 있는 거예요. 그래서 솔직히 말해 저는 하나님께 제일 먼저 감사한 거고, 두 번째는 우리 아버지가 어떻게 해서라도 나를 공부시키겠다고 노력해온 아버지께 감사하다고……, 이제 감사한 걸 아는데 돌아다보니까 아버지는 이미 저세상 가고 없어, 그게 좀 안타까워요…….

연구자 가끔 생각나시지요?

천연화 그렇지요. 내가 어데 가겠다고 그랬을 때 아버지가 말렸잖아요. 난 자신 없다고 이렇게 했는데 지금 생각하면 우리 아버지가 앞길을 아는 것 같아요.

연구자 미리 이걸 예견하고서.

천연화 예. 왜 그런가 여기에 와 보니까, 내가 북한에서 교사를 했으니까, 지금 현재 이 땅에 와서 교육 분야를 이끌고 가는 거잖아요. 내 의사를 해서 뭐 하겠어요. 의사 검정시험 통과[168] 못 하면 50세에 와서 아무것도 못 하잖아요. 그런 거 놓고 볼 때 내가 아버지가 참 고맙다고 생각했어요. 내가 여기(남한) 와서 교사를 해 보니까 꼬박 3시간을 수업을 해도 힘들지 않아요. 그런 거 봐서는 우리 아버지가 나를 정확히 봤구나, 이걸 지금 아는 거예요.

7) 학비지원[169]을 해준 ○○기관과 고마운 분들

천연화 처음에 내가 대학에 입학할 때 돈 내라고 했다고 했잖아

---

168) 북한에서 의사 경력이 있다 하더라도 남한에서는 반드시 의사 면허시험에 합격을 해야 의사 면허를 취득할 수 있음. 이와 관련된 언론 보도 자료를 살펴보면, "……평양의대 임상 의학부를 졸업한 뒤 북한에서 30년간 의료 활동을 한 탈북의사 최희란 서울의대통일의학센터 연구원은 '나는 밤을 새우며 영어 단어를 외워 남한에서 간신히 면허를 따긴 했지만, 전문의는 포기했다'며 '나이가 들어서 나온 의사들은 한국에서 면허를 따기가 거의 불가능한 구조'라고 했다……"「조선일보」(2015), 그들의 꿈도 보듬자, 3.9.3.

169) ○○시에 거주하고 있는 2014년 한국에 입국한 북한이탈주민 E씨(30대 후반 여성) 경우를 살펴보면, 30대 후반의 나이에도 한국에서 안정된 취업을 위해 서울에 있는 ○○대학교 평생교육원에서 주말에 오전 일찍부터 오후 늦게까지 학교강의를 듣는다고 하였다. ○○시에 서울 ○○대학교까지 교통비와 식비, 교재 구입비를 정부지원 없이 본인이 지출한다고 하였다. 이로 인하여 한 달에 지원받고 있는 기초생활수급비(일정한 수입이 없이 취업을 위한 학업을 할 경우 졸업할 때까지 기초생활수급비가 연장된다고 함) 약 50만 원에서 학교 다니면서 교통비, 식비, 교재구입비를 지출하고 나면 생활비가 부족하여 많은 고생을 하고 있다고 문제를 제기하였다. 학교를 졸업할 때까지 만이라도 E씨와 같은 학업을 하는 북한이탈주민들에게는 학비지원 이외에 교통비, 식비, 교재구입비를 지원하여 큰 어려움이 없이 공부를 할 수 있는 지원이 필요하다는 애로사항을 듣기도 하였다.

요. 그래서 나는 탈북자라 돈이 없다고 해서 그 목사님이 돈을 댔어요. 그런데 거기 목사님도 개척 교회라서 돈이 없는데……, 내가 거기다가 탈북자를 하나 데리고 들어갔어. 그러니까 그 둘의 학비를 대느라 목사님은 오죽했겠어요?

연구자 훌륭한 목사님이셨네요. 목사님한테 북한이탈주민 한분을 소개해주었군요. 목사님께서 두 분 학비를 지원해주고.

천연화 나는 어딘가 모르게 송구스럽더라고요. 미안하잖아요. 큰 교회면 모르겠는데. 개척교회 목사님이 나한테 학비를 대주니까 어떻게 했으면 좋겠는지 나도 영 그렇더라고요. 항상 미안한 마음으로 공부하러 다녔거든요. 이렇게 됐는데, 통일부에 전화를 하니까 50% 혜택이다, 학교가 50%를 대준다, 이렇게 해서 통일부에, 교육청에 전화해서 알아내 가지고 학교에 전화했어요. 그랬더니 학교에서 통장 계좌 번호를 보내라고 하더라고요. 그래서 통장계좌번호를 전화로 알려줬어요. …… ○○대학원에서 탈북자들을 50% 혜택으로 공부할 수 있게 지원을 해준다고 하여 지원받고 공부하게 되었으며…….

연구자 아, 학교 등록금을 통일부에서 50%, 대학교에서 50%의 지원 혜택을 받고 공부하셨군요. 학비를 다른 데서는 지원 안 해주던가요?

천연화 예. 일부지원 받았어요. 또 북한이탈주민지원재단에서도 등록금을 일부를 지원해줬어요. 그리고 사랑나눔재단에서 1년 동안 100% 지원받아 박사까지 마칠 수 있었어요. 이 뿐만 아니라 ○○○교회 ○○○목사님께서도 일부의 등록금을 지원해주서서 박사논문을 쓸 수 있게 지원하여 주었어요. 그때까지만 해도 문자도 할 줄 모를 때니까 알려줬어요. 그렇게 하고 있었는데, 통장으로 돈이 들어온 거여. 그러면서 통장으로 돈을 넣었다는 거예요. 그래서 가서 찍어보니까 돈이 들어왔더라고요. 그래서 은행에 가서 있지 돈을 찾을 줄 모르니까, 내가 하나원 생활 안 했다고 했잖아요. 그러니까 카드 쓰는 법을 모르는 거예요. 그러니까 그것을 쥐고 은행 창구에 가서 돈 뽑아 달라고 했어요. 등록금이 들어간 게 거의 60만 원 들어왔어요. 그래서 그 60만 원의 돈을 몽땅 뽑았어! 뽑고, "목사님, 지금 어디 계세요?" 하니까 자기 교회에 있다는 거야. "목사님, 내가 지금 목사님 만나러 가는데요." 거기다가 대고 "목사님, 등록금이 들어왔으니까 내가 드리러 가겠습니다." 이렇게 말하고 그 돈을 쥐고 어디에 가서 쓰리 맞을까봐 무서워서 품에다가 넣고 갔어요.

연구자 돌려받은 등록금을 지원해준 목사님에게 드리는 마음이 대단하시네요.

천연화 …… 그렇게 해서 목사님한테 가서 그 돈을 내놓으니까 이게 무슨 돈이냐? 하는 거야. "목사님, 이게 목사님이 등록금 내준 돈인데 우리가 공짜랍니다." 그랬거든요. 그때까지만 해도 내가 진짜 천진난만했어요. 그리고 그 돈을 훅 내놓으니까 목사님이 "그래!" 이러더라고요. 그러면서 "(같이 공부하면서 지원받고 있는 탈북자) ○○○는 안 가져 왔어요?" 하니까 "○○○는 말이 없어!" 이렇게 됐어요. 그렇게 됐는데 그 목사님이 "안 가져와도 내가 모르는 일인데" 그러더라고요. 목사님, 그건 아닙니다. 목사님이 개척교회에 돈이 없는데 그걸 나를 해줬을 때 내가 얼마나 고마워했는지 몰라요. 그러니까 목사님이 나랑 같이 가자는 거야. 계좌이체를 하면 되는데, 계좌이체를 어떻게 하냐고 물어보니까 가자는 거야. 그래서 잊히지도 않아요. 수협에 가서 내 그 통장번호 있잖아요? 내가 통장 가져갔거든요. 은행에서 뽑고 그 길로 갔으니까. 그래서 그 통장에다가 이체를 하더라고, 그 카드 넣고 이체를 하고 그다음에 이것을 자기한테 이체를 해 달라는 거야! 그래서 거기에서 이체하는 법을 배웠어요. 그러면서 이렇게 했으면 여기까지 오지 않아도 된다. 그리고 나를 지하철까지 실어다 줬거든요. 그래서 지하철 타고 집으로 왔어요.

연구자 통장 계좌이체 하는 방법까지 자상하게 알려주시는 목사님이 정말 훌륭하십니다.

천연화 그래서 제가 그걸 목사님한테 들었는데 목사님이, 우리가 그때 한 ○○명이 같이 공부를 했었어요. ○○명이 학교에 가서 공부를 하는데 그 이야기를 한 거예요. 그때부터 모든 학생들이 갑자기 내게 ○선생! ○○○이라는 이름도 안 불러주던 게 ○선생! 그런데 나는 공부를 잘 하지! 하니까 모두 "야, ○선생"이러면서……, 이렇게 말하는 거여. 그렇게 하고 나가서 학생들 모인데서 "북한에 대한 걸 좀 해라!" 목사님이 그러시더라고요. 북한에 관한 동영상을 좀 만들어 올 수 없냐? 그래서 우리는 왜 탈북을 했는가? 그걸 첫 번으로 내가 만든 거예요. 그걸 ○○○이 만들어 줬거든요. 그 사람한테 가서 그걸 만들었어요. 그게 14분짜리예요. 그래 그걸 가져다가 먼저 돌렸어요. 50장을 만들어 왔어요. 돌리니까…….

연구자 동영상으로 설명하셨군요.

천연화 예. 그걸 돌리고 쫙, 이야기했어. 북한에 대한 환경을. 그렇게 하고 그다음에 목사님이 나서서 "학생들! 오늘 여기에서 이것 한 장씩 다 사가세요!" 그래서 그걸 만 원씩 팔아서 날 돈 준 거예요. 오히려 이득 봤잖아요! 내가 ○○만 원 주고 ○○만 원 벌어온 거예요. "목사님! 이렇게 받아도 되나요?" 하니까 "그건 당당한 거야! 학생들이 자기 돈 내고 샀잖아" 그러더라고. 그때부터 내가 그 목사님을 잊지는 못 해요.

연구자 너무 훌륭한 분이네요.

천연화 예. 그렇게 하고 (교회에 소개해서 같이 공부하고 있는 탈북자) ○○○는 학생들한테서 인심을 잃게 됐어! 그런데 바로 공부하는데 자기가 지금 병원에 입원했다고 하더라고. 탕수육 먹고 입원했다고 문자가 온 것 같아! 나한테는 안 오고. 그러니까 다른 목사님이 그러더라고. 지금 ○○○가 입원을 했는데 면회 좀 갔으면 좋겠다! 그러더라고. 그런데 내가 그 목사님한테 돈을 준 이튿날에 그렇게 됐거든요. 걔가 입원했다는 기별을 받았어요. 그런데 제가 목사님이 그 돈 몽땅 60만 원을 빼서 가방 안에다가 그날 도로 넣는 것을 봤거든요. 그렇게 됐는데 웬 걸 이튿날에 그 가방을 들고 지금의 그 강의실에 나왔거든요. 우리가 이렇게 학습관에 모였는데 돈은 분명히 이만한 게 그대로 있는 것 같은데 목사님이 어쨌든 가자고, 남자들이 여럿인데 겨우 끌고 갔어. 그런데 내 주머니에 돈이 3만 원밖에 없었어. 그래 있지! 갔는데 가서 학생들을 모두 8명 데리고 갔는데, 돈 하나도 내놓는 사람이 없더라고! 그래서 내가 돈을 3만 원을 주면서 들여다보니까 "돈이 하나도 없다! 이것밖에 없으니 어떻게 하겠느냐! 미안하다. 치료 잘 받아라" 이렇게 하고 왔거든요. 다 그대로 나오는 거예요.

연구자 그렇겠죠. 이쁨 받는 것도 자기 하기 나름이니까요.

천연화 목사님이 그 둘이 등록금을 대주는데 한 애는 꿀꺽 삼키고, 하나는 가져왔다고 이런 말을 그 사람들한테 했다는 소리예요 아침에. 그러니까 그 사람들은 걔를 안 본 거지.

연구자 예. 그렇다고 봐야죠.

천연화 그렇죠. 내가 거기에서 느낀 게 '아! 내가 이 사람들한테 내가 베푼 만큼 이 사람들도 나한테 베푸는구나!' 이걸 느꼈어요. 그러면서 그때부터 제가 학생들한테 공부를 가르쳐주기 시작했어요. 대학에서 그 강의안을 다 짜서 올려놓고 그걸 타자로 밤을 새우면서 쳤어요. 교수님이 강의하는 내용을. 저기 뭐야? 저기 봉사를 어디에서 또 했는가, ○○○에서 했지요. 2006년도에는 또 저 거기에서도 했어요. 기독교사회책임, 신용정보차림 거기에서도 제가 봉사를 했어요. 그런데 그때도 제가 봉사를 그렇게 하고, 거기에서 전문 상담위원으로 활동을 했어요.

연구자 그렇죠! 대단한 거죠.

천연화 그러니까 그렇게 ○○○에서도 제가 돈을 안 받고 했어요. 계속 2009년도까지 봉사를 해줬어요. 그렇게 하고 2006년도 하고 2009년도에 내가 ○○○ 사회책임에서 봉사하고 그렇게 지금 현재 보면 내가 그만큼 봉사를 했기 때문에 이만한 은혜도 입는 것 같아요.

연구자 베풀었으니까! 또 다 한 만큼 오는 거죠. 대단하네요.

8) 한국에서 대학교에 입학하여 겪었던 경험

연구자 그런데 북한에서 다닌 대학 학력을 인정받았어요?

천연화 네. 받았어요. 교육부 장관으로부터 대한민국과 똑같은 학제다 하고 받았어요.

연구자 그러면 남한에서 대학입학은 학사과정에 3학년으로 편입하셨나요?

천연화 아니요? 신입생으로 입학했어요. 북한에는 편입이라는 게 없어서 남한에 편입제도가 있다는 사실을 전혀 몰랐거든요. 여기(남한) 와서 나이 먹고 사이버 대학공부를 시작한 게 내가 첫 사람[170]입니다. 그러니까 하나도 모르잖아요? 생활도 안 했고, 그렇게 되었는데 여기 와서 보니까 35세 미만까지 딱 공부한다고 찍어져 있더라고요. 나머지는 공부 못 하는 걸로 만들었으니까. …… 사람들이 "언니 어떻게 공부해요? 등록금 어디서 마련하고?" 이러더라고요. 그

---

170) 연구자 주: 한국에 입국한 북한이탈주민 중에서 35에 이상 된 북한이탈주민이 사이버대학에 입학해서 공부를 시작한 사람으로는 참여자가 처음이었다는 뜻(정부에서 만 35세까지만 지원이 되는 것으로 만 알고 35세 이상인 북한이탈주민들은 대학에 입학할 생각조차 하지 못한 실정이었다고 함).

런데 간혹 사람들이 대학 다니는 40대 사람들이 대여섯 손가락에 있더라고요. 그래서 다시 시작하는 방법이 공부하는 거밖에 없는데 어떻게 할 것인가! 내가 봉사를 하자 해도 무엇을 알고 해야 할 거 아니에요? 이제 사회복지를 전파하게 된 거는 보니까 난 사회복지사가 우리를 맞이하는 거를 몰랐어요. 가서 접수했거든, 제정신이 없지. 접수할 때도 그렇게 하고 2004년 9월에 내가 거기서 상담을 하면서 있는데 신문을 보는데 대학입학 광고가 났더라고! 그래서 장로님한테 "장로님! 이거 사회복지 모집한다는 데 무슨 말이에요?" 그러니까 장로님이 날보고 "공부하고 싶으냐? 학교에 전화해!" 그래서 전화를 해보니까 등록금 가져오라고 하는 거예요. 그래서 "등록금이 뭐에요?" 장로님이 "학비!"라고 하자, 나는 "학비가 뭐예요? 난 돈이 없는데, 난 탈북잔데요."

연구자 그러면 남한에 와서 직업도 몇 번 바뀌었나요.

천연화 예. ○○에서 봉사도 했고, 직업은 복지관과 상담기관, 그리고 쉼터 등에서 일했어요. 직원인데 돈 아니 주고……, 그다음에 학비만 지원해주고. ○○○복지관에 있다가 ○○○복지관에 있었고. 내가 뭘 하려면 뭘 밟아봐야 할 거 아녜요? 그러다 보니까 밟은 거지. 그렇게 해서 그다음에 원래는 2005년도는 지역아동센터 개설했어. 나하고 필리핀에 가 있는 목사님하고 둘이서 만들어서 ○○에서. 2006년도에 올라왔으니까! 그러다 보니까 지역아동센터를 못 하게 된 거지. 그리고 ○○○에 들어가 일을 한 거지.

연구자 ○○○는 누가 소개를 받아서?

천연화 ○○○장로님이 원래 교육비가 30만 원이더라고요. 그런데 장로님이 "대줄테니까 가서 공부하고 온나!" 이렇게 됐거든요. 그런데 상담을 해보고 원장이 "자기네 돈 대겠다." 그렇게 하고 ○○○장로님이 "그럼 우리가 대서 키우겠다." 이렇게 되었거든요. 그래서 장로님이 말을 못하고, 그렇게 하고 그냥 내가 봉사를 하게 되었고 여기서는 교육시켜 주고, 상담원으로 쓴 거지…….

연구자 그럼 교육비는 대주고, ○○○에서.

천연화 그러니 내가 울며 겨자 먹기로 돈도 못 받고, 바보같이.

연구자 그러니까 결국은 월급대신 등록금을 지원한 거나 똑같은 거네요.

천연화 교육비는 30만 원인데, 일 년 동안 상담원 교육받은 게……. 그러니까 ○○○가 나쁘다.

연구자 그러니까 학부 시절에 공부는 어떻게 했나요.

천연화 학부는 돈을 안 냈으니까 문제가 안 됐지요. 교제 사고, 뭐 사고, 다 사고 그랬어야 했는데 그 돈도 만만치 않았어요. 그다음에 프린터 잉크도 사야 되지, 그러다 보니 많이 힘 들었어. 그렇게 대학에 가서 공부하다 쓰러졌어. 그게 온 갖 강의 듣고, 말을 알아듣지 못해서 그 말을 들으랴 이렇 게 하다 보니까 쓰러졌어요! 공부하러 갔다가. 쓰러져서 지금은 ○○○병원에 가서 입원했어. 그러니까 시작해서 한 달이 좀 지났어요. 중간고사 전이예요, 쓰러진 게. 그렇게 쓰러졌는데 전화 한 통 누가 없어. 그 학교 안에서 공부하다 쓰러져서 갔는데, 구급차가 와서 데려갔는데, 냉정하더만 사람들이…….

연구자 그건 아닌데.

천연화 그때 너무 서운했어요.

연구자 그렇죠. 당연히 가서 위로해주고 해야죠.

천연화 열흘 동안 입원했는데, 단 한 사람도 전화가 없어. 그래서 내 학비 대준 목사님한테 전화했어요. 목사님! 나 아직 퇴원 못 했어요. 그런데 목사님이 아직도 퇴원 안 했느냐고 이러는 거여. 그 바람에 열이 뻗쳐서 퇴원해 버렸어. 그다음에 공부도 죽을래 하고 열심히 했어. 내가 그런데 같이 공부했던 ○○목사님에게 공부하는데 조금 도와주었더니 ○○목사님이 ○○○는 공부 잘한다고 소문을 낸 거야! 학교에다. 그렇게 하고 다음에 저기 뭐야? 중간고사 끝나고 등록금이 들어왔잖아요. 거기서부터 이미지가 바뀌기 시작한 거여. 공부 또 하다가 기말고사 칠 때, 또 쓰러졌어. 실려 왔어, ○○병원에. 그랬더니 목사님과 학생들이 차를 몰고 일곱, 여덟 명이 대표로 왔데. …… 와, 학생이 공부 잘해야 되겠구나! 이 생각을 해요. 그때까지는 그걸 모르고 그저 생각했어요. 그렇게 되었는데 이 학교에 들어가면 나를 연구원 시키는 거야. 학생들 학습지도 해주라고 그런 걸 시키더라고요.

연구자 그러면 그때 학교 공부하기 전에 먼저 ○○○에 들어가서 일을 하면서 공부를 계속해 온 거 아닌가요? 그리고 또 옮겼잖아요! ○○○에서 다른 데로 옮기시지 않았어요.

천연화 ○○복지관이라고 했잖아요.

연구자 거기서는 한 역할이.

천연화 청소년 쉼터, 교사로.

연구자 그럼 거기는 또 누가 주선을 해준 거죠?

천연화 아니요, 거기는 공개채용 했어요. 그런데 거기 사람들이 내보고 계속 오라고 그랬어. 그런데 광고가 나서 올리면서 여기 도전하는 거 말하지 말라고 그랬어. 그렇게 하고 면접을 봤는데 내가 그때 자격증 19개 땄을 때여. 면접을 봤는데 젊은 아이들 둘에다가 나 하나 봤어. 그런데 걔네는 졸업장 하나 가지고 왔는데, 나는 자격증을 이렇게 묶어가지고 왔어요. 그렇게 되니까 제가 면접 다 보고 그다음에 부장이 날 보고 그러더라고, "왜, 이렇게 많은 자격증을 땄느냐고?" 물어 보더라고. 그래서 내가 그랬어. "내가 계속 남 밑에서 일할 수 없지 않는가! 또 뭔가 하려고 하면 알아야 될 게 아닌가? 만약에 독서 책을 사러 내려왔는데 엉뚱한 소리를 하면 내가 알 수 있겠느냐고. 내가 알아야 제대로 된 치료기법이고 제대로 된 거구나 판단하자면 내가 배워야겠다." 그래서 내가 이렇게 공부한다 그랬거든요. 그래서 "알았습니다" 하고 면접이 끝나고 나왔어요. 나오는데 젊은 아이들 둘이 이러더라고 "선생님이 될 것 같네요!" 그러더라고.

연구자 와! 정말 대단하시네요. 자격증을 19개나 취득하고, 청소년 쉼터 교사면접에 당연히 유리하겠죠. 그래서 면접결과는 어떻게 됐나요.

천연화 ······ 청소년 쉼터에서 전화가 왔어요. 내일부터 나올 수 있는 가고. 4시부터 9시까지 근무거든요. 지금 거기를 도전한 이유는 내가 그 말했거든. 대학원에서 공부하고 나면 3시 50분에 끝나요. 그리고 택시 바로 타고 오면 된다는 이야기를 했거든. 택시비가 얼마 안 되니까. 그러니까 그 사람들이 어쨌든 전화 와서 하겠다고 했어요. 그런데 경력이 학교 복지관에 취직할 때 거든. 학교 복지관에서 날보고 선생님 복지관에 취직했느냐고 그러더라고. 그러니까 분명히 전화해서 물어봤단 소리지. 그렇게 다녔어요. 그렇게 다니다가 내가 너무 힘들어서 우선 가방이 무거와요. 책을 다 매고 댕겼는데. 아이들을 집에 다 귀가시키고 나면 내가 가방을 매고 차가 온다온다 하면서 차가 오지 않는 거여. 그러니까 내가 직접 아이들 손목 잡고 댕기면서 귀가시켰어. 그러다가 집에 오고 나면 11시여. 육체가 안 되더라고. 그리고 밤에 공부하는데 너무 힘들어. 그래서 쓰러졌어. 쓰러져서 그다음에 할 수 없이 하다가 못하니까, 온갖 부앙, 찜, 다 붙인 상태에서 내가 나갔어. 못하는 이유를 말해야 될 거 아니에요. 그래서 가서 내가 이거 보였어. 내가 이런 상황이다. 너무 힘들다. 가방이 무겁고 아이들 데리고 한차, 이차 오는데, 지금 상황에 일어날 상황이 못 되겠다고. 그 사람들이 한 달 더 치료 받고 나오라고 했으나 안 나갔어요.

연구자 그렇죠. 공부하다 너무 힘드니까.

천연화 육체적으로 내가 안 되겠더라고. 내가 내 몸을 알잖아요.

그런데 귀가를 안 시키고 그냥 아이들 수업 끝내면 그냥 오면 되거든요. 그러면 그렇게까지 힘들지 않았어요. 아! 너무 힘들었어.

3. 남북한 문화의 차이로 인한 남북의 인식 차이

이 글은 연구 참여자가 남북한 문화의 차이로 인한 남북의 인식 차이 등의 이야기로 재구성하였다.

글의 구성은 1) 남북한 상담사의 상담방법 차이, 2) 남북한 아파트 문화의 차이, 3) 남한생활의 고독감, 4) 남북한의 인간미 차이, 5) 천연화의 남북한 차이에 관한 소견, 6) 북한의 오리고기 요리방법과 외식문화 등의 이야기로 정리하였다.

1) 남북한 상담사의 상담방법 차이

연구자 북한에서 전문 직종으로 일한 사람들은 남한에서도 같은 전문 직종으로 일 하게끔 연결해주고, 아니면 자기 재주를 잘 발굴해서 취업하는 데 도움이 되는 상담이 필요할 것 같네요.

천연화 그런데 자기 재주를 자기가 발견 못 하잖아요. 상담사들을 거쳐 배치하는 거예요. 왜 상담에 대해 모르잖아요. 남한에서 배워주는 것은 본인이 알아서 본인이 마지막에 깨우쳐 가게끔 하는 게 대한민국의 상담이에요. 그러니까 이게 안 맞는다는 거지요. 내가 상담을 해보니까, 우리가 이렇게 끌어서 상담을 하고 그 사람 본인이 캐치해서 자기 길을 찾을 때까지 상담해주는 게 30%밖에 없더군요. 나머지 70%는 우리가 발로 뛰어서 해결할 수 있게 해줘야 돼요.

연구자 그러니까 ○○센터, 그러니까 ○○재단에서 상담사가 각 지역 센터에 한두 명씩……, 다 직원들이잖아요. ○○ 소속이 파견시킨 거잖아요. 그 사람들이 상담을 해주잖아요.

천연화 그 사람들도 상담하고 또 거기에 또 재단 상담사들이 또 들어와 있고.

연구자 그 사람들이 도움이 안 되는 거네요.

천연화 예. 상담에 대한 지식과 일부는 탈북자에 대한 내용을 잘 모르기 때문에 제대로 된 상담 못해요.

연구자 내용을 잘 모르니까?

천연화 탈북자들은 발로 뛰어야 합니다. 이것을 모르고 있는 거예요. 그런데 북한의 상담은 발로 뛰어요! 내가 하다 왔으니까. 실례를 들어서 이야기를 하면 지금 내가 사로청 조직을 맡았잖아요. 그런데 사로청 직원이 일하러 안 나왔어. 일하러 안 나왔는지, 어느 누구도 아무도 몰라. 작업반장이 아무개 일하러 안 왔는데 왜 안 왔는지 모르겠다고 대답해요. 그러면 모르겠다고 그래요. 그러면 내가 반 유급171)이니까 그 집을 찾아 갑니다. 찾아가서 보면 어떻게 되냐? 집에 가보니까 엄마도 앓아서 누웠고, 집이 엉망진창이에요. 그다음에 부엌에 가서 좀 들쳐보니까 쌀독에 쌀도 없어요. 이런 상황이거든. 그러면 우리가 어떻게 개선

---

171) 천연화 말에 의하면 반 유급은 사로청원들 인원이 유급인원이 안 되므로 반나절은 일하고 반나절은 사로청 사업을 하는 것이라고 하였다.

을 해야 할까요? 지원이 없으면 이 사람 일하러 못 나와요. 이 사람 일하러 안 나오고 장사하러 나가는 거예요. 그걸 해결하기 위해서 도둑질하러 가든, 사회가 도둑사람 만드는 거지요. 그다음 내가 거기 가서 그걸 요해(조사) 한 걸 당 비서한테 보고를 해요.

연구자 같이 일하던 직원이 안 나오면 직접 집까지 찾아가서 못 나오는 사정을 알아보고 당 비서한테 보고하나 봐요?

천연화 예. …… 당 비서가 그 이야기를 쭉 들어보고 "그래, 여기서 걸리는 게(해결할 수 있을 게) 뭔가? 우선 집수리부터 걸렸다(연구자 주: 해주어야겠다). 집수리는 직장장에게 맡기겠다"고 당 비서가 지시해요. 그러고 경제적 여력이 안 되는 것은 내가 사로청원들한테 호소하여 모금해서 이렇게 해결하거든요. 그렇게 해서 사로청원들과 직장종업원들을 발동시켜서 얼마씩이라도 모아요. 모은 그 돈을 가지고 사로청원들과 직장 종업원들을 데리고 그 집에 찾아가요. 또 직장장은 직장 노동자들을 동원하여 집안 다 도배해주고, 장판해주고 이렇게 해요. 그럼 집이 싹 달라졌겠죠? 그다음 우리가 모은 돈을 어떻게 쓰냐 하면, 애로사항을 해결해주고, 조금 남은 돈은 엄마 손에 쥐어주고, 그렇게 하고 그다음에 그 아이(일하러 안 나온 사람) 보고 일하러 나오라고 그래요. 그러면 그 아이는 너무 미안해서 일하러 나오는 거지요. 그렇게 감화교양[172]을 시키는 거예요! 우리가.

---

172) 감화교양이란 감동시키는 것을 말한다.

연구자 북한에서도 같이 일하는 동료가 어려움에 처했을 때 서로 도와주는 마음이 감동적이네요.

천연화 …… 그다음에 있지, 아가들 볼 것 같으면 공부를 시켜보면 노트가 없는 아이들이 있어. 연구록.[173] 그러면 그 생활에 대한 희망이 없으니까 노트 자체도 없어요. 그러면 나 같으면 어떻게 하는가. 상점에 가서 연구록을……, 우린 연구록이 10권인가 14권인가 될 거여. 새빨간 표지로 해서 쓰는 연구록이 사회에서 14권인가 될 거여. 그러면 그걸 몽땅 사다가 내가 다 빨간색 니스 칠해요. 그렇게 해서 있지, 딱 (제목을)써서 주거든요! 뚜껑마다. 그럴 거 같으면 웁니다. 우리는 그렇게 일을 해요. 내 탈북자들에게 여기 와서 내가 그렇게 하고 있잖아요. 그러면 여기서 현재 그렇게 해주는가? 못 해주는 거여. 그쪽이 나쁘면 나쁘지만은 좋으면 좋은 게 있어요. 상담이 제대로 한다는 거지.

연구자 거기는 실질적인 상담을 하고 감동을 주는 상담을 하는 데 우리는 형식적인.

천연화 그렇죠. 돈만 먹기 위해서 하고. 그러니까 우리 집 앞에서 만난 그 여자가 한 달간을 마사지 일해서 돈 80만 원을 받았다니까 그게 말이 되요? 그래서 내가 오라! 하게끔 해주겠다. 너무 좋아서, 저 여자 49살인데 어디 가서 취업하겠어요? 취업할 게 없잖아요. 그런데 저 여자 갖고 있을 게 뭐인가? 사람 혈을 잘 알고 있다는 거죠. 마사지 기술이거

---

173) 연구록이란 혁명력사 연구록, 회상기 연구록, 로작 연구록, 현행당정책 연구록, 주체사상 따라 배우기 연구록, 주체시대를 따라 배우기 연구록 등 14권을 말한다.

든요. 그거 자격증만 이수시키고, 그다음에 서울에서 일하겠다는 거지. 그러면 서울에서 일하겠다는데 지방에서 해라 하면 못해요! 넘어져. 자기 원하는 대로 가야 해요. 그러면 집을 서울에서 받게끔 해주고 그다음에 도와주는 거죠. 그러면 그 사람 또 정착하잖아요. 그러니까 무엇이 그 사람이 장점이 있고, 그 사람을 내가 이끌어서 가져가야 할 데가 어디고 이걸 상담사가 판단을 해야 하는 거여. 그런데 실제 탈북자들이 욕할 때 막 그래요. 이건 뭐 쓰레기 같은 걸 개발하는가? 그래요. 그래도 걔네 나를 찾아오는 이유가 뭐겠어? 그래도 나한테 오면 해결이 있으니까. 오는 이유가 거기에요. 그렇게 하고는 지금 보고 그래요 "야 이게 상담사가 하는 말이 아니다 배우지마. 탈북자들끼리 말하는 말이다" 내 그래요.

연구자 예. 49살 북한이탈여성을 마사지 자격증을 취득하는 방법을 알려주듯이 상담 요청한 북한이탈여성의 장점이 무엇인지를 파악하여 그 사람에게 맞는 상담을 해주신다는군요.

천연화 예. 그렇게 하고 있지! 주유소 일하는 아 하나, 내가 또 전화를 해서 간호조무사 학교에 알아보고 연락하고 해서 있지! 보내주는 거죠. 그렇게 해서 보내서 나가서 온 다음에는 그다음에는 취직원에 자기네 간호조무사 다 시켜줘요. 할 수 있게끔. 그리고 그걸 졸업과 동시에 보건 대학에 입학해라! 학력을 갖춰라! 힘든 게 없다. 너 배운 거 그대로 한다 하면 선생님한테 걔 귀가 솔깃하거든요. 두 시간 동안 저녁 못 먹고 걔네 집에 가서 내가 상담해줬거든요.

연구자 중요하신 말씀인데, 북한에서 상담사가 진짜 그런 식으로 동료애를 발휘해서 정말 도와주고 감동주는 그런 일을 하면 되는 건데. 우리는 현재 상담사들이나 지원재단에서는 그런 역할을 못하고 있다는 거잖아요?

천연화 저는 그거에요. 내가 동사무소에 개입하고 자치단체에 들어가자고 하는 이유가 이런 걸 해결하자는 거여. 탈북자들 속에서 이런 게 제기 되었을 때 동사무소에 가서 토론하고 어떡하겠는가? 지원해주자, 도와달라, 이렇게. 그것 때문에 자치단체에 들어가겠다는 거여.

2) 남북한 아파트 문화의 차이

천연화 우리(남한)는 영구임대아파트니까 밤낮 싸우고 난리가 아니에요! 그러니까 문을 열어놓는 법이 없어요. 문을 열어놓고 싸움소리 듣기 싫어 죽겠어요. 그러나 (북한은)그런 게 오히려 화목이 조성이 되요. 처음에 녹음기[174] 틀어 놓고 며칠 놀기 시작하면, 그다음에 지나가는 사람, 자는 사람 다 깨워서 아이들이건 막 놀아요. 그러면 아파트 사람들이 음료수 가지고 나가서 나눠주고 마시라고, 정말 재미있어요. 그렇게 하고 우리는 또 내려가서 보긴 그렇고 하니까, 침대 위에 올라가서 내려다보지요. 그렇게 하면 우리 보러 내려오라고 그래요. 그게 더 재미있고 신선하지 않아요! 내 생각에는 우리는 그런 문화를 살렸으면 좋겠어

---

174) 남한의 카세트 녹음기를 말함.

요. (남한은)사람들이 고독하게 살아요. 다 문 달아 놓고 사니까 그렇지요. 북한에서는 평양에 올라가면 평양도 다 집 안에 화장실이 있잖아요! 아파트는 대게 집 안에 있으니까 옆집을 알 수가 없어요. 그런데 그걸 어떻게 아냐? 한 주에 한 번씩 인민반 좌담회가 있어요. 그것 때문에 인민반으로 오고 나면 얼굴 다 알아요.

연구자 우리 반상회 하듯이 거기도 아파트 사는 사람들이 다 나와요?

천연화 우리는 어떻게 하는가? 여기는 한 층 애란[175]식이니까 하모니카식이니까! 한 층이잖아요. 그런데 우리는 쩨찌아식[176]이거든. 쩨찌아식은 20세대에요. 20세대니까! 내려와서 반장네 집은 반장네 집, 마당이면 마당, 거기서 하는 거지요. 한 달에 한 번씩 할 때도…… 그런데 평양은 한 주에 한 번씩 지시 떨어져요. 그런데 우리라면 또 어떻게 하는가? 교원들이 인민반에 나가서 제기되는 사항들을 그때그때 나가서 알려줘요. 그런데 그거 다 바깥에 모아놓고 강연 자료를 이야기해요.

연구자 그러면 주제도 다 틀리겠네요?

천연화 그렇죠, 아니 매번 다르지만 전국적으로 똑같은 주제로 똑같이 나가는 거지요.

연구자 그럼 당의 지시사항을 전국에 다 알려주는 거네요. 우리는

---

175) 북한의 애란식 아파트란 남한의 영구임대아파트처럼 층별로 복도식으로 지어진 말하며, 여기서 말하는 아파트는 층별로 20세대로 지어진 복도식 아파트이다.

176) 북한의 쩨찌아식 아파트란 남한의 민영아파트처럼 계단형으로 지어진 것을 말하고, 여기서 말하는 북한의 아파트는 한 층에 4세대로 구성된 아파트를 말한다.

반상회라고 해서 일괄적으로 주제가 정해지면 반상회 홍
보자료를 각 세대별로 다 나눠줬었는데 지금은 반상회가
없어지고 홍보물만 게시판에 게시하고 있어요.

천연화 북한은 그 주제를 가지고 인민반 회의를 해요.

연구자 우리는 주민들 모아서 하려고 하면 민원이 생겨요. 그래서
결국 홍보자료만 각 세대 우편함에 나눠주는 거죠.

천연화 북한은 다 모이니까, 또 빠지는 사람도 있거든. 그러면 반
장이 올라가서 지시 줘요. 그러면 또 미안하다고 다음에
꼭 참석하겠습니다. 이렇게 하거든요. 그럼 그 사람은 다
음번에 꼭 참가하는 거지요. 그렇기 때문에 옆집과 옆집
간에는 모를 수가 없어요.

연구자 그럼 사상교육 이런 거?

천연화 그런 건 아니고 뭔가? 황장엽이 뛰었을 때 교원들이 강
연 나와서 바로 강연해(알려)줘요. 반장들이 집집에 돌면
서 강연 나와라! 그럼 다 모인 다음에 반당·반혁명 종파
분자 황장엽이 ○○을 잘못해서 달아났다. 이 사람은 대주
주 아들이며 누구의 몇 째 아들이며, 몇 살이며, 일제 때
어디서 공부했으며, 해방 후에 김일성이 소련 유학을 보냈
으며 등 이렇게 했는데도 달아났다. 남조선으로 갔다. 그
다음에 신의주에서 21명이 배 타고 남한으로 들어온 게
있잖아요? 여기(남한)서 기자회견 했죠! 기자회견 한 것을
보고 북한에서 알았던 거예요. 그게 또 한순간에 신문에
강연 자료로 내려오는 거예요. 그래서 쫙 내려와서 강연을
인민반마다 해주고……, 남한으로 뛴 그 인민반장이 추방

됐어요. ······ 쫙 강연을 하거든. 그 집 맏아들은 교화(감옥) 갔다 왔고, 몇 번째 아들은 불구자고······, 뭐에 어쩌고······. 에고! 기막혀······.

3) 남한생활의 고독감

연구자 제가 자라면서 교육받은 내용과 북한의 문화는 차이가 많이 나네요. 좋은 점도 많이 있는데 다 나쁜 게 아니고, 그러면 북한과 남한과 비교하면 인간적인 면은 어디가 더 나은 거 같아요?

천연화 북한이 나아요. 이제 내가 말하잖아요! 아무리 배고파도 좀 놀고 이런 거는 있다고 좀 막연한 사람 내놓고는. 그런데 남한은 먹을 게 아무리 많아도 고독해요. 그러나 인간이 살아가는 삶은 북한에 있다. 살아가는 삶은 그렇잖아요? 명절날에는 다 같이 놀고, 명절에는 아파트 앞에 무조건 모여서 전등을 밖에 켜놓고, 녹음기 틀어놓고, 지지고 볶고 난리입니다. 밤 12시까지 잘들 놀아요. 사람들이 '이젠 좀 그만 놀았으면 좋겠다' 할 정도로 놀아요. (남한에선)북한이 감시한다고 하는데 감시대상이 따로 있어요. 남한도 와 보면 감시하는 대상이 따로 있어요. 그렇게 하고 기본적으로는 감시를 하지만 그렇게 특수하게 감시할 관리대상이 따로 있거든요. 남한도 같아요. 다 하는 건 아니에요. 내(천연화) 보세요. 어려서부터 아버지 밑에 태어나서 또 내 딸이 거기서 태어나고 자라오는데 뭘 감시할 게 있어요? 그런데 어떤 게 있는가. 고용간첩은 있을 수 있기 때문에 주시하는 게 좀 있지. 그런 게 대체로 보면 고용간첩의 자식들은 간부들이 감시하는 게 있어요. 다 보는 게 있기 때문에 감시하는 거고, 또 중요한 직책이 아니면 또 감시 안 해요. 기술인재, 지식인들은 감시해요. 어느 순간에 비밀을 뽑아 나가는지 모르거든요.

연구자 북한은 먹을 게 부족해도 같이 잘 어울려 산다는 거네요?

천연화 난 어떨 때는 (성인문해교실)신입생들 보고 그래요. "참, 남한사람들 힘들게 산다. 정말 고독하게 산다. 인생 사는 게 얼마나 산다고 이렇게 사나!" 이렇게 하거든요. "(학생들은)그럼 북한은 어떻게 살아요?"라고 질문을 해요. 그러면 "(북한은) 즐겁게 산다. 내 교육자로서 왜 거짓말을 하겠냐!" 대한민국 사람들처럼 저렇게 고독하게, 이렇게 사는 게 아니고 재밌게 살거든요. 특히 평양시 같은 경우에는 사람들이 더 보상해주고, 평양시는 정부에 정말 성실하게 살지 않으면 추방이거든요. 그 사람들 조그마한 티도 없이 깨끗하게 살자고 하니까, 그것만 보고 온 사람들이 좋다하지, 어떡하겠어? 당연한 거지요.

연구자 제가 작년에 중국 연길을 갔다 왔어요. 큰 행사가 있었는데 업무로 갔다 왔어요. 그런데 특이한 광경을 봤어요. 연길시(市)에 있는 한 공원에 올라가 보니까 잔디 위에서 노래방기기를 갖다놓고 칠순 잔치를 하는지 유흥가처럼 놀더라고요……. 그 광경이 정말 신기했어요! 우리 같으면 공원에서 소리 지르고 박수치는 광경을 보기 드물거든요.

천연화 그렇죠. 공원은 놀라고 만든 거지요. 북한도 그래요.

연구자 그럼 칠순잔치나 좋은 일 있으면 공원에 나와서 놀아요?

천연화 그렇죠! 놀아요. 그거는 보편적인 일이에요. 명절날 보면 대단해요. 그다음에 또 공간별로 또 그렇고 가내반은 가내 반끼리 또 음식을 해 가지고 나가서 춤추고, 노래 부르고, 북을 두드리고, 아들이 춤추고 난리입니다. 허용이 되는 게 아니라, 그게 놀라고 만든 건데. 공원이라는 자체는 휴식공간이에요. 즐기고 싶은 데로 즐겨라! 이거거든요. 여기 (남한)하고 달라요. 그런 면이 북한이 좋아요. 우리 집이 5층이라 했잖아요. 5층인데 명절날이나, 또 주말이라도 될 것 같으면 우리 집이 전등을 밖에 내걸고 녹음기를 우리 창틀 앞에 놔요. 그러면 마당에서 노래 부르고 춤추고 놀아요. 시간만 나면 노는 판이에요. 여기는 그런 게 없잖아요.

연구자 그럼 북한은 공원에서 누구나 마음껏 떠들고 놀 수도 있나 봐요?

천연화 예. 북한에는 공원에 녹음기를 들고 가요. 들고 가서 틀어 놓고부터 시작해서 놀아요. 공원이 휴식 장소예요. 그러기 때문에 사회 자체가 문화휴식 공간이에요. 그저 휴식 공간이 아닙니다. 문화휴식 공간이에요. 그럼 거기서 데모하라고 한 게 공원이 아니에요. 그러니까 거기서 오락도 하고 놀고, 그걸 제대로 된 공원들은 문화, 오락, 휴식장소다. 이렇게 내놔야 돼. 대한민국 사람 말을 모르는데 어떡하겠어요. 북한은 그렇게 안 해줘도 알아서 놀잖아요. 여기(남한)와서 사람들이 "남한이 살기 좋아요? 북한이 살기 좋아

요?" 물어볼 때마다 "반반이다. 북한은 절반은 좋고, 절반
나쁘다." 저는 그렇게 말을 해요. "나는 교육자로 정확한
소리로 반반이다"라고…….

4) 남북한의 인간미 차이

연구자 북한에서도 살아 보았고, 남한에서도 살아 보았는데, 남한
과 북한의 인간미는 어떻게 차이[177]가 난다고 생각하세요?
또 돈이 있으면 북한에서도 불편한 게 없다는 소린지요?

천연화 돈 많은 사람은 대한민국에서 사는 것보다 좋아요. 저는
돈이 있었대도 봤고, 없었대도 봤기 때문에. 돈 있으면, 내
북한에 있을 때 그랬어요. 세월이 이대로만 가라! 그랬어.
그러니까 돈 있는 사람은 통일되는 거 바라지 않듯이 북
한도 같아요. 지금 힘든 사람들이 계속 전쟁이 터져라! 통
일되어라 이러지요…….

연구자 북한의 좋은 문화들이 우리에게 잘 알려지지 않은 것 같아
요. 인간미가 있다는 부분이랑……. 남한에서는 그러한 면
이 좀 부족하다고 느꼈을 때 남한사람들이 좀 이기적이라
고 생각하나요?

천연화 예. 이기적이죠. 그러니까 사람들이 고달프게 살 수밖에
없어요. 스트레스를 공원에서 노래를 부르고 놀며 풀어야
되잖아요. 아파트에선 풀 수는 없는 거고. 그러니까 그걸

---

177) 천연화가 북한에서는 이웃끼리 서로 잘 어울려 노는 문화가 정착되었는데 남한에서 와서 살
아보니까 남한사람들은 고독하게 살아간다는 말을 하였다. 이에 연구자는 자본주의체제와 사
회주의체제에서 살아가는 남북한사람들의 인간미는 과연 어떤 차이가 있을까 궁금하여 이
질문을 하게 되었다.

못하게 다 만들어놨잖아. 노래방에 가라! 노래방엔 한계가 있죠! 그건 돈 줘야 되잖아. 돈 안 주고 공원에서, …… 그러니까 공원에다 간판을 문화 휴식 공간 이렇게 만들어놓으세요. 그러면 그 공원이 말 자체가 문화를 즐기라는 거잖아요. 그러니까 그 인식을 잘못하고 있는 거야. 그 공원에도 고독하잖아요. 산책하고 운동하는 사람들만 나다니잖아요. 그러니까 사람들이 어디 가서 놀겠어. 지하(노래방)에서 노는 것도 한계가 있고. 지금 북한에도 노래방 있어요. 내가 올 때 당구장도 있었어. 이제는 남한하고 비슷하게 살아가요.

연구자 아, 북한에는 공원에서 노래 부르고 춤도 추면서 스트레스 풀 수 있군요. 그러나 남한에 공원을 이용하는 사람들은 산책하고 운동하는 사람들이 대부분이죠.

천연화 그런데 아직까지는 그쪽(북한)에서는 고독하지는 않다. 문화적으로 살아 있다는 거. 아! 진짜로 남들이 막 그러는 거 노는 거 보면 저도 기분이 좋고, 관람도 하고 좋잖아요. 같이 어우러져서 놀고 춤추고. 우리 큰아이는 춤은 못 추고 노래를 잘하고 기타를 쳐요. 이 작은아이는 소리를 못 해도 이제 춤을 잘 추는 거여. 둘이 노는 거 보면 기가 막혀요. 하나는 기타를 치고, 하나는 또 춤추고. 누가 와서 하는 소리가 뭐냐면, 여기(남한) 오니까 사람들은 놀 줄을 모른다. 모르는 게 아니고 그걸 통제시켜놨잖아요. 아니 문화공간에서는 할 수 있잖아요. 그리고 공부하는 사람은 도서관에서 하면 되는 거고. 우리도 저기 뭐야? (북한에 있을 때)공원에 가면 문화휴식장이 있어요. 동상 있는 그 근방에서는 못 놀고 그 위에 올라가면 구청각이라 있거든요. 그럼 각에 올라가서 두드리고 노는 거여. 그러면 거리에서는 멀어요. 동상하고는. 동상에서 올라가니까, 산꼭대기 올라가면서 공원에서 또 넓게 만들었어요. 놀게끔 다…….방뚝 있죠? 한강 같은데. 이런데서 두드리고 놀고 난리에요. 여기(남한) 그런데 없잖아요? 사람들이 스트레스 어디서 풀겠어요. 그런데서 푸는 거예요. 그다음에 공원이 또 있거든요. 그 공원이 있어요. 거기서도 두드리고 놀고 마을 앞에서도 녹음기 틀어놓고 놀고, 맨 노는데, 그걸 통제하는 데는 없어. 그런데 노래는 남한노래 부르면 잡아갑니다. 비사구루빠178)가 계속 도니까. 그런 단속 때문에 그런 장소에서는 남한노래를 안 불러요. 모두…….

5) 천연화의 남북한 차이에 관한 소견

연구자 북한과 남한체제하고 비교하면 어떤 차이가 있다고 생각합니까?

천연화 남한체제를 말하면 남한사회 자체가 산만하며, 법이 너무 무르다고 생각해요. 제일 산만한 것이 교육체제가 산만해요. 즉 학교에는 상담교사가 따로 있고, 학교폭력위원회가 있다는 점이죠. 그리고 남한의 교육체제는 학급이 1년 배

---

178) 비사구루빠란 각 근로단체(지역교육 1명, 사로청 1명, 근로단체 1명 등으로 구성)로 조직된 감시단 인원이며 공무원이 전체 관리책임을 진다.

우고 나면 학년마다 반 편성을 다시 해서 학생들을 모두 흩어지게 하고, 담임도 바꾸는 것이 특징적이라 생각해요. 이런 경우 학생들이 심리적으로 불안을 느끼게 되므로 적응을 못하는 아이들이 생긴다고 봐야 해요. 북한체제는 북한사회 분위기가 딱딱하며 법이 강해요. 즉 '경직되었다'고 표현하면 딱 맞는 것 같아요. 그러나 북한은 교육의 체제가 아직은 정교한 면이 있다고 생각해요. 즉 북한은 학교에 상담사가 없이 교사가 학생상담까지 맡아 해요. 그리고 학교폭력위원회가 따로 없어요. 교육체제는 학급이 만들어지면 1학년부터 6학년까지 한 담임이 책임지고 졸업을 시키며 교육관련 상담을 다해줘요.

연구자 남한에서는 학교 상담교사가 따로 있고, 학교폭력위원회가 있는데, 북한에서는 입학해서 한 담임선생님이 졸업할 때까지 책임지고 상담도 해주는군요.

천연화 예. 그렇죠. …… 특이한 경우 3학년에서 한 번 교사를 바꾸는 경우도 있어요. 학생이 입학해서 졸업할 때까지 학급이 거의 고정이라고 생각하면 돼요. 내가 남한에 와서 제일 가슴 아픈 점은 현재 북한이나 남한이나 사는 방식은 똑같지만 교육이 남한이 더 무너진 상태라고 볼 때 자라나는 아이들이 어른들 때문에 교육을 제대로 하지 못하는 것이 가슴이 제일 아프다고 생각해요. 북한이 현재까지 그 사회가 월급을 주지 않아도 교육이 유지되는 것은 김일성이 교육대학에 "교사는 직업적인 혁명가입니다"라고 교시한 말씀을 벽에 걸고 교육하기 때문에 교사들이 정상출근을 자발적으로 하는 거예요. 이리하여 교육이 무너지지 않은 결과를 유지할 수 있다고 생각해요.

연구자 북한의 3대 세습 문제를 어떻게 생각하고 있습니까?

천연화 북한의 3대 세습 문제를 이야기하기 전에 말하고 싶은 것은 사람마다 생각이 다르기 때문에 제가 생각하는 것만 말하겠어요. 우선 김일성의 3대 세습이 유지되는 이유는 1945년 해방되어 김일성이 제일 먼저 시작한 것이 친일파 청산을 하고 노동자 농민, 그리고 화전민, 머슴을 나라의 주인으로 만들었다는 사실이 중요하다고 생각해요. 친일파 청산을 하고 건국사업을 시작하면서 돈 있는 사람은 돈을 내고, 지식이 있는 사람은 지식을 제공하고, 힘 있는 사람은 힘을 제공하라고 하였을 때 황장엽 씨도 친일파지만 자신이 가지고 있던 지식을 나라를 위해 일하겠다고 하여 김일성 시대에 살아남게 된 거여.

연구자 김일성이 친일파를 청산했으나 황장엽 씨 같은 친일파는 지식인이라서 김일성이 포용해주었다는 말씀이네요.

천연화 예. 이러한 두 가지가 북한 국민한테 먹힌 것이었는데, 김정일 시대에 와서 다 말아먹었어요. 그다음에 항일투사들이 살아 있었기 때문에 투사 오진우가 우겨서 김정일이 후계자가 되었다고 생각해요. 일부는 김일성의 둘째 부인 김평일을 후계자로 하자고도 하였지만 오진우가 주도권을 쥐고 있었기 때문이라고 가능했다고 생각해요. 지금의 북한이 어렵게 된 이유는 김정일의 성격이 변덕이 심하여 정치를 그 성격처럼 변덕스럽게 해왔어요. 김정일 모친 성격이 변덕스러웠는데 그것을 그대로 닮았다는 것이라고 그 당시 항일 투사들이 하는 말이 기억나요. 김일성은 인덕정치를 하였지만 김정일은 성격이 괴팍하다 보니까 주변의 사람들이 힘들어 하였으며, 결국은 공포정치를 했다고 볼 수 있어요. 김정일의 이 성격을 잘 이용한 것은 장성택이에요. 장성택은 처남과 매부 사이로 있었지만 겉으로는 장성택이 김정일의 괴팍한 성미를 앞에서는 무서워 하는 것처럼 하고는 뒤로는 따로 놀았어요. 김정일을 꼭두각시를 만들고 기본정치는 장성택이 해왔다고 생각해요.

연구자 아, 김정일은 성격이 괴팍스럽고 공포정치를 했다는 말씀이네요. 장성택은 김정일과 처남 매부 사이로 김정일 비위를 잘 맞춰 권력을 유지했다고 보면 되겠네요.

천연화 예. 김정일 사망 이후 김정은의 정치에 대해 말하자면 김정일 살아서까지는 본처 김영숙의 맏딸 김설송이 아버지 수행 비서였어요. 북한의 모든 행사는 둘째 딸 춘송이가 선발대로 행사장에 도착하여 주변에서 사고가 나지 않게 정리를 하여 놓고, 자기 언니 설송이한테 연락하면 아버지 김정일을 차에 태워 운전을 직접 맏딸이 해서 행사장에 나타났다고 그래요. 그리고 행사가 끝나면 바로 두 형제가 서로 합의하고 그 누구도 모르게 맏딸이 아버지를 태우고 사라진 다음에 둘째 딸이 행사장 뒤처리를 하고 호위국 사람들과 함께 언니한테로 갈 정도였다고 해요. 이렇게 하던 두 딸이 김정일 죽었다고 하여 뒤로 물러난 것은 아니라 생각해요. 아버지 살아 있을 때 김설송, 김춘송, 김정철이 이렇게 3명이 함께 후계자 교육을 받기 시작하였는데, 정철이가 후계자 교육을 받으러 나타났을 때 첩의 아들이라는 것을 알게 되었다고 했어요. 그러나 후계자 교육을 받던 중 정철이가 차 사고를 당하여 식물인간이 되다시피 되어 김정일이 뇌출혈로 쓰러진 것이라 생각이 들어요.

연구자 김정일 살아 있을 때 후계자로 생각하고 있는 김정철이 교통사고로 식물인간이 된 충격에 김정일도 쓰러졌다고 생각하시는군요.

천연화 예. 그러나 정철이는 영원히 후계자교육을 받을 수 없는 환경이며, 김정일은 쓰러졌다가 다시 일어났을 때 김설송과 김정은을 견주다가 결국 김정은이 세습을 하게 되었지만 본처 자식들이 그 자리를 쉽게 물려주지 않을 것이라 생각해요. 현재 그들이 나이는 40대에 있으며 학교는 북한에서 다녔기 때문에 동기들과 친구들도 있으며, 김정은은 학교를 북한에서 다니지 않았으며 전문 가정교사를 붙여서 별도의 교육을 시키다가 스위스 유학을 간 거예요. 김정일 사망(2011. 12. 17.) 당시 김설송의 집에서 사망했다고 해요. 현재 북한의 김정은은 첩의 자식으로서 북한의 배경이 없으며 절대 권력을 잡으려면 많은 어려움이 있을 것이라고 생각해요. 그러나 김정일의 3년상을 치르고 나면 북한이 어떻게 변화가 일어나게 될지 저도 궁금해요.

연구자 최근 북한의 소식을 들은 적이 있다면 어떤 소식입니까?

천연화 2015년 ○월 ○일 북한과의 마지막 전화에서 북한사람들이 현재 상태는 90년대보다 살기는 더 힘들지만 이제는 진화되어 자발적으로 살아가는 방식을 터득했다고 해요. 그리고 3년 전부터 김정은이 권력을 잡은 후 탈북자 가정을 많이 힘들게 하고 있으며, 저의 애가 하는 말이 보위부 위원이 와서 "너의 엄마가 서울시 ○○구에 살고 있어"라고 까지 말해줬대요. 말해주는 이유는 '우리가 알고 있으니 아랫동네(남한)에서 돈이 좀 오면 자기를 좀 달라'는 의미인 것 같아요. 현재 북한 주민생활은 잘사는 사람은 엄청 잘살고 못사는 사람은 점점 더 못살고 있다고 해요. 그리고 통일되면 부동산이 뛴다고 우리 애가 땅 많은 집을 사놓았다고 했어요. 애와 통화한 이후부터 지금까지 북한에 전화 통화할 수가 없으며, 또 중국에서 북한으로 전화통화 하다가 잡히면 감옥에 갈 정도라고 해요.

연구자 북한이탈주민 적응대책을 어떻게 해야 된다고 생각하십니까?

천연화 탈북자들이 적응하자면 하나원에서부터 교육프로그램을 바꾸어야 한다고 생각해요. 강사진들이 아무리 좋고 훌륭한 강사가 들어가도 그들이 강의를 알아듣지 못하고 있다는 것을 오늘까지 바꾸어지지 않고 있어요. 즉 탈북자를 진심으로 생각하는 것이 아니라 하나의 일자리로 생각하고 있다고 말하고 싶어요. 탈북자에게 필요한 가정폭력, 성폭력 법규를 개발하여 배분하는 것이 매우 중요하며 시급한 실정이라 생각해요. 하나원과 하나센터의 교육프로그램이 예산낭비가 되지 않게 제대로 맞춤식 프로그램으로 개발되어야 해요. 특히 가정폭력, 성폭력 교육을 예방적 차원에서 의무화해야 한다고 생각해요. 탈북자들이 70~ 80% 이상이 제3국을 걸쳐 피해를 당하고 오기 때문에 가정폭력, 성폭력 예방교육이 절실히 필요해요. 아울러 탈북자의 전문상담사 채용을 법규화해야 한다고 생각해요. 그러자면 대한민국에 입국하여 5년 이상 된 탈북자가 북한에서 교육대학(교육부장관의 인정받음)을 졸업하고, 남한에서 다시 교육을 받은 탈북자를 남한 교육프로그램을 잘 알고 진로상담과 학업상담, 취업상담, 가정폭력, 성폭력 전문상담 교육을 할 수 있는 전문상담사로 채용해야 한다고 생각해요. 즉 탈북한 북한 교육자들은 남한사회의 교육자와 다른 점이 있다면 남한은 학교에 상담사가 따로 있지만 북한의 교육에서는 교사가 상담사이며, 교육자라는 점을 강조하고 싶어요.

6) 북한의 오리고기 요리방법과 외식문화

연구자 북한에서는 오리고기를 어떻게 해서 먹어요? 탕으로 해서 먹나요. 북한에도 식당이 있나요?

천연화 예. 북한에도 식당이 있어요.

연구자 그럼 북한의 일반주민들도 식당을 이용할 수 있어요.

천연화 예. 있어요. 남한하고 똑같아요.

연구자 그럼 물가가 비쌀 것 아네요?

천연화 그기 수준에 맞게 물가가 형성되어 있어요.

연구자 그럼 대부분 사람들이 월급을 받으면서 월급으로 생활하나요.

천연화 대부분 월급을 받는 것이 아니고, 개인장사 하다시피 하고 일부 사람은 국영기관에서 일해서 월급받는 사람은 그 월급 기준에 맞게 생활하고 있는 것이지요. 북한은 내가 벌어 내가 먹는 사회가 되어버렸어요.

연구자 예. 자기가 벌어서 자기가 먹는다고요?

천연화 예.

연구자 그러면 일을 안 할 수 없네요. 국영기업에 들어가서 일을 하면 노동의 대가로 월급을 준다는 거잖아요?

천연화 아니지요. 식당하는 사람은 식당해서 먹고살고, 나머지 개인들이 차려가지고 집에서 영업하는 거예요. 따로 나와서 하는 게 아니고, 그냥 내 집에서.

연구자 아, 그러면 각자 자기 집에서 영업을 한다고요? 별도 상가 허가내고 하는 게 아니라.

천연화 예. 그렇지요.

연구자 그럼 자기가 집에서 키운 오리를 잡아서 찾아오는 손님들에게 장사를 한다는 거군요.

천연화 예. 자기가 키워서 잡아주는 것도 있지만 기본적으로는 농촌에서 배달시켜 잡아주는 경우도 있어요.

연구자 농촌에서 주문하면 배달도 해주나요.

천연화 예. 배달시킨 양만큼 배달해줘요.

연구자 그러면 우리하고 똑같네요.

천연화 예. 남한하고 똑같습니다. 가락시장이라는 게 있잖아요! 그런 중간 유통을 거치지 않고 농촌에서 직접거래를 하고 있는 거지요. 앞으로는 가락시장처럼 되어 갈 거예요.

연구자 아, 그러면 유통 방향이 그렇게 가는군요. 도매업 하듯이.

천연화 예. 그렇지요.

연구자 북한에서는 훈제 오리고기 같은 것은 먹나요.

천연화 북한은 이렇게 오리훈제는 안 먹어요. 불내 난다고 안 먹
습니다. 참나무 숯불로 구우니까 불내 난다고 일부러 안
먹어요.

연구자 북한에서는 불내 난다고 안 먹어요? 원래 불내 나는 게 맛
이 더 고소하긴 한데.

천연화 우리는 오리를 이렇게 다 까서 먹어요. 탕을 쳐서. 45일을
키우면 뼈까지 다 먹어요.

연구자 예. 오리고기를 뼈까지 먹는다고요. 뼈가 단단해서 어떻게
먹어요.

천연화 오리는 45일이 지나면 뼈까지 굳어지기 때문에 오리는 딱
45일 만에 잡아요.

연구자 아, 그래요. 45일까지는 뼈까지 먹을 수 있다는 건가요. 45
일이 지나면 뼈가 굳어지기 때문에.

천연화 예. 맞아요. 그래서 딱 45일 만에 잡잖아요. 그래야 부드럽
고 맛있어요. 고기는 딱딱 발라서 넣고, 뼈는 칼 탕을 쳐서
먹으면 정말 맛있어요. 집에서 솔직히 말해 키울 수만 있다
면 45일 된 오리를 잡아서 먹으면 정말 맛있어요. 오리를
절대 주물럭하지 않고 오리를 다 탕을 쳐서 오리를 다 까먹
어요. 뼈 채 칼 탕을 쳐서 다 먹어요. 뼈가 연하니까. 고기
가 정말 맛있어요. 여기 와서는 그 맛을 볼 수가 없어요.

연구자 예. 그러면 이쪽에서는 그 맛을 느낄 수가 없겠네요.

천연화 그렇지요. 그러니까 오리고기는 북한의 그 맛을 못 느껴요. 거기에서는 오리를 잡으면 살점만 딱딱 발라서 일본으로 수출도 했어요.

연구자 아, 일본으로 수출도 했다고요.

천연화 예.

연구자 그러니까 거기는 소비가 대량으로 안 되니까 딱 45일 날짜를 맞춰도 되는군요.

천연화 예. 옛날에 70년대는 오리가 막 쌓이고 쌓여서 막 냉동할 정도로 많았어요. 인제 지금은 그렇게 오리가 많이 없어요.

연구자 왜 그러죠? 대량으로 사육을 안 하나요.

천연화 사육 못해요. 어떻게 사육을 해요! 사료가 없는데.

연구자 사료가 없으니까, 우리는 수입 사료를 사가지고 먹이는데. 북한은 사료가 부족하니까 대량으로 사육을 할 수 없겠네요.

천연화 그렇죠. 그런데 여기서는 사료를 가공한 것을 먹이지 않아요. 북한에서는 가공을 해도 여기서처럼 그런 가공하는 것이 아니라 실지 옥수수를 척척 갈아서 강냉이 쌀을 내요. 그 강냉이 쌀에다가 클로버라는 풀을 섞어서 사료를 만들어요. 그 클로버 풀은 사람도 먹거든요. 그것을 비벼서 먹여요. 여기서는 사료를 기본사료를 화학제를 먹이니까 냄새가 나는 거예요. 북한에서는 화학사료를 안 먹여요.

연구자 예. 그렇군요. 여기는 항생제 섞여 있는 사료를 먹이고 수입 사료를 사용하니까. 북한에는 화학 사료를 사용하지 않으니까 오리고기가 냄새가 안 나고, 남한에서는 화학 사료로 오리를 먹이니까 냄새가 난다는 거군요.

천연화 예. 여기서 오리고기가 냄새 난다는 것을 난 몰랐어요. 오
리가 왜 냄새가 나느냐, 오리가 냄새가 날 일이 없거든요.
사료를 먹인다 해도.

연구자 이게 다 오리 요리방법마다 다 틀려요. 냄새 없애는 방법
이 식당마다 다 틀려요. 북한에서는 45일 된 오리고기가
맛있나 봐요. 그런데 여기서는 그렇게 키우면 이해타산이
안 맞을 거예요. 킬로수가 줄어들 거 아니에요. 더 키우면
킬로수가 더 많이 나갈 거니까.

천연화 그런데 45일 되면 최하가 6.8키로가 나가요. 그만큼 잘 먹
여야 되고, 그다음에 솔잎파리를 잘라다가 항생제 대신 사
용하고 화학제는 전혀 들어가지 않아요.

연구자 아, 그러면 완전히 믿고서 먹을 수 있는 건강음식이네요.

천연화 예. 북한은 먹은 음식을 가지고 장난치는 사람은 사형한다
고 그랬어요. 북한은 남한보다 더 세요.

연구자 그래야 돼요. 사실은 정말 잘하는 것 같아요. 국민건강을
위해서 잘한 것 같아요. 우리는 돈만 된다면 별 사람들 다
있잖아요! 사람 속이고 먹고 죽거나 말거나 돈 버는 데만
눈이 멀어서.

천연화 여기는 방부제가 안 들어간 게 없는 것 같아요.

연구자 예. 맞아요. 바로바로 소비시켜야 되는데 그렇지 않으니까
방부제를 안 쓸 수가 없겠지요.

천연화 그런데 북한에서는 방부제를 안 써요.

연구자 거기는 바로바로 먹으니까 방부제를 안 쓰겠지요. 대신에

오래 보관을 못하잖아요? 우리 빵 같은 것도 방부제를 안 하면 하루 이틀 지나면 못 먹지 않아요! 상해서.

천연화 그런데 그날 구매량만큼만 되어야지요. 북한의 빵공장에서는 그날 팔릴 만큼만 만들어서 팔아요. 시간이 지나면 없어요.

연구자 아, 그러면 그날 만든 양이 다 팔리면 끝이네요. 더 이상 안 팔고.

천연화 그렇지요.

연구자 북한에서는 가족끼리 밖에 나가서 외식하는 외식문화는 그렇게 발전되지 않았겠지요?

천연화 예. 외식문화는 남한처럼 외식하면 망해요. 이렇게 자주 나와서 외식하면 망해. 음식이 더 비싸거든요. 그러나 돈 있는 사람은 많이 사먹어요. 돈 있는 아들은 남한처럼 식당에 나가서 마음대로 사먹어요.

이상과 같이 천연화가 북한탈출 이후 한국사회에 성공적으로 적응하기까지의 적응과정을 살펴보면 한국정부의 북한이탈주민 지원제도에 부정적인 인식과 지원제도의 개선 부분이 제기되었으며, 북한탈출 이후 한국사회에 적응하기 위하여 학업과 기술 등을 배우는 과정, 대학교에서 공부하는 과정, 남북한 문화의 차이에 대한 연구 참여자의 경험 등을 이해할 수 있다.

또한 남북한 교육체제의 차이점에 대하여 알 수 있다. 아울러 북한의 3대 세습 문제와 북한이탈주민 적응대책 등에 관하여 천연화의 개인적인 소견을 이해할 수 있다.

4. 지원제도의 부분별 연구 참여자의 수혜 현황

이 글은 연구 참여자가 북한을 탈출한 후, 한국에 입국하여 북한이탈주민 정착지원 제도에 의해 본인이 직접 지원 혜택을 받은 지원제도의 부분별 수혜 현황을 분석한 결과 <표 4-2>와 같이 나타났다.

<표 4-2> 지원제도의 부분별 연구 참여자의 수혜 현황

구분	항목	내용
정착금 지원	초기지급금	- 그 당시 지원 금액 600만 원을 일시불로 지급받음
	장려금	- 직업훈련, 자격증 취득, 취업 장려금 등 최대 2,510만 원 ⇨ 그 당시 이 제도가 없는 관계로 수혜받은 사실이 없었음
	가산금	- 노령, 장애, 장기치료 등 최대 1,540만 원 ⇨ 그 당시 이 제도가 없는 관계로 수혜받은 사실이 없었음
주거 지원	주택알선	- 영구임대아파트를 수혜받았음
	주거지원금	- 일시금으로 1,300만 원을 지급받았음
취업 지원	직업 훈련	- 직업 훈련비를 1차에 (정확히 기억을 하지 못함), 2차에 15만 원 지급받음
사회복지 지원	생계급여	- 국민기초생활보장 수급비 월 40만 원씩 1년간 수혜받았음 ※ 참여자가 한국 입국 당시에는 1년간 지급되었으나, 그 이후 6개월로 지원기간이 줄어들었음
	의료보호	- 연구 참여자가 한국에 입국 후 장애진단을 받았기 때문에 입국 후 5년간 의료보호 수혜를 받았음
	연금특례	- 그 당시 이 제도가 없는 관계로 수혜를 받은 적이 없었음
교육 지원	대 학 교 (학부과정)	- 북한의 대학교 학력은 남한에서도 학력 인정을 받았음 - 사이버 대학 1학년으로 입학 후 100% 학비지원 받았음 → 사이버 대학교 50%, 통일부 50% 지원
	대 학 원 (석·박사과정)	- 정부에서 일부지원, 본인이 일부 부담하였음 ※ 북한이탈주민지원재단(남북하나재단)에서 일부지원 받았음
정착도우미 지원	-	- 전혀 받은 적이 없었음
보호담당관 지원	거주지보호담당관	- 관할 구청·동 주민센터에서 수혜를 받았음
	신변보호담당관	- 관할 경찰서에서 수혜를 받았음
	취업보호담당관	- 전혀 수혜를 받은 적이 없었음

■■■■■ 제5장

결 론

이미 우리 곁에 와 있는 통일과 직접적인 연관이 있는 북한여성에 관한 이야기다. 북한에서 목숨 걸고 탈출하여 남한에 와서 겪은 여러 어려움과 고통, 북한의 정치, 경제, 사회, 문화, 교육 등 북한의 실상에 대해 숨겨진 이야기를 세상 밖으로 드러내어 알리고 소통하고자 한다.

제1절 연구결과의 요약

본 연구는 한 명의 북한이탈여성의 생애사를 구체적으로 분석하여 북한의 생활, 탈북과정, 한국사회 적응과정과 북한의 실상을 알리고 한국사회 적응을 어렵게 하는 문제점을 찾아내는 것에 그 목적이 있다.

이에 연구자는 이 연구의 목적에 맞는 내러티브 탐구방법을 활용하여 연구하였다. 내러티브 탐구방법은 한 명의 북한이탈여성이 살아온 이야기를 분석하고 이해하기 위한 적합한 연구방법이라고 할수 있다. 즉 내러티브는 우리 삶의 경험 이야기이다. 우리의 삶이 단편적이지 않고 연속적인 것처럼 내러티브도 조각조각으로 구분할수 없는 것이다. 때로는 일반화를 시키려고 한다거나 주제를 추출해내려고 할 때 경험의 풍부함과 내러티브의 특성을 잃게 되는 수가있음을 주지해야 한다.179)

따라서 본 연구는 내러티브의 특성에 맞게 연구를 하였다. 본 연

---

179) 염지숙(2003), 「교육 연구에서 내러티브 탐구의 개념, 절차, 그리고 딜레마」, 『교육인류학연구』, 6(1): 130.

구를 위한 자료수집 기간은 2012년 3월부터 2015년 4월까지였으며, 연구 참여자는 한 명의 북한이탈여성이었다. 자료는 수집한 후 분석하였다.

연구결과 연구 참여자의 북한에서부터 한국사회에 적응하기까지 과정을 1단계 북한탈출 이전까지 북한에서의 경험, 2단계 북한탈출 후 입국하여 겪었던 경험, 3단계 한국사회에 성공적으로 적응하기까지의 경험으로 나누어 시간과 공간의 흐름에 따라 분석하였다.

이상의 연구결과로부터 분석된 내용들을 요약하면 다음과 같다.

1. 연구 참여자에 대한 분석

첫째, 연구 참여자의 할아버지는 일제강점기 때 항일무장 투쟁시기에 함경남도 지하공작원으로 활동하였다. 또한 그의 아버지도 대학을 졸업하고 오랫동안 당 간부로 활동한 집안에서 태어나 유복한 환경에서 성장했으며, 초등학교 시절에는 학급 반장으로 활동하면서 김일성 충성의 편지 이어달리기 선수로 참가했을 정도로 어릴 때부터 총명한 사람이었다.

둘째, 연구 참여자는 북한에서 대학교에 입학하여 성실하게 학교생활을 하면서 교사자격을 취득하였고, 초등학교 교사생활을 하면서 교육자로 활동을 하였다. 남한에 와서도 계속 고등교육을 받았고 ○○대학교에서 ○○박사 학위를 취득하였으며, 현재 ○○사이버대학교 교수로 강의를 하고 있는 교육 분야 전문가로 활동하고 있다.

셋째, 연구 참여자는 브로커를 통해 한국에 입국하고 나서 브로커들이 브로커 비용을 받으러 찾아왔을 때, 브로커들이 자신과 딸을 포함하여 1인당 600만 원씩 1,200만 원을 요구하자, 브로커들을 설득하여 결국 2명분을 800만 원에 합의를 도출해 낼 수 있을 정도로 뛰어난 협상력과 설득력을 갖고 있는 것으로 나타났다.

넷째, 대한민국 국회에 북한이탈주민 대표로 여러 차례 출석하여 북한이탈주민을 위한 대표발언을 하였으며, 국회 외교통상통일위원회에서 북한이탈주민을 위한 법률제정에 관한 공청회에 북한이탈주민 대표이자 북한이탈주민 전문 상담소장 자격으로 출석하여 발언하였다. 따라서 북한이탈주민 대변인의 자격을 갖추고 있다고 평가할 수 있다.

다섯째, 연구 참여자는 본인이 운영하고 있는 북한이탈주민 상담소로 북한이탈주민이 고민을 상담해 오면, 그 사람의 특기와 나이에 맞는 직업으로 직업훈련을 할 수 있도록 상담해주고 있다. 몇 가지 사례로 1) 대학에 가서 공부할 능력이 안 되는 젊은 여성에게는 간호조무사 취업을 권고하였다. 2) 마사지 분야에서 일하는 40대 여성이 박봉을 고민하자 마사지 전문학원에서 마사지 자격증을 취득한 후, 전문 마사지사로 활동하도록 상담을 해주기도 하였다. 3) 자격증 취득 이후 안정되게 정착하고 있는 다른 북한이탈주민과 연계해주기도 하였다.

따라서 연구 참여자는 남한사람들이 선호하지 않는 안정되고 전문적인 직업유형까지 판단하고 있으며, 남한사회 분위기를 분석하여 북한이탈주민들에게 실질적인 도움이 될 수 있는 적응상담을 해주고 있는 만큼 북한이탈주민 전문상담사로서 북한이탈주민의 고충을 대변할 수 있는 자질을 갖추고 있다고 할 수 있다.

2. 한국사회 적응과정의 경험 분석

1) 북한탈출 이전까지 북한의 경험

첫째, 북한에서의 초·중·고 교육과정을 이해할 수 있다. 강화도에서 썰물과 밀물을 처음 경험한 것을 보면 현실적인 경험 없이 이론으로만 수업이 진행되고 있다는 것도 알 수 있다. 둘째, 북한 군대의 혹독한 훈련과정을 알 수 있고, 대학생활과 직장생활의 어려움, 고난의 행군시기의 경험, 북한 경제체계, 외화벌이로 인한 고통, 군인들의 생활상을 이해할 수 있다. 셋째, 결혼생활 중 남편의 사망으로 인하여 궁핍해진 생활과 김일성 사망 후 정치적으로 김일성라인 제거 중에 아버지와 삼촌 등이 추방당하여 고통을 받아 북한을 탈출하게 되었다는 탈출배경과 탈출동기를 이해할 수 있다.

2) 북한탈출 후 입국하여 겪었던 경험

북한탈출 후 중국을 거쳐 한국에 입국하여 겪었던 경험을 그대로 생생하게 알 수 있다. 브로커를 통해 북한을 탈출하는 과정과 브로커 비용 거래의 실상을 알게 되었고, 중국 북경영사관과 대한민국 국가정보원에서의 조사과정을 알 수 있다.

또한 하나원 교육과정과 북한이탈주민에 대한 한국사회의 차별대우로 인한 사례들로부터 북한이탈주민의 북한탈출 후 생활상을 재조명해 볼 수 있다.

3) 한국사회에서 성공적으로 적응하기까지의 경험

한국에 입국하여 적응하는 과정에서 북한이탈주민 지원제도에 대하여 부정적 인식을 하고 있다는 것을 알 수 있다.

연구 참여자가 북한탈출 후 한국사회에 적응하기 위하여 학업과 기술 등을 배우는 과정, 대학교에서 공부하는 과정, 남북한 문화의 차이에 대한 연구 참여자의 경험 등을 이해할 수 있다. 또한 북한이탈주민이 한국사회에서 잘 적응하여 살고 있으면 북한 주민들의 민심 동요로 북한이 위험에 처할 수 있다는 새로운 사실을 알게 되었다.

아울러 남북한 교육체제의 차이점과 북한의 3대 세습 문제, 북한이탈주민 적응대책 등에 관하여 연구 참여자의 소견을 이해할 수 있다.

3. 연구결과 분석된 특이사항 및 문제점

1) 제한적 사유재산 인정 등 변화하고 있는 북한의 실상

제한적 사유재산 인정[180] 및 상거래 확대 등 북한의 경제체계가 변화하고 있었다. 북한에서도 돈이 있으면 예식장에서 결혼식을 할 수 있고, 누구든지 장사를 해서 돈을 벌 수도 있다. 또한 개인이 동산을 소유할 수 있을 정도로 사유재산이 인정되는 등 북한의 실상(實狀)이 바뀌고 있음을 알 수 있었다.

---

180) 북한은 토지(토지법 제9조)와 주택(민법 제50조)에 의거 개인소유를 금지하고 있다. 그러나 부동산 이외에 동산은 민법 제58조, 제59조에 의해 개인도 텃밭이나 개인 부업에서 나오는 생산물, 가정생활에 필요한 가정용품, 문화용품, 그 밖의 승용차 등을 자유로이 거래를 하고 처분할 수 있도록 개인소유권을 인정해주고 있다. 더 자세한 내용은 '부록 1' 북한의 제한적 사유재산 인정에 관한 내용에 상세함.

천연화 …… 그런데 지금은 조금 다른 게 뭔가 하면? 돈 있는 아이들은 신흥관(예식장)에서 혼례를 치러요. 남한처럼 예식장에서 동영상을 찍고 많이 달라졌지.

천연화 돈은 자기 거잖아요! 돈은 자기가 벌어온 거잖아요. 다 '달러'를 갖고 있어요. '달러' 아니면 '엔화' 가지고 있어요. 북한돈은 화폐개혁으로 가치가 없어졌어요.

천연화 최근의 북한 주민생활은 잘사는 사람은 엄청 잘살고, 못사는 사람은 점점 더 못살고 있다고 합니다. 그리고 통일이 되면 부동산이 뛴다고 북한에 있는 우리 애가 땅 많은 집을 사놓았다고 했습니다.

2) 남한생활이 어려운 북한이탈주민을 위해 북한에서 돈을 보내줌

한국에 입국하여 살고 있는 북한이탈주민들 일부는 취업난, 사회적 차별 등으로 경제적으로 매우 어려운 상황에 처해 있었다. 이러한 어려운 형편의 북한이탈주민이 북한에 남아 있는 부모형제로부터 돈을 송금받아 생활하는 경우도 있는 것으로 파악되었다.

연구자 김정은 정권 들어서고 나서는 북한을 탈출하는 북한이탈주민의 수가 감소되었어요. 국경을 강화시켰다고 그래서. 그래도 원하면 얼마든지 한국 입국이 가능한 거죠?
천연화 그들이 안 오겠다고 그래요! 남한에 오면 못 산다고. 남한에 가면 살기 힘들다고, 그래서 안 오고 돈 달라고 그래요. 그것도 문제가 되는 거예요. 그게 벌써 북한사람들한테 그렇게 연락이 들어가면 어떻게 될 것 같아요? 오히려 북한에서 장사해서 아이들이 살기가 좋아져서 한국에 와 있는 가족들한테 돈을 부쳐줘요. 지금 그 정도 되고 있다고.

3) 남한의 기초생활수급자와 동일하게 취급하지 말아 달라

○○시에 거주하고 있는 D씨(30대, 여)는 부족한 기초생활비 때문에 ○○시 관내 식당 종업원으로 일을 한 사실이 있다. 기초생활수급비 이외의 다른 소득이 있으면 기초생활수급비를 받지 못하기 때문에 식당 사장님에게 부탁하여 지인의 통장으로 월급을 받았다고 하였다. 그러나 그러한 사실을 어떻게 알고 담당공무원이 다른 소득 발생으로 인하여 기초생활수급비를 중단했다고 하였다. 북한이탈주민 D씨는 결국 다니던 식당일을 그만두고 다시 기초생활수급비를 받으면서 힘들게 살고 있다는 사실을 알게 되었다.

D씨 사례) ○○시에 거주하고 있는 2014년에 입국한 D씨(30대, 여)의 경우 ○○시 관내 ○○식당 종업원으로 일을 하였다고 하였다. 혼자인 D씨는 기초생활수급비 40여만 원으로 생활하기가 너무 어려워 부득이 식당일을 하게 되었는데 기초생활수급비 이외에 다른 소득이 있으면 기초생활수급비를 받지 못하기 때문에 식당사장에게 특별히 부탁하여 지인의 통장으로 아르바이트 비용을 입금하였다고 하였다.

그러나 얼마 지나지 않아 그 사실이 담당 공무원이 알게 되었고, 그 일로 한때 기초생활수급비가 중단되었다고 하였다. D씨는 곧 식당일을 그만두게 되었고, 나중에 알게 된 사실은 식당사장이 북한이탈주민을 고용하면 정부에서 고용지원금 50만 원을 지원받을 수 있기 때문에 그러한 내용을 D씨에게 알리지 않고 관계기관에 고용 신고하여 고용지원금을 받았던 것이었다. D씨는 왜 식당사장에게 정부에서 고용지원금으로 50만 원을 지원하는지 이해가 되지 않는다고 하였다. 차라리 그 50만 원을 일하는 북한이탈주민에게 직접 지원해주면 남한사회 적응하는 데 도움이 될 것이라며 강하게 불만을 표출한 사례가 있다.

연구자 몇 년 전에 20대 북한이탈여성이 암매장 당한 사건이 있었잖아요?

천연화 아, 그 아이스하키 선수여? 아이스하키 선수였어요! 여기 와서 처음에 훈련했어요. 훈련하다가 한국 남자를 만나 살게 되었어요. 살게 됐는데 돈을 사기 맞았어. 내 말하잖아요? 수급자로 있자니까 돈을 다른 사람 통장에 넣어 보관해 놨는데, 통장 소유자가 그거 들고 뛰는 바람에 여자 돈이 없으니까, 그다음에는 호프집을 뛰었어요. 호프집을 뛰었는데 동거하는 남자가 계속 그거하지 말라 그랬거든…….그런데 돈 잊어먹었으니까 어떡하겠어. 돈이 없잖아요? 그러니까 그거 계속 뛰었는데 그 남자가 가정에 충실하지 않고 바람피운다고 그 여자를 살해해서 암매장했어.

천연화 탈북자들의 수급자 문제는 한국 사람하고 똑같이 취급하면 안 돼요. 분류해야 돼요. 우선 40만 원 가지고는 살 수가 없어요. 거기다 20만 원 더 올려줘서 60만 원은 지원이 되어도 힘든데 혼자 살아도 150만 원은 있어야 돼요. 살아보니까. 그런데 40만 원 가지고 살라고 하는데 먼지 하나(가지고 온 돈 한 푼도 없이) 없이 온 사람들이……

4) 고용지원금181)에 대한 북한이탈주민의 부정적 인식

고용지원금에 대한 인터뷰 내용에서 알 수 있듯이 고용지원금에 대해서 부정적인 인식을 가지고 있다는 것을 알 수 있었다.

천연화 예를 들면 120만 원짜리 월급인데, 사장한테 50만 원 주고 그러면 탈북자는 70만 원 근로자예요. 그러니까 탈북자 알기를 우습게 안다고. 온전한 몸에, 온전한 정신에 왜 북한이탈주민은 70만 원짜리 사람이 되고, 남한사람들은 120만 원짜리 사람인가 말이요. 남한사람하고 똑같이 일하는데……. 그래서 회사 사장한테 지원되는 50만 원을 지원하지 말고 탈북자한테 통장으로 직접 지원해줘야 해요. 그러면 북한이탈주민은 170만 원을 받을 수 있잖아요. 그래야 빨리 적응할 수 있지 않겠어요. 그런데 사장한테 50만 원

---

181) 북한이탈주민 채용기업주에게 지급되는 고용지원금 제도는 2014. 11. 28. 이전 입국하여 취업한 북한이탈주민에게 적용되며, 2014. 11. 29. 이후 입국한 북한이탈주민이 취업했을 경우 고용지원금 제도가 적용되지 않고, 자산형성제도인 미래행복통장(취업 북한이탈주민 소유)에다 주택구입비 또는 임대비, 교육비, 창업자금 등 적립 목적으로 근로소득의 30% 범위 내에서 최대 50만 원을 2년간 지원하고 있음. 더 자세한 내용은 통일부, 「2016 북한이탈주민 정착지원 매뉴얼」, pp.69~71에 상세함.

을 지원해주고 사장은 탈북자한테 자기돈 70만 원만 월급으로 주게 되는 것은 남한사람과 비교해서 안 되는 거지요. 탈북자에 대한 무시지. 인권차별이에요.

D씨 사례) ○○시에 거주하고 있는 2014년에 입국한 D씨(30대, 여)의 경우 ○○시 관내 ○○식당 종업원으로 일을 하였다고 하였다. 혼자인 D씨는 기초생활수급비 40여만 원으로 생활하기가 너무 어려워 부득이 식당일을 하게 되었는데 기초생활수급비 이외에 다른 소득이 있으면 기초생활수급비를 받지 못하기 때문에 식당사장에게 특별히 부탁하여 지인의 통장으로 아르바이트 비용을 입금했다고 하였다. 그러나 얼마 지나지 않아 그 사실이 담당 공무원이 알고 그 일로 한때 기초생활수급비가 중단되었다고 하였다. D씨는 곧 식당일을 그만두게 되었고, 나중에 알게 된 사실은 식당사장이 북한이탈주민을 고용하면 정부에서 고용지원금 50만 원을 지원받을 수 있기 때문에 그러한 내용을 D씨에게 알리지 않고 관계기관에 고용 신고하여 고용지원금을 받았던 것이었다. D씨는 왜 식당사장에게 정부에서 고용지원금으로 50만 원을 지원하는지 이해가 안 된다고 하였다. 차라리 그 50만 원을 북한이탈주민에게 직접 지원해주면 남한사회 적응하는 데 도움이 될 것이라며 강하게 불만을 표출한 사례가 나타났다.

5) 북한이 두려워하는 북한이탈주민의 한국사회 성공적 정착

북한정권에서는 북한이탈주민들이 안정적으로 한국사회에서 적응하는 것을 두려워한다는 점이다. 이는 북한이탈주민들이 한국사회에서 안정되고 행복하게 살고 있는 소식이 북한주민들에게 전해져 민심이 동요될 것을 염려하기 때문으로 추측된다.

천연화 …… 그런데 북한이 제일 무서워하는 게 무엇이겠어요? 탈북자들이 남한에 적응해서 잘살면 북한에 있는 가족에게 돈이 들어가니까 북한이 위험에 처하는 거예요. 무슨 말인지 이해가 되요? 그렇기 때문에 우리가 적응하는 걸 기를 쓰고 반대하는 거예요. 지금은 탈북자들이 다시 북에 오면 다 받아주겠다고 북한에서 떠들고 있잖아요! 그런데 받아주는 게 문제가 아니고 이중 감시를 받지요. 남한에서 감시받아서 이들이 머리 아프다는데 또 들어가면 또 감시받지 않아요. 그런데 남한에서는 내가 과오를 범하지 않으면 감시하는데 그치지만 북한에서는 감시하다가 잘못하면 갖다 없애치우는데 어떡하겠어…….

6) 남한생활의 고독감

인터뷰 내용에서 알 수 있듯이 북한사회는 명절날이면 우리의 옛 전통 문화양식을 계승하여 음식을 같이 나눠먹고 같이 흥을 즐기는 풍습이 일반적인 현상이라는 것을 알 수 있다. 이웃끼리 집단적으로 어울리는 문화가 북한사회에 전반적으로 잘 형성되고 있다는 것을 천연화의 증언에서 나타나고 있다. 남한에서는 명절에 이웃을 찾아 보고 음식을 서로 나누어 먹은 풍습이 시골이나 일부 도시의 행사처 럼 되어 있다. 대부분의 아파트에 거주하는 사람들은 평소에도 이웃 이 누구인지 모르는 채 살아가고 있다. 이러한 남한사회의 모습에 북한이탈여성 천연화는 아파트 속에서 고독감을 느끼고 있다는 것 을 알 수 있다.

> **연구자** …… 북한과 남한과 비교하면 인간적인 면은 어디가 나은 것 같아요?
>
> **천연화** 북한이 나아요. 아무리 배고파도 좀 놀고 이런 거는 있다 고. 좀 막연한 사람 내놓고는. 그런데 남한은 먹을 게 아 무리 많아도 고독해요. 그러나 인간이 살아가는 삶은 북한 에 있다. 살아가는 삶은 그렇지 않아요? 명절날에는 다 같 이 놀고, 명절에는 아파트 앞에 모조건 모여서 전등을 밖 에 켜놓고, 녹음기 틀어놓고 지지고 볶고 난리입니다. 밤 12시까지 잘들 놀아요. 남한에선 북한이 감시한다고 하는 데 감시대상이 따로 있어요. 남한에서도 감시하는 대상이 따로 있잖아요. 그렇게 하고 기본적으로는 감시를 하지만 그렇게 특수하게 감시할 관리대상이 따로 있거든요. 남한 도 같아요. 다 하는 건 아니에요. 저를 보세요! 어려서부터 아버지 밑에서 태어나서, 또 내 딸이 거기서 태어나고 자 라오는데 뭘 감시할 게 있어요? 그런데 어떤 게 있는가! 고용간첩은 있을 수 있기 때문에 주시하는 게 좀 있지. 그 런데 대체로 보면 고용간첩의 자식들은 간부들이 감시하

는 게 있어요. 다 보는 게 있기 때문에 감시하는 거고, 또 중요한 직책이 아니면 또 감시 안 해요. 기술인재, 지식인들은 감시해요. 어느 순간에 비밀을 뽑아 나가는지 모르거든요.

7) 남북한 인간미와 공원문화의 차이

북한에서도 살아 보았고, 남한에서도 살고 있는 연구 참여자는 남북한의 인간미 차이에 대해서는 북한이 좀 더 낫다고 생각하고 있다는 것을 알 수 있다. 심지어 돈이 있으면 북한이 더 살기 좋다는 인식을 가지고 있다. 또한 공원에서도 남북한의 차이를 발견할 수 있다. 북한에서는 누구나 공원 내에서도 춤추고 노래 부르며 유흥을 즐길 수 있다. 그러나 남한에서는 공원 내에서 유흥문화를 즐길 수 있는 여건이 안 된다. 공원 내에서는 계획된 공적인 공공축제 등을 제외하고는 개인이 유흥을 하지 못하도록 규제를 하고 있기 때문이다. 이러한 문화의 차이로 인하여 천연화는 남한사람들이 스트레스를 제대로 풀 장소가 없이 고달프게 살고 있다는 생각을 갖고 있음을 알 수 있다.

연구자 북한에서도 살아보았고, 남한에서도 살아 보았는데 남한과 북한의 인간미는 어떻게 차이가 난다고 생각하세요? 또 돈이 있으면 북한에서도 불편한 게 없다는 소린지요?

천연화 돈 많은 사람은 대한민국에서 사는 것보다 좋아요. 저는 돈이 있었대도 봤고, 없었대도 봤기 때문에 돈 있으면 내

북한에 있을 때 마음속으로 세월이 이대로만 가라! 그랬
어. 그러니까 돈 있는 사람은 통일되는 거 바라지 않듯이
북한도 같아요. 지금 힘든 사람들이 계속 전쟁이 터져라,
통일이 되어라 이러지요.

연구자 북한의 좋은 문화들이 우리에게 잘 알려지지 않은 것 같아
요. 인간미가 있다는 부분이랑……, 남한에서는 그러한 면
이 좀 부족하다고 느꼈을 때 남한사람들이 좀 이기적이라
고 생각하시나요?

천연화 이기적이죠. 그러니까 사람들이 고달프게 살 수밖에 없어
요. 스트레스를 공원에서 노래를 부르고 놀며 풀어야 되잖
아요. 아파트에선 풀 수는 없는 거고. 그러니까 그걸 못하
게 다 만들어 놨잖아. 노래방에 가라! 노래방엔 한계가 있
죠. 그건 돈 줘야 되잖아? 돈 안 주고 공원에서……, 북한
에서는 방 뚝 있죠? 한강 같은데 이런데서 두드리고 놀고
난리에요. 남한에는 그런 데 없잖아요. 사람들이 스트레스
를 어디서 풀겠어요. 그런데서 푸는 거예요. 그다음에 공
원이 또 있거든요. 거기서도 두드리고 놀고 마을 앞에서도
녹음기 틀어놓고 놀고, 맨 노는데 통제하는 데는 없어. 그
런데 노래는 남한노래 부르면 잡아갑니다. …… 그런 단속
때문에 그런 장소에서는 모두가 남한노래를 안 불러요.

8) 북한탈출 과정에서 나타난 브로커 비용

북한에서 한국에 입국하기 위해서는 브로커를 통하지 않고서는

거의 불가능하다는 사실을 알 수 있다. 특히 한국에 이미 입국하여 살고 있는 가족이나 지인이 브로커 비용을 책임지고 보증을 하지 않고서는 북한에서 탈출하여 한국에 입국할 수 없다는 사실을 알게 되었다. 한국에 입국하기 위해서는 브로커 비용이 다르다는 사실도 알 수 있다. 북한에서 한국으로 입국하는 경우 브로커 비용은 김정은 정권 이전에는 1인당 400만 원 정도였다. 그러던 것이 김정은 정권 들어서고 나서는 북한의 통제가 강화되어 북한의 어느 지역에서 탈출을 하느냐에 따라 비용의 차이가 크게 나고 있음을 알 수 있다. 브로커에게 지급하는 비용은 1인당 1,000~1,500만 원 정도인 것으로 나타났다. 중국에 체류하다가 한국에 입국하는 경우 1인당 350만 원 정도 지불된다는 사실도 알 수 있다. 그런데 한국에 입국한 북한이탈주민들은 하나원 교육을 수료한 뒤 거주지를 배정받는 순간부터 브로커 비용을 지불하라는 요구에 시달려야 하기 때문에 정착 초기부터 경제적으로 큰 어려움을 겪을 수밖에 없다는 사실도 밝혀졌다.

천연화 지금 브로커한테 주는 돈은 압록강, 두만강 넘는 데만 1,000만 원이 다 되어요. 단속이 심하니까 비싸요. 그다음에 여기까지 오려면 오히려 한 1,300~1,500만 원은 들어가야 하거든요.

천연화 우리 때는 1인당 400만 원씩 줬어요.

I씨 사례) ○○시에 거주하는 북한이탈주민 I씨(30대, 여)는 북한에서 벗어나 7년간 중국에서 생활하다가 2014년에 남편과 아들하고 3명이 브로커를 통하여 한국에 입국하였다. 브로커

비용은 중국에서 왔기 때문에 한족인 남편을 제외하고 본인하고 아들하고 1인당 350만 원을 브로커가 요구하였으나, 사정을 하여 본인은 300만 원, 6살 된 아들은 150만 원으로 깎아서 총 450만 원의 브로커 비용을 주었다는 사실을 알게 되었다. 중국에서 한국으로 입국하면 보통 1인당 350만 원 정도의 브로커 비용을 주어야 하고, 북한에서 직접 한국으로 입국하는 경우 북한의 지역에 따라 최하 1,000만 원 이상의 브로커 비용을 주어야 한국에 올 수 있다는 사실을 알 수 있다.

9) 북한에 남아 있는 가족에게 돈을 보내줌

천연화는 북한에 남아 있는 가족에게 가끔 돈을 보내주고 있다. 어느 정도 돈이 모이면 그 사실을 어떻게 알았는지 돈이 필요하다며 브로커를 통해 연락이 온다는 것이다. 모아진 돈이 없을 때는 연락이 끊겼다가 모아놓은 돈이 있으면 브로커를 통해 바로 연락이 온다는 사실을 알 수 있다.

천연화 …… 그런데 우리 애를 볼 것 같으면 "어머니, 그때 보내준 돈을 가지고 집을 샀습니다" 그러더라고. 그때 우리 집을 팔아서 그 돈 가지고 아파트로 이사 왔나 봐요. 아래층에 물이 나오니까, 옛날에는 1층은 값이 없었어요. 그런데 1층에 물이 잘 나오니까 꼭대기 층보다 비싸다는 거지. 그래서 집을 샀다고 하더라고요. 그래서 돈을 보냈거든요.

그리고 또 아래층이니까 자전거를 밖에다가 놨는데 그것을 도둑맞았다고 그래요. 전기밥솥하고 그걸 도둑맞았다고 하더라고. 그래서 또 돈을 보내주었어요. 한 번에 100만 원씩밖에 못 줬어요. 돈이 없어서……, 그런데(대학원에서 공부했을 때 학교에서) 장학금을 주면 북한에 누가 기별하는지는 모르겠는데, 돈 가지러 와요! 그러니까 돈을 가져갈 기회가 되니까 오는 것 같아. 그런데 돈이 없을 때는 안 오더라고…….

10) 북한사회에 파고드는 남한의 문화

남한의 대중문화가 이미 북한사회에 상당수 파고들고 있었다. 북한이탈주민이 중국 북경영사관 TV에서 나오는 한국노래를 이미 인지하고 있었다는 연구 참여자의 증언은 그만큼 북한 내에서도 한국노래가 광범위하게 불러지고 있다는 사실을 방증(傍證)한다.

천연화 내가 북경 영사관에 있었어요. …… 그런데 떠나기 전에 북경영사관에서 TV를 봤는데 글쎄 노래가 북한에서 부르던 노래가 지금 대한민국에서 부르는 거예요. "북한노래를 왜 여기서 부르냐?" 그러니까 "언니! 이게 다 한국노래여" 그러는 거요.

11) 거주 지역에서 취업이 가능한 직업훈련이 필요

북한이탈주민들에게는 어느 지역에 거주하느냐에 따라 취업의 유형이 다 다르다는 사실을 알 수 있다. ○○시에 거주하는 K씨(30대, 여), M씨(30대, 여)의 사례를 통해서 그 지역 특성에 맞는 업종으로 직업훈련이 이루어져야지만 북한이탈주민이 취업하기가 용이하다는 사실을 알 수 있다.

K씨 사례) ○○시에 거주하고 있는 2010년도 입국한 북한이탈주민 K씨(30대, 여)의 경우 ○○시에 임대아파트를 배정받아 살아오면서 지역하나센터에서 전화로 ○○에 취업박람회가 있으니 한번 가보라는 전화가 와서 안내해준 대로 취업박람회를 갔다고 한다. 취업박람회가 ○○시 지역에서 하는 것도 아니고 다른 지역에 하는데 내용이 ○○시에서 취업하는 것과는 거리가 먼 내용들이라 도움이 되지 않았다고 말하였다.

M씨 사례) ○○시에 거주하고 있는 2011년도에 입국한 북한이탈주민 M씨(30대, 여)는 ○○시에서 취업을 하려고 많은 노력을 하였으나 결국 올바른 직장을 구하지 못하고 ○○시 관내 식당종업원으로 일하면서 살아가고 있다는 것을 알았다. M씨는 ○○시에서 취업하려면 ○○시는 서비스업종과 병원이 많기 때문에 사회복지사 자격증이나 간호조무사 자격이 있어야만 취업이 가능하다고 하였다. ○○시나 다른 지역처럼 생산 공장이 많이 없기 때문에 취업하기 어렵다고 하였다. 그렇다고 ○○시나 다른 지역에 있는 공장에 다니면 어린아이를 돌보는 데 너무 어려움이 있어

그것도 쉽지 않다고 하였다. 그래서 M씨는 사회복지사 자격증을 취득하기 위해 대학교에 가서 공부하거나, 간호조무사학원을 다니면서 공부를 해야 한다는 걸 알면서도, 당장 먹고사는 게 더 급하다 보니까 할 수 없이 식당에라도 나가서 일을 해야만 생활할 수 있는 처지라고 말하였다. 그러면서 ○○시에서 북한이탈주민 개개인의 능력에 맞는 일자리를 연결시켜 주었으면 좋겠다는 의견을 말해 주기도 하였다.

12) 북한의 소식을 주고받음

북한을 탈출하여 한국에 살고 있는 북한이탈주민들이 북한에 있는 가족들과 서로 소식을 주고받을 수 있다. 이런 놀라운 사실은 연구자가 천연화로부터 직접 확인할 수 있었다. 천연화가 녹취한 북한에 있는 가족과의 통화내용을 직접 들었다. 연구자는 대한민국 국민들이 현재 한국에 입국해서 살고 있는 북한이탈주민들에게 많은 이해와 애정을 가짐으로써 한국의 좋은 소식들이 북한에 전해질 수 있기를 바란다.

천연화 2015년 ○월 ○일 북한과의 마지막 전화에서 북한사람들이 현재 상태는 90년대보다 살기는 더 힘들지만 이제는 진화되어 자발적으로 살아가는 방식을 터득하였다고 했어요. 그리고 3년 전부터 김정은이 권력을 잡은 후, 탈북자 가정을 많이 힘들게 하고 있으며, 애가 하는 말이 보위부 위원

이 와서 "너의 엄마가 서울 ○○에 살고 있어"라고까지 말
해주었다고 했어요. 말해주는 이유는 우리가 알고 있으니
아랫동네(남한)에서 돈이 좀 오면 자기를 좀 달라는 의미
인 것 같습니다. 현재 북한 주민생활은 잘사는 사람은 엄
청 잘살고 못사는 사람은 점점 더 못살고 있다고 합니다.
그리고 통일되면 부동산이 뛴다고 우리 애가 땅 많은 집
을 사놓았다고 했습니다. 애와 통화된 이후부터 지금까지
북한에 전화통화를 할 수가 없으며, 또 중국에서 북한과
전화통화 하다가 잡히면 감옥에 갈 정도라고 합니다.

13) 하나원 교육에 대한 불만

북한이탈주민이 한국에 입국하고 나서 반드시 거쳐야 하는 곳이
하나원이다. 하나원은 북한이탈주민이 한국에서 살아가기 위한 기본
적인 소양을 교육시키는 곳이기도 하다. 그렇기에 이곳에서의 경험
은 한국을 바라보는 첫 잣대가 된다는 점에서 매우 중요하다. 그러
나 천연화를 통해서 하나원의 교육에 대해 불만을 갖는 북한이탈주
민들이 적지 않다는 사실이 확인되었다. 하나원에서 훌륭한 강사를
모시고 교육을 하고 있지만 정작 북한이탈주민들은 강의 내용을 못
알아듣는다는 사실을 알게 된 것이다. 이러한 상황에서 교육 내용과
방법에 대한 개선책은 마련하지 않은 채 교육시간에 자고, 빠지고
한다고 감점처리를 하여 하나원 교육 수료 시 정착금을 감액하여 지
급하는 것은 문제라 하지 않을 수 없다. 이는 북한이탈주민의 한국
정착을 어렵게 만드는 요인으로 작용할 수밖에 없다. 불만이 나오지

않는다는 것이 오히려 이상한 일일 것이다.

천연화 …… 탈북자들을 상담하다 보니까, 하나원의 심신 교육을 없애치워라! 뭘 없애치워라! 이렇게 모두 이야기하더라고요. 그다음에 하나원에서 볼 것 같으면 계속 벌점을 어떻게 하면 주겠는가, …… 하는 연구만해서 벌점 줘서 정착금을 자른다는 등……, 이런 이야기들을 하더라고요. 하나원에서는 좋은 강사, 좋은 유능한 사람들을 데려다 강의는 시키지만, 탈북자들이 말을 못 알아들어요. 그런 상태에서 그들한테 교육을 하면 그들이 한마디도 못 알아듣고 나오는데, 그걸 듣기 싫다고 그들이 자고, 빠지고 한다고 벌점을 줘서 그들을 낙오자로 만드는 것은 그 사람이 잘못한 게 아니고 하나원이 그들을 낙오자로 만드는 거예요. 그러니까 여기(남한) 잘못이거든요. 이걸 가지고 누군가가 말할 줄도 모르고 탈북자들이 그저 목을 매서 끌면 끄는 대로 움직이는 거예요. 정착금 잘려가지고 나오거든요. 그러니까 이런 것이 문제가 된다는 거, 그렇기 때문에 우선 그들은 어떻게 하면 밖에 빨리 나오겠냐? 오직 머릿속에 이것밖에 없다. 오랫동안 수용소 생활[182]을 해서 오는 사람들이기 때문에. 그러니까 그걸 잘 이용하면 된다는 거. 그 이용이 무엇이냐? 그들은 지금 바깥세상을 보고 싶은 사람

---

182) 천연화 말에 의하면 수용소 생활기간이란 해외공간(중국 70일~1년)과 국정원에서 조사기간 2~3개월, 제3국(태국, 캄보디아, 라오스 등)에서도 약 1~6개월 정도의 조사를 받기 위해서 갇혀 있었던 기간을 말한다고 하였다.

들입니다. 그러면 바깥에 있는 걸 많이 해야 된다. 그러면 어떻게 해야 되냐? 그들을 체험활동을 많이 시켜라! 그렇게 하고 컴퓨터 교육하고 운전면허는 그 안에서 필수적으로 따게 만들어라! 그렇잖아요?

천연화 탈북자들이 적응하자면 하나원에서부터 교육프로그램을 바꾸어야 한다고 생각합니다. 강사진들이 아무리 좋고 훌륭한 강사가 들어가도 그들이 강의를 알아듣지 못하고 있다는 것을 오늘까지 바꾸어지지 않고 있습니다. 즉 탈북자들을 진심으로 생각하는 것이 아니라 하나의 일자리로 생각하고 있다고 말하고 싶습니다.

14) 천연화의 남북한체제 차이에 관한 소견

천연화는 남북한의 체제를 비교하면 교육체제가 가장 산만하다고 생각하고 있음을 알 수 있다. 남북한 교육체제에서 차이가 나는 가장 큰 특징은 첫째, 남한학교에서는 상담교사가 따로 있고, 학교폭력위원회가 있다는 점이다. 북한에서는 학교 내에 상담교사와 학교폭력위원회가 따로 없이 담임교사가 학생 상담을 맡고 있다는 것을 알 수 있다. 둘째, 남한에서는 학급이 1년 배우고 나면 학년마다 반 편성을 다시 해서 학생들을 흩어지게 하고 담임교사도 바꾸는 것이 특징이라는 것을 알 수 있다. 이런 경우에는 학생들이 심리적으로 불안을 느끼게 되므로 적응을 못 하는 아이들이 생긴다는 것을 알게 되었다. 이와 반대로 북한에서는 학급이 만들어지면 1학년부터 6학년까지 한 담임교사가 졸업을 할 때까지 책임지고 가르친다고 하였다. 중간에 3학년 때 한 번은 교사를 바꾸는 경우도 있을 때도 있지만, 거의 학생들이 졸업할 때까지 고정이다. 이런 점에서 남북한 교육체제의 차이가 확연히 다르다는 사실을 알 수 있었다.

연구자 북한과 남한체제하고 비교하면 어떤 차이가 있다고 생각합니까?

천연화 남한체제를 말하면 남한사회 자체가 산만하며, 법이 너무 무르다고 생각해요. 제일 산만한 것이 교육체제가 산만해요. 즉 학교에는 상담교사가 따로 있고, 학교폭력위원회가 있다는 점이죠. 그리고 남한의 교육체제는 학급이 1년 배우고 나면 학년마다 반 편성을 다시 해서 학생들을 모두 흩어지게 하고, 담임도 바꾸는 것이 특징적이라 생각해요. 이런 경우 학생들이 심리적으로 불안을 느끼게 되므로 적응을 못 하는 아이들이 생긴다고 봐야 해요. 북한체제는 북한사회 분위기가 딱딱하며 법이 강해요. 즉 '경직되었다'고 표현하면 딱 맞는 것 같아요. 그러나 북한은 교육의 체제가 아직은 정교한 면이 있다고 생각해요. 즉 북한은 학교에 상담사가 없이 교사가 학생상담까지 맡아 해요. 그리고 학교폭력위원회가 따로 없어요. 교육체제는 학급이 만들어지면 1학년부터 6학년까지 한 담임이 책임지고 졸업을 시키며 교육관련 상담을 다해줘요.

연구자 남한에서는 학교 상담교사가 따로 있고, 학교폭력위원회가 있는데, 북한에서는 입학해서 한 담임선생님이 졸업할 때까지 책임지고 상담도 해주는군요.

천연화 예. 그렇죠. …… 특이한 경우 3학년에서 한 번 교사를 바꾸는 경우도 있어요. 학생이 입학해서 졸업할 때까지 학급이 거의 고정이라고 생각하면 돼요. 내가 남한에 와서 제일 가슴 아픈 점은 현재 북한이나 남한이나 사는 방식은 똑같지만 교육이 남한이 더 무너진 상태라고 볼 때 자라나는 아이들이 어른들 때문에 교육을 제대로 하지 못하는 것이 가슴이 제일 아프다고 생각해요. 북한이 현재까지 그 사회가 월급을 주지 않아도 교육이 유지되는 것은 김일성이 교육대학에 "교사는 직업적인 혁명가입니다"라고 교시한 말씀을 벽에 걸고 교육하기 때문에 교사들이 정상출근을 자발적으로 하는 거예요. 이리하여 교육이 무너지지 않은 결과를 유지할 수 있다고 생각해요.

제2절 제언

1. 연구의 한계

본 연구는 북한을 탈출한 후 한국에 입국하여 10년 이상 거주하고 있는 60대의 북한이탈여성 한 명을 대상으로 그가 한국사회에 성공적으로 적응하기까지의 경험을 내러티브 탐구방법으로 연구한 것이다. 그러므로 한국에 거주하고 있는 전체 북한이탈주민들에게 일어나는 일반적인 현상으로 보기에는 한계가 있다. 이에 후속 연구에서는 많은 북한이탈주민들을 대상으로 하는 북한이탈주민들의 다양한 경험을 탐색하는 내러티브 탐구방법을 활용한 연구들이 다각적으로 진행되어야 할 것이다.

2. 후속연구를 위한 제언

이상의 연구결과 분석을 통해 다음과 같이 후속연구를 위한 제언을 하고자 한다.

첫째, 본 연구에서는 연구 참여자가 한국 거주기간이 10년 이상 된 60대의 북한이탈여성을 대상으로 연구하였다. 따라서 향후 연구에서는 국내 거주 북한이탈주민을 대상으로 한국 거주기간, 성별, 연령대별로 구분하여 내러티브 탐구방법을 활용한 후속연구가 계속 진행되길 바란다. 이러한 연구들이 활성화될 경우 대한민국 국민들이 북한이탈주민들의 삶을 구체적으로 이해할 수 있는 계기가 마련될 수 있을 것으로 기대한다. 또한 한국에 거주하고 있는 북한이탈주민들에게도 한국사회에 적응하는 데 실질적이고 효과적인 도움을 줄 것으로 사료된다.

둘째, 후속 연구로 북한이탈주민에 대한 사회적 차별과 편견이 없도록 대한민국 국민들, 특히 북한이탈주민과 고용관계에 있는 사람과 함께 생활했던 사람들을 대상으로 북한이탈주민에 대한 인식개선에 관하여 내러티브 탐구방법을 활용한 연구도 필요하다고 사료된다. 이러한 연구가 활성화될 경우 대한민국 국민들이 북한이탈주민들을 보다 더 구체적으로 이해할 수 있는 기회가 마련될 수 있을 것이다. 더 나아가 향후 정책 또는 제도개선에 중요한 근거자료로 활용되고, 미래의 남북통일과 (남북)통합에 조금이나마 기여할 수 있는 계기가 마련될 수 있다고 사료된다.

부 록

북한의 제한적 사유재산인정에 관한 내용

북한에서 소유권을 규정하고 있는 민법에 의하면, 개인에게도 제한적으로 사유재산과 상속이 인정되고 있고, 소유권을 소유주체에 따라 국가소유권과 사회협동단체소유권, 개인소유권의 3가지 형태로 구분하고 있다.

관련법을 살펴보면, 조선민주주의인민공화국 민법 제37조(소유권의 형태)에 의하면 조선민주주의인민공화국에서 재산에 대한 소유권은 그 소유형태에 따라 국가소유권, 사회협동단체소유권, 개인소유권으로 규정하고 있다. 또한 상속법 제2조에 의하면 개인소유재산을 보호하는 것은 조선민주주의인민공화국의 일관한 정책이다. 국가는 개인소유재산에 대한 상속권을 보장한다고 규정하고 있다.

부동산(토지, 주택)의 경우 개인소유권을 인정하지 않고 있다. 관련법을 살펴보면, 토지의 경우, 토지법 제9조에 의하면 조선민주주의인민공화국에서 토지는 국가 및 협동단체의 소유이다. 나라의 모든 토지는 인민의 공동소유로서 그것을 누구도 팔고사거나 개인의 것으로 만들 수 없다고 규정하고 있다. 주택의 경우, 조선민주주의

인민공화국 민법 제50조(국가소유재산의 살림집 리용권)에 의하면 국가는 살림집[183])을 지어 그 리용권을 로동자, 사무원, 협동농민에게 넘겨주며 그 리용권을 법적으로 보호한다고 규정하고 있다.

개인소유권은 매우 제한적으로 인정하고 있다. 관련법을 살펴보면, 민법 제58조(개인소유의 성격과 원천) 개인소유는 로동에 의한 사회주의 분배, 국가 및 사회의 추가적 혜택, 터밭경리를 비롯한 개인부업경에서 나오는 생산물, 공민[184])이 샀거나 상속, 증여받은 재산 그 밖의 법적 근거에 의하여 생겨난 재산으로 이루어진다고 규정하고 있고, 민법 제59조(개인소유권의 대상) 공민은 살림집과 가정생활에 필요한 여러 가지 가정용품, 문화용품, 그 밖의 생활용품과 승용차 같은 기재를 소유할 수 있다고 규정하고 있다. 또한 소유권 처분등과 관련하여 민법 제39조(소유권의 권한)에 소유권을 가진 자는 법이 정한 범위 안에서 자기의 소유재산을 점유하거나 리용, 처분할 수 있다. 재산에 대한 처분은 해당 소유권을 가진 자만이 할 수 있다고 규정하고 있고, 민법 제60조(개인소유권의 담당자와 그 권한)에 의하면 개인 소유권의 담당자는 개별적 공민이다. 공민은 자기소유의 재산을 사회주의적 생활규범과 소비적 목적에 맞게 자유로이 점유하거나 리용, 처분할 수 있다고 규정하고 있다. 또한 살림집법 제24조(개인소유 살림집의 이관, 인수)에 의하면 개인소유 살림집은 소유자의 요구에 따라 국가소유 살림집으로 전환할 수 있다고 규정되어 있는 것으로 보아 개인소유 살림집은 1950년 이전에 지어진 집에 한해 사유를 인정하기 때문이며, 이러한 집들은 거의

---

183) 살림집이란 용어는 남한의 주택을 말한다.
184) 공민이란 용어는 남한의 개인을 말한다.

낡고 없어졌다.[185]

위와 같이 북한의 관계 법령에 의해 북한은 토지와 주택은 개인소유권을 인정하지 않으며, 동산에 한하여 제한적인 개인소유권만을 인정하고 있다는 것을 알 수 있다. 이와 관련하여 연구 참여자의 증언에 의하면 1990년대 고난의 행군이전까지 주택배정은 당에서 주택배정지도원이 배정하였다고 하였다. 그러나 1990년대 고난의 행군시기에 접어들면서 극심한 생계곤란으로 집을 팔아서 생계를 유지하기 시작하였고, 이때부터 주택 암거래가 시작되었다고 하였다. 최근에는 공공연하게 주택을 사고파는 매매행위가 이루어지고 있으며 당에서는 특별한 제재나 단속은 없다고 하였다.

이에 연구 참여자의 북한에서도 주택을 매매할 수 있다는 증언과 관련하여 분석한 결과 다음과 같다.

북한에서는 1980년대부터 주택 공급이 수요를 충족시키지 못하면서 웃돈을 주는 방식으로 '주택교환' 등의 거래가 이루어졌으며, 1990년대 경제난이 심화되면서 비공식적 주택거래가 활성화되었다. 주택의 거래는 시·군 인민위원회 도시경영과에서 발급한 '국가주택이용허가증'에 기재된 사용자의 이름을 구입자의 이름으로 바꾸는 식으로 이루어진다. 이 과정에서 돈을 받고 주택사용권을 넘기는 것은 불법[186]이기 때문에 합법적인 사용권 이전으로 문서를 만들기 위

---

185) 정은이(2013), 「북한에서의 주택가격결정요인에 관한 분석: 함경북도 무산지역의 사례를 중심으로」, 『동북아경제연구』, 25(2): 243~274에 상세함.

186) 북한의 주택매매를 금지하는 관련법을 살펴보면, 조선민주주의인민공화국 살림집법 제43조(금지사항) 5에 의거 국가소유 살림집을 사고팔거나 비법적으로 다른 공민에게 빌려주거나 거간하는 행위. 조선민주주의인민공화국 형법 제146조(국가살림집리용질서위반죄)에 의거 국가살림집리용질서를 어긴 자는 1년 이하의 로동단련형에 처한다. 앞 항의 행위가 정상이 무거운 경우에는 3년 이하의 로동교화형에 처한다고 규정하고 있다.

해서 '집데코'라는 일종의 부동산중개인을 찾게 된다. 도시경영과나 보안서, 재판소 직원과 연줄이 있는 집데코들은 복잡한 문서를 처리해주고 거래가의 10%가량의 높은 수수료를 받는 것으로 알려져 있다.[187] 아울러 주택사용권매매의 관행은 1990년대 고난의 행군을 겪으면서, 시장이 팽창하고 개인의 부가 급증하고, 빈부격차가 심화되면서 확산되었다.[188]

위의 설명에서와 같이 북한에서 소유권 인정과 관련한 관계법령과 문헌, 연구 참여자의 증언 의하면, 북한은 개인이 토지와 주택을 소유할 수 없다. 그러나 주택의 경우 개인에게 이용권을 제공해주면서 거주를 인정하고 있다. 따라서 북한에서의 주택매매의 개념은 주택이용권을 사고파는 의미로 해석해야 할 것이다. 국가소유 주택을 주택의 교환 및 매매 등의 거래행위는 시장 형태가 아닌 암묵적으로 이루어지고 있으며, 북한에서는 공식적으로 이를 허용하고 있지 않다. 다만, 조선민주주의인민공화국 민법 제58조, 제59조에 의하면 부동산 이외의 동산에 대하여는 개인소유권을 법적으로 인정하고 있다는 것을 알 수 있다.

---

187) 허강무(2013), 「북한의 부동산사용료제도와 시사점」, 『토지공법연구』 65: 9; 이해정(2015), 「북한지역의 토지・주택・기업사유화에 관한 연구」, 이화여자대학교 대학원 박사학위 논문, p.79에서 재인용.

188) 정은이(2013), 「북한에서의 주택가격결정요인에 관한 분석: 함경북도 무산지역의 사례를 중심으로」, 『동북아경제연구』, 25(2): 243~244에서 재인용.

참고문헌

1. 국내문헌

1) 단행본

김두섭 옮김(2013), 『질적 연구방법론』, 서울: 나남.
김복수, 조요셉, 이길상, 한미라, 배명숙, 이동배, 이완범, 김윤영(2014), 『21
　　　세기디아스포라 북한이탈주민』, 서울: 한국학중앙연구원출판부.
김종군, 정진아(2012), 『고난의 행군시기 북한이탈주민 이야기』, 서울: 박이정.
동광출판사 편집부편(1992), 『조선말대사전(사회과학원 언어연구소)』, 서울:
　　　동광출판사.
미치앨봄 지음, 윤정숙 옮김(2013), 『도르와 함께한 인생여행』, 서울: 21 세기
　　　북스.
슬라보미르 라비치 지음, 권현민 옮김(2011), 『웨이백』, 서울: (주)스크린셀러.
임상아(2009), 『SANG A 뉴욕 내러티브』, 파주: 살림.
염지숙, 강현석, 박세원, 조덕주, 조인숙 공역(2015), 『내러티브 탐구의 이해
　　　와 실천』, 파주: 교육과학사.
우베 플릭 지음, 임은미·최금진·최인호·허문경·홍경화 옮김(2013), 『질
　　　적 연구방법』, 파주: 한울.
조성남, 이현주, 주영주, 김나영(2011), 『질적 연구방법과 실제』, 서울: 그린.
조흥식, 정선욱, 김진숙, 권지성(2015), 『질적 연구방법론 - 다섯 가지 접근-』,
　　　서울: 학지사.

2) 논문

강유경(2011), 「북한이탈주민의 사회적응에 영향을 미치는 요인 분석-인천지
　　　역을 중심으로-」, 성공회대학교 대학원 석사학위 논문.
강재희(2010), 「새터민 유아 3명의 유치원 적응과정과 놀이의 특징: 입국 초
　　　기 하나원 시기를 중심으로」, 이화여자대학교 대학원 박사학위 논문.
곽정래(2010), 「북한이탈주민의 커뮤니케이션 활동과 사회적응에 관한 연구:
　　　사회적 가치 수용, 삶의 질 평가, 시민성 형성을 중심으로」, 서울대학

교 대학원 박사학위 논문.

곽해룡(2002), 「북한이탈주민 현황과 문제에 관한 연구: 인권적 차원에서의 지원 방안을 중심으로」, 명지대학교 대학원 박사학위 논문.

권미영(2012), 「북한이탈주민 여성의 구강건강상태와 삶의 질에 관한 연구」, 한양대학교 대학원 박사학위 논문.

김경미(2002), 「북한이탈주민의 남한사회 적응을 위한 프로그램 개발에 관한 연구」, 인천대학교 행정대학원 석사학위 논문.

김경미(2012), 「북한이탈주민의 남한사회에서 적응경험」, 이화여자대학교 대학원 박사학위 논문.

김광웅(2011), 「북한이탈주민의 '사회적 배제'와 '사회성'에 관한 연구」, 명지대학교 대학원 박사학위 논문.

김미자(2008), 「북한이탈여성의 주관적 삶의 질에 영향을 미치는 요인」, 평택대학교 대학원 박사학위 논문.

김병창(2008), 「북한이탈주민의 외상 후 스트레스 장애와 자연 살해 세포 활성도」, 경북대학교 대학원 박사학위 논문.

김선화(2011), 「북한이탈주민 취업지원 정책 연구-정착장려금 제도를 중심으로-」, 서울여자대학교 대학원 박사학위 논문.

김성구(2008), 「국내외 북한이탈주민 실상과 정착지원에 관한 연구」, 경희대학교 대학원 석사학위 논문.

김수진(2005), 「북한이탈주민의 한국사회 적응을 위한 교육개선 방안」, 공주대학교 교육대학원 석사학위 논문.

김연아(2010), 「새터민의 남한 사이버 교육경험에 관한 질적 연구」, 『아시아교육연구』, 11(2): 57~92.

김연희(2006), 「북한이탈주민의 정신보건 연구: 스트레스 과정이론의 적용」, 서울대학교 대학원 박사학위 논문.

김영호(2014), 「북한이탈주민의 남한사회 적응에 관한 연구: 대전지역의 사례를 중심으로」, 충남대학교 행정대학원 석사학위 논문.

김예영(2012), 「북한이탈 어머니의 영유아 자녀 양육 경험」, 이화여자대학교 대학원 박사학위 논문.

김용욱·박형진(2012), 「고등학교 신설 특수학급 담당 교사들의 직무 경험에 관한 내러티브 탐구」, 『특수교육저널: 이론과 실천』, 13(4): 97~127.

김유정(2012), 「북한이탈 청소년의 이산 경험」, 이화여자대학교 사회복지전문대학원 박사학위 논문.

김윤태(2012), 「1990년대 식량난 이후 북한주민의 생애경험이 인권의식 형성에 미치는 영향 연구: 북한이탈주민을 대상으로」, 연세대학교 대학원 박사학위 논문.

김재룡(2009), 「체육인 한상준의 생애사」, 강원대학교 대학원 박사학위 논문.

김재영(2005), 「북한 이탈주민의 적응과 삶의 질에 관한 연구」, 광운대학교 대학원 박사학위 논문.

김종국(2008), 「새터민 청소년의 사회적 지지와 문화적응 스트레스에 관한 연구」, 명지대학교 대학원 박사학위 논문.

김중태(2014), 「북한이탈주민의 직장생활과 적응 장애요인에 관한 연구-남한 출신 관리자와 북한출신 근로자의 상호인식을 중심으로-」, 경남대학교 북한대학원 박사학위 논문.

김현경(2007), 「난민으로서의 새터민의 외상(trauma)회복 경험에 대한 형상학 연구」, 이화여자대학교 대학원 박사학위 논문.

김현경(2012), 「북한이탈주민의 사회적 지지 체계로서의 인터넷 활용에 관한 질적 연구」, 『사이버커뮤니케이션 학보』, 29(1): 49~86.

김현아(2006), 「새터민의 적응유연성 척도 개발」, 경북대학교 대학원 박사학위 논문.

김현아(2010), 「새터민의 남한 사이버 교육경험에 관한 질적 연구」, 『아시아 교육연구』, 11(2): 57~92.

김현철(2004), 「중국내 북한이탈주민 현황과 난민자격 문제」, 경기대학교 정치전문대학원 석사학위 논문.

김화순(2009), 「북한이탈주민의 고용에 미치는 요인 연구: 인적자본 및 노동시작 구조 요인을 중심으로」, 한국기술교육대학교 테크노 인력개발 전문대학원 박사학위 논문.

김희진(2013), 「탈북여성의 정신건강과 부부적응을 위한 TSL 가족프로그램 개입 효과: 의생명사회과학과 관점을 중심으로」, 연세대학교 대학원 박사학위 논문.

남택화(2013), 「북한이탈주민 정착지원의 문제점과 개선방안」, 동국대학교 경찰사법대학원 석사학위 논문.

노상우·고현수·권희숙(2010), 「대안학교 학생의 교사만족도에 대한 내러티브 탐구」, 『교육문제연구』, 24(1): 197~226.

노희숙(2012), 「북한이탈주민의 학습경험을 통한 의미관점 전환연구」, 아주대학교 대학원 박사학위 논문.

류소영(2014), 「빈곤한 어머니의 양육경험에 관한 내러티브 탐구」, 이화여자대학교 대학원 박사학위 논문.

류지웅(2006), 「북한이탈주민의 '사회적 배제' 연구: 소수자의 관점에서」, 한국학중앙연구원 한국학대학원 박사학위 논문.

문은주(2012), 「북한이탈주민 어머니의 영유아기 자녀 양육 경험에 대한 어려움과 요구」, 성신여자대학교 대학원 박사학위 논문.

민서정(2013), 「연애결혼 이민자 여성의 양육경험에 관한 내러티브 탐구」, 숙명여자대학교 대학원 박사학위 논문.

박은숙(2014), 「북한이탈주민의 직장생활 부적응에 영향을 미치는 요인 연구: 이직의도를 중심으로」, 숭실대학교 대학원 박사학위 논문.

박재구(2011), 「대한사격연맹회장 박종규의 생애사」, 동덕여자대학교 대학원 박사학위 논문.

박정란(2006), 「여성 새터민의 직업가치와 진로의사결정과정 연구: 북한에서 남한에 이르기까지의 맥락적 접근」, 이화여자대학교 대학원 박사학위 논문.

박정순(2010), 「초등학교 초임교사의 교직 적응 경험에 대한 내러티브 탐구」, 영남대학교 대학원 박사학위 논문.

박정순(2014), 「북한이탈주민의 가정폭력 및 사회적 차별 경험이 심리·사회 적응에 미치는 영향」, 서울기독대학교 대학원 박사학위 논문.

박주현(2015), 「북한이탈주민의 남한사회 적응을 위한 보안경찰의 지원방안에 관한 연구」, 한세대학교 대학원 박사학위 논문.

박향경(2013), 「정신장애인의 어머니가 경험한 가족생활 내러티브 탐구」, 이화여자대학교 사회복지전문대학원 박사학위 논문.

성하현(2012), 「새터민 여성에 대한 사회지원이 사회적응에 미치는 영향 연구」, 국제문화대학원대학교 박사학위 논문.

손경식(2011), 「북한이탈주민의 정착지원과 혼인 등 가족법제 개선방향에 관한 연구」, 대진대학교 대학원 박사학위 논문.

손주환(1999), 「북한이탈주민 문제에 관한 연구」, 경남대학교 대학원 박사학위 논문.

송유진(2014), 「보육교사교육원에서의 교수경험에 대한 내러티브 탐구」, 배재대학교 대학원 박사학위 논문.

신미녀(2012), 「북한이탈주민을 위한 의료지원 연구: '새조위'의 의료지원 사례를 중심으로」, 동국대학교 대학원 박사학위 논문.

안상윤(2013), 「북한이탈주민의 정착지원정책 연구-지원제도, 거버넌스와 행복지수를 중심으로-」, 전남대학교 대학원 박사학위 논문.

안영미(2008), 「내러티브 탐구를 통한 두 남성 노인의 삶과 죽음에 관한 이해」, 이화여자대학교 대학원 박사학위 논문.

안혜영(2000), 「북한이탈주민의 남한사회 적응과 사회복지적 대응에 관한 연구」, 이화여자대학교 대학원 박사학위 논문.

양수경(2013), 「북한이탈주민의 언어 적응 실태에 관한 연구」, 서울대학교 대학원 박사학위 논문.

엄태완(2004), 「북한이탈주민의 무망감에 의한 우울증 완충효과에 관한 연구」, 부산대학교 대학원 박사학위 논문.

염지숙(1999), 「내러티브 탐구를 통한 유아 세계 이해: 유치원에서 초등학교 1학년으로의 전이 경험 연구를 중심으로」, 『교육인류학 연구』, 2(3): 57~82.

염지숙(2003), 「교육연구에서 내러티브 탐구의 개념, 절차, 그리고 딜레마」, 『교육인류학 연구』, 6(1): 119~140.

염지숙(2007), 「내러티브 탐구를 통한 교수경험에 대한 성찰」, 『한국교원교육 연구』, 24(2): 243~260.

유시은(2010), 「북한이탈주민의 경제적 적응 영향 요인 분석: 7년 패널조사를 중심으로(2001~2007년)」, 연세대학교 대학원 박사학위 논문.

윤여상(2001), 「국내 북한이탈주민의 사회적응 프로그램」, 영남대학교 대학원 박사학위 논문.

이규하(2012), 「북한이탈주민에 대한 경찰서비스 만족도 연구」, 동국대학교 대학원 박사학위 논문.

이기우(2010), 「델파이방법을 활용한 북한 기술자격 인정 체계 연구: 북한이탈주민의 남한 국가기술자격 인정 체계 및 사례를 중심으로」, 한국기술교육대학교 테크노인력개발전문대학원 박사학위 논문.

이덕정(2012), 「북한이탈 중년여성의 남한 정착과정에서의 평생학습 경험」, 숭실대학교 대학원 박사학위 논문.

이민영(2005), 「남북한 이문화 부부의 가족과정 경험에 관한 질적 연구」, 이화여자대학교 대학원 박사학위 논문.

이봉구(2011), 「북한이탈주민의 국제적 보호에 관한 연구」, 한양대학교 대학원 박사학위 논문.

이숙영(2014), 「북한이탈여성의 외상후성장에 관한 질적 연구: 중국 체류 시 결혼경험이 있는 사례를 중심으로」, 건국대학교 대학원 박사학위 논문.

이숙자(2014), 「중년 새터민 초임보육교사의 어린이집 적응에 관한 연구」, 성균관대학교 대학원 박사학위 논문.

이양호(2009), 「새터민 정책 개선에 관한 연구」, 연세대학교 대학원 석사학위 논문.

이요한(2015), 「북한이탈주민의 남한사회 적응을 위한 보안경찰의 지원방안에 관한 연구」, 고려대학교 대학원 박사학위 논문.

이용화(2009), 「북한이탈주민의 남한사회 적응연구에 대한 비판적 연구」, 서강대학교 대학원 석사학위 논문.

이윤정(2012), 「남한에 거주하고 있는 북한이탈주민의 대사증후군과 동맥경화지표에 관한 연구」, 고려대학교 대학원 박사학위 논문.

이재민(2009), 「북한이탈주민의 남한사회 문화적응에 영향을 미치는 요인」, 경기대학교 대학원 박사학위 논문.

이해정(2015), 「북한 지역의 토지·주택·기업사유화에 관한 연구」, 이화여자대학교 대학원 박사학위 논문.

임소희(2013), 「북한이탈주민의 남한사회적응 예측모형: 심리적 외상-회복력 통합모델을 중심으로」, 경희대학교 대학원 박사학위 논문.

임정규(2004), 「북한이탈주민의 지원 정책」, 대전대학교 대학원 박사학위 논문.

임철우(2013), 「북한이탈중년남성의 사회적 자본 형성에 관한 연구」, 북한대학원 대학교 박사학위 논문.

임태오(2012), 「북한이탈주민 지원정책의 개선방안 연구」, 조선대학교 정책대학원 석사학위 논문.

전연숙(2010), 「여성 북한이탈주민의 진로장벽척도 개발」, 한국기술교육대학교 테크노인력개발전문대학원 박사학위 논문.

정경숙(2005), 「우울한 새터민 어머니를 위한 놀이심상치료 프로그램 개발 및 사례분석」, 명지대학교 대학원 박사학위 논문.

정경숙(2015), 「경기민요 명창 묵계월의 생애사 연구」, 한성대학교 대학원 박사학위논문.

정선주(2009), 「새터민의 적응유연성과 직업의식이 자기효능감과 직무만족에 미치는 영향」, 조선대학교 대학원 박사학위 논문.

정옥환(2006), 「북한이탈가정 아동의 심리적 적응증진을 위한 어머니-아동 상호작용프로그램 개발」, 서울여자대학교 대학원 박사학위 논문.

정은이(2013), 「북한에서의 주택가격결정요인에 관한 분석: 함경북도 무산지역의 사례를 중심으로」, 『동북아경제연구』, 25(2): 243~274.

정종희(2015), 「북한이탈여성의 건강추구 경험」, 조선대학교 대학원 박사학위 논문.

정현숙(2012), 「북한이탈여성의 어머니 됨 경험: 남한에서 출산을 경험한 30~

40대 여성을 중심으로」, 충남대학교 대학원 박사학위 논문.

조문기(2012), 「마라토너 서윤복에 대한 생애사 연구」, 숭실대학교 대학원 박사학위논문.

조백기(2004), 「국제법상 북한인권문제에 관한 연구: 북한이탈주민의 국제법상 지위를 중심으로」, 한국해양대학교 대학원 박사학위 논문.

조영아(2003), 「남한 내 북한이탈주민의 자아방어기제 연구: 남한 주민 및 재한 조선족과의 비교」, 연세대학교 대학원 박사학위 논문.

조용완(2006), 「북한이탈주민의 정보행태와 정보빈곤에 관한 연구: 부산지역 거주자를 중심으로」, 부산대학교 대학원 박사학위 논문.

조항대(2010), 「북한이탈주민 국내정착의 비평적 상황 분석을 통한 통전적 선교방안연구」, 서울기독대학교 대학원 박사학위 논문.

채정민(2003), 「북한이탈주민의 남한 내 심리적 문화적응 기제와 적응행태」, 고려대학교 대학원 박사학위 논문.

최경자(2008), 「새터민 학생의 학습 적응력 신장을 위한 교육과정 탐색」, 단국대학교대학원 박사학위 논문.

최백만(2015), 「북한이탈주민의 가족체계별 성향에 따른 생활문화 적응실태 연구」, 서울벤처대학원대학교 박사학위 논문.

최상윤(2010), 「북한이탈주민의 주거지원정책 개선방안 연구」, 경기대학교 정치전문대학원 박사학위 논문.

최순미(2015), 「북한이탈주민의 대한민국 국가이미지」, 고려대학교 대학원 박사학위 논문.

추갑식(2012), 「교사와 학생의 내러티브를 통한 수업비평의 탐구」, 경북대학교 대학원 박사학위 논문.

편송경(2009), 「북한이탈주민의 남한사회 적응에 관한 연구」, 서울기독대학교 대학원 박사학위 논문.

허은영(2009), 「새터민 청소년을 위한 진로지도 프로그램 개발」, 한국기술교육대학교 테크노인력개발전문대학원 박사학위 논문.

현인애(2014), 「북한이탈주민의 정치적 재사회화 연구」, 이화여자대학교 대학원 박사학위 논문.

홍현(2015), 「북한이탈대학생의 진로 코칭 참여 경험에 대한 내러티브 탐구」, 연세대학교 교육대학원 석사학위 논문.

2. 외국문헌

Clandinin, D. J. & Connelly, F. M.(2000), Narrative inquiry: Experience and story in qualitative research San Francisco: Jossey-Bass Publishers.

Connelly, F. M. & Clandinin, D. J.(1990), Stories of Experience and Narrative inquiry, Educational Researcher, 19(5): 2~14.

Lincoln, Y. S. & Guba, E. G.(1985), Naturalistic Inquiry, Thousand Oaks, Calif: Sage.

Van Mannen, J.(1988), Tales of field On writing ethnography, Chicago: University of Chicago Press.

3. 정기간행물 및 기타

통일부(2015), 『북한이탈주민 거주지 정착지원 매뉴얼』, 통일부.

국회전자도서관 http://dl.nanet.go.kr

남북하나재단 http://www.koreahana.or.kr/

통계청 http://kostat.go.kr

통일부 http://www.unikorea.go.kr

행정자치부 주민등록 인구통계 http://rcps.egov.go.kr:8081/jsp/stat/ppl_stat_jf.jsp

강병의

1962년에 경상남도 함양의 지리산 자락에서 태어나 세 살 이후 고양시에 살고 있다. 덕은초등학교에서 서울수색초등학교로 유학하고, 명지중학교, 영등포공업고등학교를 거쳐 한국항공대학교에서 法 학사, 연세대학교 행정대학원에서 行政學 석사, 동국대학교 행정대학원에서 社會福祉學 석사, 명지대학교 대학원에서 북한학을 전공하여 政治學 박사학위를 받았다.

이 책은 저자 자신이 공무원으로 재직 중에 평화통일과 북한이탈주민 등 관련 업무를 추진하면서 실무와 이론을 접목하여 집필하였다.

새로운 내러티브 탐구방법으로 바라본

북한여성의 남한 적응기

초판인쇄 2017년 6월 30일
초판발행 2017년 6월 30일

지은이   강병의
펴낸이   채종준
펴낸곳   한국학술정보㈜
주소   경기도 파주시 회동길 230(문발동)
전화   031) 908-3181(대표)
팩스   031) 908-3189
홈페이지 http://ebook.kstudy.com
전자우편 출판사업부 publish@kstudy.com
등록   제일산-115호(2000. 6. 19)

ISBN 978-89-268-7952-8 93330